MW00966891

EL MONSTRUO DEL CAMBIO

Jeanie Daniel Duck

El monstruo
del cambio

El factor humano como elemento decisivo para
estimular o frustrar el cambio en la empresa

EMPRESA ACTIVA

Argentina - Chile - Colombia - España
Estados Unidos - México - Venezuela

Título original: *The Change Monster*
Editor original: Crown Business, Nueva York
Traducción: José M. Pomares

Reservados todos los derechos. Queda rigu-
rosamente prohibida, sin la autorización escrita de los titulares del *Copyright*, bajo las
sanciones establecidas en las leyes, la reproducción parcial o total de esta obra por cualquier medio o procedimiento, incluidos la re-
prografía y el tratamiento informático, así
como la distribución de ejemplares mediante
alquiler o préstamo públicos.

© 2001 *by* Jeanie Daniel Duck
"This translation published by arrangement with
Crown Publishers, a division of Random House, Inc."
© 2002 *by* Ediciones Urano, S. A.
   Aribau, 142, pral.
   08036 Barcelona
   www.empresaactiva.com
   www.edicionesurano.com

ISBN: 84-95787-15-6
Depósito legal: M. 16.859 - 2002

Fotocomposición: Ediciones Urano, S. A.
Impreso por Mateu Cromo Artes Gráficas, S. A.
Ctra. de Fuenlabrada, s/n. 28320 Madrid

Impreso en España - *Printed in Spain*

*He disfrutado de muchas bendiciones en mi vida, pero
ninguna mayor que mi hija, Jennifer McKee Duck, y mi
esposo, Charles Patrick Carroll. Por eso les dedico este libro,
con mi más profunda gratitud e ilimitado amor.*

Índice

Prefacio 13

PRIMERA PARTE 21
El monstruo del cambio
Los factores humanos y emocionales del cambio

1. Lucha contra el monstruo 23
   La necesidad de pensar y actuar de otra manera
2. Un breve recorrido por la curva del cambio 35
   Mapa del territorio del cambio

SEGUNDA PARTE 59
Estancamiento
El monstruo en hibernación

3. Desmoralización y negación 61
   Cuando lo que creemos saber resulta no ser cierto

4. Reconocimiento y diagnóstico de la situación 81
   Ayudar a los demás a ver la verdad

TERCERA PARTE 117
La preparación
El monstruo despierta

5. Alcanzar la alineación 119
   Ansiedad ante el futuro

6. ¿Está todo el mundo preparado?   153
    Las emociones cambian sin cesar

7. Crear el anhelo por el cambio   165
    Pasar a la acción productiva

CUARTA PARTE   183
La implantación
El monstruo sale de su escondite

8. Lanzarse de cabeza   185
    Pasar de las palabras a los hechos

9. Ampliar la involucración   201
    Crear fortaleza y liderazgo

10. Seguir hablando   221
    Redes de comunicación formales e informales

QUINTA PARTE   231
Determinación
Cuando el monstruo se enseñorea de los pasillos

11. En tierra de nadie   233
    Formular las preguntas más difíciles sobre la organización
    y su futuro

12. El comportamiento de los líderes   245
    La importancia de mantener la energía

13. La experiencia de los seguidores   255
    Conseguir la involucración de las personas

14. La importancia del compromiso y los valores   267
    Desarrollar nuevas formas de pensar y de actuar

SEXTA PARTE 289
Consecución
El monstruo está dominado, al menos por ahora

15. La dulce y peligrosa consecución 291
    Reforzar las cosas buenas

16. Cuando lo viejo se convierte otra vez en nuevo 305
    Cambios permanentes

Agradecimientos 317

Prefacio

«Monstruo del cambio» es una expresión que utilizo siempre para referirme a las emociones humanas y a las dinámicas sociales, que son complejas y con frecuencia nos asustan, y que surgen como los dragones desde las profundidades del mar durante cualquier proceso de transformación. Tanto las fusiones como las reorganizaciones y las transformaciones involucran a personas, y ello significa que las emociones están a flor de piel (o escondidas, lo que aún es peor) y los egos se desatan. Es irónico —y a veces trágico— que muchos líderes que se ven inmersos en procesos de cambio prefieran ignorar totalmente los factores humanos que dicho cambio conlleva. Por eso he escrito *El monstruo del cambio*: para hablar de los aspectos relacionados con las emociones y las conductas de las personas y las organizaciones en proceso de cambio, tema al que tradicionalmente no se ha prestado la atención que se merece. Los líderes que sí se plantean el tema del factor humano tienden a simplificarlo, a encuadrarlo en el «departamento de personal» y a pasárselo, por tanto, a los encargados de «recursos humanos». Son pocos los que se dan cuenta de que el factor humano es un tema profundo y de gran importancia, pero incluso estos lo consideran un hecho sobre el que se puede ejercer poca o nula influencia.

Cuando las personas (los ejecutivos, en concreto) emprenden una iniciativa de cambio, creen entender los elementos que van a entrar en juego. Pero, una vez iniciado el proceso, siempre se sorprenden al descubrir lo confuso, doloroso, prolongado, agotador y complicado que es generar un cambio, y la cantidad de energía que consume. Echan de menos haber sabido más cosas antes de iniciarlo, haber estado mejor preparados para anticiparse a situaciones comprometidas e identificar los problemas antes de que se presentaran o, al menos, antes de que se convirtieran en asuntos más serios. Algunos incluso habrían decidido, sencillamente, no iniciar los cambios de haber tenido un mayor conocimiento sobre los mismos.

Yo no estoy proponiendo un proceso de cámbio fácil ni indoloro; realizar transformaciones significativas en una organización nunca ha sido rápido ni sencillo, y no lo será jamás. Esa es la razón por la que gran parte de los esfuerzos de cambio fracasan, o llegan a alcanzar solamente resultados parciales, y explica también por qué los éxitos en este sentido llevan tanto tiempo. Lo que pretendo con este libro es preparar al lector para las realidades que van unidas a cualquier experiencia de transformación de cierta envergadura de modo que, una vez en ella, le resulte menos probable perder impulso, volverse loco, renunciar, abandonar o creer que es la única persona en todo el mundo que se ha sentido tan agotada y destruida por intentar provocar un cambio. Yo comparo el proceso de cambio con un duro viaje de descubrimiento y exploración, similar al de aquellos primeros viajeros. Hoy contamos con mejores mapas y tecnología más avanzada, pero ni el mejor de los planos es capaz de impedir que se formen tormentas y que el monstruo asome su feo rostro.

Los que ya hayan finalizado un viaje de estas características se reconocerán a sí mismos y a los demás, y comprenderán las lecciones que han obtenido mediante una dura experiencia personal. Los que no hayan pasado todavía por un periodo de transición estarán seguros de que exagero o que sólo me he relacionado laboralmente con gente rara.

Mis mensajes principales son:

- *Para que una iniciativa de cambio tenga éxito, hay que abordar los aspectos emocionales y de comportamiento con la misma dedicación que los operativos.*

Hay demasiados ejecutivos que se centran sólo en los aspectos operativos del cambio, pero para incorporar nuevas formas de trabajar la gente tiene que empezar a pensar y a actuar de manera distinta. Para ser totalmente efectivos, los cambios deben abordar los aspectos intelectuales y emocionales —los corazones y los cerebros— tanto como las máquinas y los sistemas.

- *El cambio se desarrolla en una serie de fases dinámicas conocida como curva del cambio, que es bastante predecible y controlable.*

Existen cinco fases en todo cambio fundamental: el Estancamiento, la Preparación, la Implantación, la Determinación y, por último, si todo va bien, la Consecución. Todo proceso de cambio en el que he participado o que he podido observar pasa por estas fases. Y cada una implica un aspecto diferente del «monstruo del cambio». Cada organización experimenta las fases de diversa manera. Pueden durar más o menos, o solaparse; las distintas partes de una organización pueden encontrarse en fases distintas en un momento dado. En general, los líderes de la iniciativa de tranformación tienden a ir por delante en la curva del cambio con respecto a los demás miembros de la organización, cosa que duplica las frustraciones y las dificultades, tanto para ellos como para los que les siguen.

El cambio es, por tanto, más un proceso dinámico que una sucesión de eventos. Durante cada fase se producirán sin duda presiones y hechos negativos, por lo que los ejecutivos deben esperarlos y prepararse para reaccionar. También tendrían que anticiparse a ellos, crear, reconocer y disfrutar los impulsos positivos. Las dinámicas pueden ser mucho más sutiles y difíciles de controlar que los meros hechos. El cierre de una fabrica es un hecho, un acontecimiento. El cambio de estado de ánimo que ese hecho ejerce sobre la gente que trabajaba en ella es una dinámica. Las dinámicas están orientadas e influenciadas por comportamientos, actitudes, entornos, ideas y relaciones. No ver ni dar forma a dichas influencias es como llevar una venda en los ojos y luego sorprenderse por ir chocando contra los muebles. Aprender a identificar y controlar estos aspectos intangibles es algo que requiere habilidad, tiempo y atención.

- *El cambio puede ser emocionante y sacar a la luz el mejor trabajo de nuestras vidas.*

No hay que ser tan negativo ante los procesos de cambio. Mucha gente opina que de los cambios más radicales nacen los trabajos más interesantes, apasionantes y enriquecedores de su vida profesional. En esos periodos, los ejecutivos están muy motivados, los directivos plenamente involucrados y las personas trabajan totalmente conectadas con el trabajo esencial de la organización. A las mismas empresas, una transformación completada con éxito les aporta más beneficios, un mayor reconocimiento y un grado de confianza superior al que tenían.

Uno de mis colegas en The Boston Consulting Group trabajó en una ocasión con el director general de una empresa que estaba en el proceso de adquisición de una competidora. Se trataba de una unión muy compleja, que implicaba a dos corporaciones multinacionales, con miles de millones de dólares y miles de puestos de trabajo en juego. No sólo en Wall Street se observaba con lupa todo aquel proceso; había miembros de gobiernos en muchas ciudades y países de todo el mundo que seguían con atención los acontecimientos. No era excepcional que a veces, durante las reuniones con el director general, este recibiera las llamadas de senadores, ministros y hasta jefes de Estado que le mostraban su procupación. Cualquier rumor y, por descontado, cualquier noticia parecía aterrizar directamente en las portadas de todos los periódicos del mundo, con las consiguientes reacciones por parte de los gobernantes locales y de las Bolsas de Londres, Nueva York y Tokio.

Mi compañero había advertido a su cliente de que la fusión sería difícil. «Prepárese para cualquier cosa», le advirtió. «Habrá retos imprevistos y problemas de todo tipo, protestas, huelgas, terremotos, malas noticias de los proveedores principales; cualquier cosa puede surgir de improviso e interferir en su progreso». Entonces, mi compañero miró al director fijamente a los ojos, antes de proseguir: «Pero todo esto no es nada comparado con los vaivenes emocionales que los empleados de las dos empresas van a experimentar. La gente va a empezar a sorprenderlo positiva y negativamente. Verá a ejecutivos de conducta sólida y gran confianza en ellos mismos debatirse en la duda y la angustia, incapaces de tomar siquiera las decisiones más sencillas. Gente que hasta ahora le aconsejaba sin tener en cuenta su situación personal pasará a proteger su territorio. Personas que tendrían motivos para preocuparse actuarán como si fueran totalmente inmunes a los problemas. Soldados anteriormente leales abandonarán la causa, mientras que otros que habían mostrado su lado más conservador asumirán los retos y llegarán mucho más allá de lo que esperaba de ellos. También usted se verá puesto a prueba hasta el límite. No se imagina la cantidad de energía y la constancia que se exigirá de usted para conseguir que esta adquisición llegue a buen puerto.» El director, un ejecutivo curtido y respetado en todo el mundo, escuchó en silencio a mi compañero y, cuando este terminó de hablar, le dijo, no sin un deje de condescendencia, «Creo que podremos superarlo».

La primera tarea en cualquier proceso de fusión empresarial pasa por determinar qué ejecutivos han de ocupar qué cargos. Se trata de un proceso que se inicia bastante antes del primer anuncio oficial y que puede llegar a ser tan violento que llegue a frustrar las intenciones de adquisición. Pero si se cuenta con los participantes adecuados, se sortean los obstáculos regulatorios y se llega a un pacto económico, el acuerdo se consuma. Con la firma de los documentos, la nueva empresa empieza a ser una realidad, al menos sobre el papel.

En el caso mencionado anteriormente, uno de los ejecutivos de la empresa adquiriente creyó que iba a ocupar de por vida el cargo que había alcanzado antes de la fusión. Pero en realidad no pasó las pruebas de selección en la restructuración. Se le indemnizó generosamente y se le despidió. Sin fiesta de despedida, sin atenciones especiales; no era el único que se iba. La mañana siguiente a su marcha de la empresa, se puso su traje, como de costumbre, se montó en el coche y saltó por un puente a ciento veinte kilómetros por hora. Casi nadie dudó que se trató de un suicidio.

Aquel mismo día, mi compañero tuvo una reunión con el director, que estaba muy afectado por la noticia. «Nunca me dijo que podía pasar algo así —le recriminó el director a mi colega—. Jamás me advirtió que las cosas iban a ponerse tan feas.»

Aquel fue un caso extremo, el único suicidio relacionado con una fusión que conozco. Pero he vivido muchos acuerdos en los que había en juego cambios empresariales fundamentales y en los que los individuos han manifestado todo tipo de comportamientos extremos, erráticos e inesperados. He visto a la gente deprimirse o emocionarse, divorciarse o casarse, recurrir a sustancias ilegales para animarse o renunciar totalmente al alcohol, sentirse como Superman, encontrar a Dios, perder la fe y comportarse de mil maneras raras y/o maravillosas. Todo esto por lo que respecta a los individuos, porque las organizaciones mismas también pasan por cambios de humor similares, con lo que ello implica en el cambio de comportamiento. Las organizaciones en su conjunto pueden mostrarse optimistas o deprimidas, apáticas o llenas de energía.

Si multiplicamos el cúmulo de experiencias de una sola organización sometida a un proceso de cambio por el número total de organizaciones que están pasando por ellos —empresas, organismos públicos, asociaciones sin ánimo de lucro, instituciones educativas— empezaremos a creer que el mundo entero está poblado por gente angustiada que intenta comprender y controlar los cambios. Cosa que, por otra parte, no dista mucho de ser cierta.

Según las estimaciones, la primera década de este nuevo milenio experimentará una consolidación industrial aún mayor y, por tanto, habrá más fusiones. No se aprecia disminución en el volumen de transformaciones estratégicas, privatizaciones y liberalizaciones. Cualquiera de estas acciones puede conducir a una miríada de otros cambios en el seno de las empresas, como reorganizaciones, traspaso de poderes y objetivos, rediseño de procesos básicos y reubicación de recursos. Así que la capacidad para comprender y negociar el territorio emocional del cambio continuará siendo de gran interés en el mundo empresarial y para todos aquellos que se vean afectados por estas sacudidas.

Todos los estudios realizados, sin embargo, demuestran que la mayor parte de estos esfuerzos de transformación no alcanzan aquello que persiguen, por ejemplo, el aumento de la cuota de mercado, el incremento del precio de las acciones, un desarrollo de productos más rápido e innovador, la reducción de costes y/o la penetración en nuevos mercados.

¿Por qué es tan difícil alcanzar esos objetivos? ¿Por qué la probabilidad de fracasar es tan alta? La respuesta más superficial es que la gente «se resiste al cambio», como si la resistencia al cambio fuera una especie de desgraciado código genético que, de poder ser modificado, produciría por arte de magia personas dispuestas de pronto a hacer las cosas de otro modo siempre que otros se las pidieran. Esa respuesta es, claro está, demasiado simplista, pero resulta atractiva porque exculpa a los líderes y culpabiliza a los que, se dice, no son «buenos seguidores». Las razones por las que los cambios fracasan son muchas, y en este libro me he dedicado a explorarlas.

Una cosa está clara. Las organizaciones no se transforman hasta que las creencias y los comportamientos de la gente que las forma cambian. (Por eso me gusta tanto la expresión que dice: «Una buena manera de volverse loco es seguir haciendo lo mismo y esperar resultados distintos»). El cambio de comportamiento —empresarial o individual— es, inevitablemente, un proceso emocional. Pero somos pocos los que entendemos de emociones y la mayoría de nosotros preferimos evitarlas. Los ejecutivos, en concreto, se muestran incómodos cuando tienen que hablar de sentimientos y conductas. Es un territorio en el que no se sienten nada a gusto, porque no están preparados; o porque, sencillamente, no saben desenvolverse bien en él.

En *El monstruo del cambio*, exploraremos este territorio misterioso, aprenderemos de los fracasos y los triunfos de los demás. Sin embargo, este no es un libro de recetas. Doy por sentado que el lector conoce muy bien el trabajo que desempeña. No hace falta que dé listas de tareas. Lo que sí espero conseguir es que quien lea este libro entienda lo que sucede y por qué durante cada una de las fases del cambio, para poder comparar experiencias y comprobar que no está solo ni se ha vuelto loco. Espero poder ayudar a percibir y configurar los aspectos y las dinámicas que intervienen en el cambio, y aportar el lenguaje necesario para enfrentarse a él. Con ello se logra pensar con mayor claridad y comunicar más eficazmente la situación. Finalmente, también espero poder transmitir el valor que hace falta para combatir al monstruo del cambio, e indicar el camino para alcanzar con éxito y recompensa su consecución.

Jeanie Daniel Duck

Primera parte

El monstruo del cambio

Los factores humanos
y emocionales del cambio

1

Lucha contra el monstruo

La necesidad de pensar y actuar de otra manera

Me encanta el chocolate; el chocolate negro, para ser más exacta. Hace unos años, una amiga me envió desde California una caja de un kilo de bombones de chocolate negro de See. ¡Me sentí en la gloria! Mientras lanzaba exclamaciones de asombro y hacía el tonto ante la caja, mi hija Jennifer, que entonces tenía tres años, se unió al jolgorio. Mala señal. Si se mostraba entusiasmada debía de ser porque esperaba compartir todo mi recién adquirido botín. Estaba claro que la única forma de evitarlo era darle algo, así que le puse un bombón en la mano y la envié a la cama. Luego, yo me comí «sólo unos pocos» y me acosté.

Esa misma noche, algo más tarde, hubo una de esas magníficas tormentas tan habituales en Alabama, con rayos, truenos, viento y lluvia. Me levanté en la oscuridad y recorrí las habitaciones para cerrar las ventanas abiertas. Entonces pisé algo crujiente en el pasillo. Al encender la luz, vi que el suelo estaba recubierto de pequeños envoltorios redondos de papel marrón oscuro de los bombones. Les seguí el rastro como si recorriese el camino de baldosas amarillas del Mago de Oz, y al final, en lugar de la ciudad Esmeralda, lo que encontré fue la caja de bombones de See completamente vacía. Me quedé atónita y pensé: «¡Pero si sólo tiene tres años! ¿Cómo se ha podido zampar un kilo de chocolate?».

Inmediatamente fui a ver a Jennifer, y la encontré profundamente dormida en su cama, con aspecto angelical. En realidad creo que se hallaba sumida en un letargo producido por el exceso de glucosa; en cualquier caso comprendí que sería inútil tratar de despertarla. A la mañana siguiente me encaré con ella.

—Jennifer Duck, ¡ayer te comiste todos mis bombones!

—No, no me los comí —replicó de inmediato, con una expresión de seriedad y temor en su rostro.

—Pues claro que te los comiste. Aquí sólo vivimos dos personas: tú y yo. ¡Y yo no fui!

Bajó la cabeza apesadumbrada y luego, en voz baja, murmuró:

—¡Cómo me gustaría tener un hermano pequeño!

No he podido olvidar aquel incidente, por desgracia para Jennifer, y no porque se hubiera zampado todos mis bombones, sino porque su respuesta fue muy elocuente. Todos sentimos el deseo natural de encontrar a alguien a quien echarle la culpa cuando nos pillan haciendo algo malo o cuando algo desaparece. Sé muy bien cómo debió sentirse ella. Yo también me siento mal cuando me doy cuenta de que me he olvidado de cumplir un compromiso, ya se trate de enviar un documento, llamar a alguien que me ha pedido ayuda antes de una reunión o programar ese almuerzo que le había prometido a una amiga. Y normalmente, como quiso hacer mi hija, busco a alguien o alguna circunstancia o acontecimiento que me permita excusar o justificar mi comportamiento. Por lo menos yo he aprendido a practicarlo en silencio y a detenerme en cuanto me doy cuenta de lo que estoy haciendo. He contado esta anécdota sobre mi hija porque representa a la perfección una toma de conciencia fundamental ante el cambio, ese momento en el que tenemos que decirnos a nosotros mismos: «Necesito comportarme de un modo diferente». Es posible que también necesitemos pensar de modo diferente, adoptar una perspectiva distinta (o varias, practicar nuevas habilidades, crecer de formas nuevas y, a veces, nada fáciles.

Ahora bien, para realizar un cambio de este tipo se necesita valor, pero no la clase de valor del que oímos hablar en las noticias: «Un hombre ha salvado a un niño de una muerte segura», o «Una mujer evita que se produzcan disturbios en la vía pública», sino otro, el valor que no aparece en los titulares. Una lucha personal que nos parece trivial. Sin privar de mérito alguno a los héroes que se encuentran tras esos titulares, pienso que el propio cambio constituye un acto de heroísmo mucho mayor y más difícil. Cuando se entrevista a alguien que ha actuado valerosamente ante una situación dramática, suele decir: «Lo hice por puro instinto. No soy ningún héroe». Y si se trata de un bombero, un policía u otro profesional del ramo, contesta lo siguiente: «Nos han entrenado para eso. Me he limitado a hacer mi trabajo». Por el contrario, cuando se entrevista a personas que han puesto en marcha un proceso de cambio en una empresa, suelen decir: «Si hubiera sabido entonces lo que sé ahora, dudo que me hubiese decidido a hacerlo». O bien: «Esa iniciativa de cambio fue como empezar una dieta, y dejar de fumar y de beber, todo al mismo tiempo. Me alegro mucho de haberla dejado atrás»; o «Nunca he trabajado o aprendido tanto»; o «Fue la época más estimulante y memorable de mi vida».

Mi experiencia con el monstruo

He llegado a conocer y comprender al «monstruo del cambio», el término que utilizo para referirme a todos los factores humanos que giran alrededor del cambio, tanto personal como profesionalmente. Como vicepresidenta de The Boston Consulting Group (BCG), me he relacionado con muchas empresas que han puesto en marcha un gran cambio. He ayudado a altos ejecutivos y a multitud de directores a pasar por fusiones, reestructuraciones y transformaciones estratégicas. Es un trabajo fascinante porque lo que está en juego es mucho y las dinámicas humanas son tan complejas y absorbentes como las que se dan en cualquier obra de teatro o melodrama de Hollywood.

Antes de entrar en BCG, experimenté en carne propia lo que supone pasar por un cambio fundamental. Trabajé durante unos meses, bajo mucha tensión, como directora de nivel medio en una institución de préstamo y ahorro que estaba al borde de la quiebra. La dirección probó diversos tipos de tácticas y trucos para salvar el negocio, pero todo fue en vano; al final, la situación estalló, fuimos intervenidos por las autoridades federales y nos convertimos en parte de la Resolution Trust Corporation.* El asunto no fue muy agradable que digamos, y el

---

* Institución que se encarga de la gestión de cuentas de empresas en suspensión de pagos con el objeto de contribuir a su recuperación. (*N. del T.*)

proceso nada divertido. Después, una vez dicho y hecho todo lo que había que decir y hacer, me despidieron, junto con el treinta por ciento de la plantilla. Jamás olvidaré los altibajos emocionales que todos experimentamos, las lentas y trabajosas ascensiones hacia pequeños éxitos y los descensos repentinos hacia el desastre. Tampoco olvidaré las maneras tan distintas con las que mis colegas manifestaron sus emociones. Algunos gritaron como posesos, otros permanecieron en silencio y siguieron su camino con los puños apretados de rabia contenida, los hubo también que saltaron del barco sin saber a dónde ir y unos pocos parecieron disfrutar con la situación y con todo el drama que la acompañó. Aquella fue mi primera experiencia real con el monstruo del cambio empresarial.

Ahora bien, mi interés por el cambio es anterior a aquella experiencia; en realidad se remonta a mi infancia. Siempre me he sentido intrigada por lo que hace la gente y el porqué. A menudo me asombro ante una acción y empiezo a preguntarme de inmediato: «¿Qué se le pasó a esa persona por la cabeza a la hora de hacer eso?», o «¿Qué le indujo a hacer tal cosa?» Por otra parte, tratar de dilucidar el comportamiento de grupo puede ser un rompecabezas que cautive nuestra atención. ¿Qué les hizo responder como lo hicieron? ¿Cómo se podría haber previsto o alterado tal comportamiento? Esa clase de preguntas me han asaltado desde que tengo uso de razón.

Para intentar contestarlas, seguí un camino bastante insólito de estudios más o menos académicos. Empecé como artista, especializándome en la escultura y el dibujo de figuras. El arte tiene que ver con la observación y la empatía, con ser capaces de trasladar lo que se ha observado y percibido a una obra tangible que provoque una respuesta emocional en el espectador. En el mejor de los casos, el arte permite establecer una conexión poderosamente íntima entre el artista y el espectador, una conexión que es a un tiempo personal y universal. ¿No sería maravilloso que nuestra vida laboral pudiera verse salpicada de momentos de conexión similares a los que experimentamos con el arte? ¿No sería magnífico que todos comprendiéramos que una parte de nuestro trabajo consiste precisamente en crear esos momentos?

Después de licenciarme di clases de arte a alumnos de todos los niveles de la enseñanza, desde primero de educación básica hasta el último curso del bachillerato y luego me doctoré en educación artística en el Instituto Pratt, en Brooklyn. Mientras estuve allí, también trabajé en el departamento de educación artística de tercer ciclo, supervisando a los alumnos que algún día se convertirían en profesores. Trataba de ayudarles a imaginar cómo enseñar arte en el sistema de educación pública de la ciudad de Nueva York. Me creerán si les digo que no les interesaba la teoría del arte; sólo querían aprender tácticas de supervivencia, así que procuré ofrecerles todo aquello que fuese práctico y tuviera sentido. En las clases no hablábamos de arte, sino de las emociones y dinámicas humanas que se agitaban a su alrededor y dentro de ellos. Nuestras discusiones no eran más que búsquedas ingenuas, con las que tratábamos de comprender lo que estaba ocurriendo y mediante las que aportar resultados positivos para todos los implicados. Nos resultó muy útil el análisis transaccional (el estudio de las transacciones que se dan tanto en uno mismo como entre personas), sobre todo para explicar las fuerzas que configuran el comportamiento individual, cómo se forman las normas para los grupos y cómo se pueden estimular las ideas para llevar a cabo interacciones fundamentales en el aula. Más tarde obtuve la titulación de analista transaccional.

Tardé varios años en darme cuenta y en comprobar que para los individuos la experiencia emocional del cambio es muy similar a la que sufren las organizaciones, incluso las de tipos muy diferentes. Tras graduarme en Pratt, pasé seis años en el mundo empresarial y después, una vez que me despidieron de S&L, fundé mi propia empresa de consultoría. Ya desde el principio tuve que trabajar con tres clientes muy diferentes: con una empresa de productos de consumo, con un contratista del Ministerio de Defensa, y con el personal de la sala de urgencias de un gran hospital metropolitano, que se enfrentaban a problemas muy distintos. Los médicos de la sala de urgencias se lamentaban de lo que ellos llamaban «el club del cuchillo y la pistola del sábado noche», que cada fin de semana llenaba el hospital de pacientes gravemente heridos y convertía la sala de urgencias en una auténtica pesadilla. Los administradores del hospital, por su parte, trataban de encontrar la forma de reducir los costes de la rotación de médicos. Los contratistas que trabajaban para el departamento de Defensa se hallaban en el extremo opuesto del espectro. Intentaban determinar la mejor forma de incrementar la tasa de «efectividad» de armas específicas. Ahora bien, ninguno de estos dos grupos tenía el nivel de tensión y seriedad de mis clientes de la tercera empresa: los comerciales que buscaban la mejor forma de incrementar la cuota de mercado de su negocio de cereales azucarados, que languidecía lentamente.

Un día, mientras me encontraba en una reunión con el personal de la sala de urgencias del hospital, pensé: «Hablan como los tipos que trabajan para el Ministerio de Defensa». Aquello me pareció extraño, pero esa misma semana me di cuenta de que parte del trabajo que realizaba para el contratista de Defensa también le resultaría útil a mis clientes de la empresa de cereales. Aquella coincidencia me intrigó y empecé a buscar aspectos comunes, pautas y disparidades. Quería saber si empresas de diferentes industrias, que abordaban diferentes problemas, tenían siempre tantas cosas en común. ¿No sería el denominador común el que todas ellas atravesaban un proceso de cambio radical? ¿Somos los seres humanos tan parecidos que nuestra «humanidad» invalida otros factores?

Durante los meses que siguieron, mientras observaba, analizaba y tanteaba, la respuesta a ambas preguntas empezó a quedar cada vez más clara. Sí. La definición de la palabra «fenómeno» describe perfectamente lo que estaba ocurriendo. Un fenómeno es «aquello que parece real para los sentidos, independientemente de que se haya demostrado su existencia subyacente o comprendido su naturaleza». Estaba convencida de que en las tres situaciones actuaba el mismo fenómeno. Entonces formulé la siguiente hipótesis: si, tanto individual como colectivamente, la gente experimenta una pauta común cuando pasa por un gran cambio, el hecho de definir y comprender con claridad dicha pauta nos permitirá controlar o, al menos, reconducir la situación.

Durante los años que siguieron, desarrollé una estructura rudimentaria para lo que empecé a concebir como la «curva del cambio». La apliqué por primera vez cuando Ray Álvarez, director general de Micro Switch, una división de Honeywell, me contrató como consultora. La empresa, dedicada a fabricar pequeños sensores, controles y conmutadores para aplicaciones industriales, espaciales y militares, había sido fundada en 1937 y adquirida por Honeywell en 1950. Durante décadas, Honeywell permitió que Micro Switch siguiera funcionando a su aire. A cambio de esa autonomía, los directivos aportaban considerables beneficios «río arriba», como ellos decían para referirse a la sede central, en Minneapolis. Luego el mercado pasó a demandar un nuevo tipo de conmutadores electrónicos, pero Micro Switch no detectó a tiempo las nuevas tendencias y las siguió con lentitud. Además, Honeywell inició un proceso de diversificación y compró empresas pertenecientes a negocios en crecimiento, como hardware, software y periféricos. La empresa terminó confiando en los beneficios de Micro Switch para que contribuyera a financiar las adquisiciones y, por su parte, la dirección de Micro Switch se enorgullecía de ser la vaca lechera que aportaba liquidez a la empresa matriz. A medida que fueron pasando los años, la dirección de Micro Switch mantuvo su política de ralentizar las inversiones en la división, aumentar los precios, reducir los costes, escatimar en el servicio y tener a pan y agua al departamento de I+D para mantener altos sus beneficios. Con la aplicación de esta política, Micro Switch no tardó mucho en encontrarse sumida en un profundo estancamiento. Perdió clientes clave, y otra empresa extranjera empezó a arañarle cuota de mercado. Los directivos de Micro Switch, que en un principio pasaron por alto la existencia de su competidor, terminaron por considerarlo invencible. Los ejecutivos de Honeywell estaban divididos sobre la conveniencia de vender o conservar la empresa. Decidieron entonces poner al frente a un director experimentado, un veterano de Honeywell llamado Ray (Ramón) Álvarez, con la misión de invertir la situación.

Cuando empecé a trabajar con Ray y su equipo de dirección, la división se hallaba estancada. Juntos fuimos avanzando a través de las fases que ahora veo claramente como las típicas de todo gran cambio: estancamiento, preparación, implantación, determinación y consecución. En el caso de Micro Switch el proceso duró tres años. Pero son muchas las empresas que tienen que realizar sus cambios de forma mucho más rápida, a veces incluso en cuestión de meses, sobre todo las que se dedican a tecnología e Internet.

Las emociones son datos que hay que tener en cuenta

Basándome en todas estas experiencias (como directora, consultora y observadora del comportamiento, como madre, artista y profesora), he llegado a la convicción de que los aspectos emocionales del cambio no sólo son importantes, sino vitales. Si los líderes no tienen en cuenta los datos emocionales, ni toda la información operativa ni todos los datos numéricos del mundo serán suficientes para darle la vuelta a una empresa. Cambiar una organización es, inherente e inevitablemente, un proceso emocional humano. Y cuando digo «emocional» no me refiero a los cambios en los estados de ánimo o a los sentimientos que afloran a la superficie. Me refiero a las emociones básicas: temor, curiosidad, agotamiento, fidelidad, paranoia, depresión, optimismo, rabia, revelación, placer y amor.

Cuando una organización se embarca en un cambio de la magnitud que sea, sus líderes suelen pensar que se enfrentan a una serie de tareas operativas que, si se ejecutan con éxito, tendrán como resultado un nuevo estado de cosas. No se dan cuenta de que también tendrán que enfrentarse a toda una embestida de emociones y dinámicas humanas. He llegado a comprender que las emociones son verdaderamente datos y que tienen tanta importancia como los referidos a ventas, beneficios y otros aspectos «mensurables» del rendimiento organizativo. También estoy convencida de que es posible abordar los datos emocionales con rigor y racionalidad, identificar y definir las emociones, analizar cómo afectan al rendimiento y desarrollar estrategias y tácticas para afrontarlas.

Recopilar y afrontar los datos emocionales no sólo es posible, sino imperativo. Enfrentarse al monstruo del cambio es un aspecto tan básico para el éxito o el fracaso de una iniciativa de cambio que no sólo pertenece al ámbito legítimo de actuación de los líderes, sino que constituye su principal desafío y responsabilidad. Y al decir líderes no me refiero únicamente al puñado de ejecutivos que ocupan los puestos más altos de una organización. Me refiero también a las numerosas personas que dirigen divisiones y unidades de negocio, departamentos, equipos y grupos de trabajo. Ahora bien, sé por experiencia que muchos líderes son lentos a la hora de identificar los temas de índole humana, que no logran reconocer su importancia y que se muestran reacios a afrontarlos directamente.

Tres aspectos esenciales de la gestión del cambio

A lo largo de los años, he ido afinando de forma continua la curva del cambio y mi propia comprensión del monstruo del cambio. Cuando entré a trabajar en BCG, pude comprobar, gracias a los datos y a la experiencia de mis colegas que trabajan para empresas de todo tipo en el mundo entero, que, en lo esencial, la curva del cambio puede aplicarse de modo universal. Hemos descubierto que las fases de la curva del cambio, descritas en este libro, son válidas en una gama extremadamente amplia de empresas, industrias y ámbitos geográficos. Aunque la experiencia de cada empresa siempre es singular, las fases y principios del cambio son los mismos. El tiempo que duren esas fases, el que se tengan que repetir o no y cuál es su velocidad de movimiento dentro de cada una de ellas, son factores que variarán, dependiendo del liderazgo y de la intensidad de los cambios que se requieran.

Este tipo de curva se aplica a los esfuerzos de cambio fundamental de prácticamente cualquier clase de entidad, incluidas las organizaciones benéficas y sin ánimo de lucro, las instituciones educativas y religiosas, los organismos gubernamentales, las organizaciones, asociaciones y clubes comunitarios y hasta las familias. Una vez que se reconocen las fases del cambio y se comprende la dinámica de cada una de ellas, la curva se hace visible, y útil, en casi cualquier campo de actividad.

No pretendo argumentar con ello que el cambio de gestión para cualquiera de estas entidades deba circunscribirse únicamente a abordar las dinámicas humanas. Se trata más bien de uno de los tres elementos esenciales requeridos para realizar un cambio con éxito:

1. Estrategia: una convicción apasionada de hacia dónde se va. La estrategia debe ser sólida y el compromiso inquebrantable. Cuanto más claramente se pueda articular y más fácilmente se pueda comprender y trasladar a la acción, tanto mejor.

2. Ejecución: buena gestión básica. Una transición fructífera exige las mismas buenas prácticas de gestión tan fundamentales para el funcionamiento de una organización efectiva en tiempos de estabilidad y operatividad «normal» (si es que se puede hablar de eso). Ahora bien, la buena gestión es absolutamente indispensable cuando la organización se halla sometida a un cambio radical.

3. Enfrentarse al monstruo exige intensificar la sensibilidad respecto de los temas emocionales y de comportamiento inherentes al cambio y la voluntad decidida de abordarlos. Imagino que los lectores ya dominan los dos primeros elementos o saben a dónde acudir en busca de ayuda para conseguirlos. Este libro se centra casi exclusivamente en el tercer elemento.

Estructura del libro

He estructurado el libro en torno a las cinco fases que configuran la curva del cambio. Para ilustrar dichas fases describo cómo dos empresas y sus líderes respectivos pasaron por un gran cambio. La primera empresa es Honeywell Micro Switch y su líder, Ray Álvarez. He decidido contar esta historia porque abarca numerosos desafíos y porque las iniciativas que se tomaron alcanzaron un éxito tremendo. También deseaba mostrar a una persona real, a un líder que no es famoso o demasiado conocido, pero que trabajó duro e imaginó el modo de vencer a los monstruos que encontró. Ray puso en marcha la iniciativa de Micro Switch, como un líder ya curtido, que había dirigido otras dos transformaciones anteriores y comprendía profundamente los aspectos emocionales del cambio. Aun así, tuvo que pasar por una intensa odisea personal que fue un proceso lleno de retos y dificultades, tanto para la organización como para él mismo.

Como Ray sirve de ejemplo de la forma «correcta» de pasar por un proceso de cambio, hago pública su historia. Por el contrario, para presentar muchas de las cosas que pueden salir mal en un esfuerzo de cambio, he inventado la fusión de dos empresas farmacéuticas («Commando Drug» y «Venerable BV»), que se encontraban sumidas en diferentes tipos de estancamiento. La historia se centra en el proceso de crear una entidad nueva y singular, llamada CoVen. El grupo de investigación y desarrollo estaba dirigido por el doctor Marco Trask que, a diferencia de Ray, tenía poca experiencia en la gestión del cambio y prestaba escasa atención a las dinámicas humanas que acompañan cualquier fusión. Durante el transcurso de la iniciativa, que duró un año, Marco se enfrentó al monstruo del cambio de muchas formas inesperadas. Experimentó una transformación personal que, en último término, le ayudó a alcanzar el éxito para su organización y para sí mismo. Este caso y los personajes que en él aparecen se basan en mi trabajo con varios clientes diferentes, así como en el de mis colegas de BCG. Aunque la historia en sí sea ficticia, se corresponde con lo que sucedió en la vida real.

Además de estas historias, incluiré referencias a otras empresas que han participado en una variedad de esfuerzos de cambio, incluidos la puesta en marcha de empresas por Internet, la liberalización, la privatización y la reestructuración, así como a ejecutivos, directivos y consultores que han vivido esos cambios y que se han enfrentado al monstruo.

No todo es dolor

Mark Twain escribió: «En caso de duda, di la verdad». Mentiría si le dijera que, siguiendo mis directrices y aprendiendo las fases de la curva del cambio, podrá derrotar al monstruo al instante y alcanzar sus objetivos de forma fácil e indolora. Sin embargo, estoy convencida de que una comprensión del fenómeno de la curva del cambio le ayudará a enfrentarse a los problemas que se le presenten de una manera más fácil y menos confusa, y a alcanzar antes los resultados deseados.

También mentiría si dijera que el cambio sólo implica dolor y dificultad. No es así. El proceso de cambio puede ser complicado, exigir mucho tiempo y estar lleno de verdades que quizá nunca habría querido tener que afrontar, pero también puede ser el trabajo más lleno de satisfacciones, retos y entusiasmo de toda su carrera profesional. Yo abordo cada nuevo cambio organizativo con una gran animación y entrega. Sé que ninguna de las personas que participen en él saldrá incólume de la experiencia, sin haber pasado por alguna clase de cambio personal. Verán cuestionadas algunas de sus suposiciones y encontrarán aspectos de fortaleza y debilidad que ni siquiera eran consciente de poseer. Las relaciones con los demás se abrirán o se estrecharán. Descubrirán bolsas de ignorancia y sabiduría personal y aprenderán mil cosas nuevas acerca de sí mismos y de los demás.

Tal como me solía decir mi madre cuando me obsesionaba con una crisis adolescente: «Bueno, Jeanie, pasar por esto quizá te parezca una experiencia caótica y agotadora, ¡pero seguro que no te aburres!». En aquellos momentos no apreciaba debidamente aquellas dosis de sabiduría, pero me proporcionaban una perspectiva diferente para afrontar las crisis siguientes, que superaba con más facilidad. Confío en que lo que aquí les ofrezco les resulte igual de útil.

2

Un breve recorrido por la curva del cambio

Mapa del territorio del cambio

Tengo un sentido de la orientación bastante malo, lo que es una desventaja para alguien que, como yo, viaja doscientos días al año. Normalmente, cuando un nuevo cliente me dice: «Estamos cerca del aeropuerto, a unos treinta kilómetros al oeste. Tome la autopista y desvíese por la salida... 17, ¿o es por la 18? Bueno, en cualquier caso, es la primera. Gire a mano derecha al llegar al final de la rampa y luego siga recto; no tiene pérdida», yo, naturalmente, siempre me pierdo. Y me pierdo, en primer lugar, porque se olvidan de decirme que desde el aeropuerto hay dos autopistas, y porque en realidad no hay ninguna rampa; además, hay tres posibles desvíos que tomar antes de poder seguir recto. Sin embargo, la razón más profunda es que en realidad la persona que da las indicaciones se ha olvidado de lo mucho que ha aprendido y ya no se da cuenta de los pequeños detalles capaces de despistar a una recién llegada. Para ella, la ruta es automática; sabe exactamente a dónde va. Para mí, en cambio, el territorio es completamente nuevo y no estoy familiarizada con él. Además, suelo conducir un coche alquilado y estoy más ocupada en tratar de averiguar cómo se ajusta el asiento, cómo se encienden los faros y cómo se apaga la radio, que tiene presintonizada una música estridente, que en cualquier otra cosa. Y, por si todo eso fuera poco, lo normal es que me encuentre en un país extranjero, conduciendo por la izquierda o tratando de descifrar carteles indicadores en alemán.

En tales circunstancias, lo mejor es disponer de un mapa, aunque a veces eso no me resuelve el problema, por lo que por sistema pregunto a mis clientes qué detalles a lo largo del camino me pueden orientar. Cuando lo hago así, me dicen: «Gire a la derecha al llegar al gran cartel amarillo de un bingo, delante de una iglesia metodista». Además hago caso de los consejos: «Procure salir con media hora de antelación, ya que los agricultores se están manifestando y suelen cortar las carreteras con los tractores». También me gustan las advertencias del tipo: «Tenga cuidado al entrar en nuestro barrio. Todas las calles son de una sola dirección, y en los mapas no está indicado», o bien: «En el kilómetro ochenta la policía suele poner un radar para detectar el exceso de velocidad».

Viajar por un territorio nuevo es una buena metáfora de lo que se experimenta con un gran cambio. Por mucho que se prepare o sea un

viajero experimentado, se encontrará en situaciones inesperadas y ante incidentes extraños. Algunas cosas le saldrán mal, pero también le ocurrirán otras fabulosas que lo pillarán por sorpresa. Además, viajar a destinos nuevos intensifica las emociones. Sus sentidos están más despiertos, su mente plenamente activa y se siente más vivo. De modo que cualquier cosa que suceda le parecerá más extraordinaria, más frustrante, dolorosa, emocionante o agotadora de lo que le parecería en circunstancias normales.

La curva del cambio, que representa el dibujo, es una especie de mapa del territorio del cambio y una guía que señala los trucos y hábitos del monstruo que allí acecha. Como sucede con los niños que emprenden un largo viaje, las organizaciones pueden estar preguntando constantemente: «¿Hemos llegado ya?». Saber qué podemos esperar y conocer las características del territorio, así como lo que funciona o no

funciona a lo largo del camino, ayuda a los líderes y a sus seguidores a mantener el rumbo y a calibrar el progreso. Con frecuencia he instruido a los líderes empresariales de General Electric, en su centro de Crotonville, acerca de la curva del cambio. Pues bien, un día, después de una de esas charlas, se me acercó un vicepresidente de Medical Systems para mostrarme su gráfico de una curva del cambio, en el que había ido anotando cuidadosamente, con fechas y acontecimientos, una serie de cambios por los que había pasado hacía poco su organización, y me dijo: «Esto me lo aclara todo. Me siento como si hubiese tenido una serie de síntomas misteriosos, sin saber si estaba enfermo, loco o era normal, y ahora hubiese obtenido finalmente un diagnóstico claro. Por fin he comprendido que todo lo que me sucedía a mí y a mi organización era normal y predecible. ¡Qué alivio!» Más tarde, utilizó su curva del cambio para dirigir a su grupo a través de una nueva iniciativa. Nos mantuvimos en contacto y me dijo que, gracias a que habían marcado su progreso a lo largo de la curva del cambio («a situarnos en el mapa del cambio», fue su frase literal), él y su gente habían sido capaces, de una vez por todas, de calibrar dicho progreso, de ser conscientes de las diferencias entre los subgrupos, y de gestionar las expectativas y el impulso. La curva del cambio es un mapa que se ha puesto a prueba en innumerables ocasiones y que siempre ha demostrado su utilidad.

Por lo tanto, antes de emprender el viaje seguido por Micro Switch, CoVen y otras empresas de las que hablaremos a lo largo de estas páginas, quiero presentarle el mapa, ofrecerle una visión fugaz de hacia dónde nos dirigimos y transmitirle una advertencia muy importante.

Empezaré por la advertencia. Es sencilla, pero debe hacerse explícita ya desde un principio. La curva del cambio, como cualquier otra representación gráfica de una situación compleja, incluido un mapa, no es más que una simplificación y una aproximación. Cuando una organización se encuentra inmersa en un cambio, los diferentes departamentos y subgrupos suelen hallarse en distintas fases a lo largo de todo el proceso; los individuos también experimentan el cambio de modos diferentes. Por ejemplo, como los altos ejecutivos son los que han decidido llevar a cabo los grandes cambios, es habitual que ellos estén en posiciones más adelantadas a lo largo de la curva que otras personas de la organización. Esto hace que aún resulte más difícil llegar a un buen entendimiento entre los unos y los otros, algo que ya de por sí es complicado durante las transiciones.

También suele suceder que las organizaciones, departamentos e individuos no siempre progresan de una fase a la siguiente siguiendo una secuencia ordenada. Algunas unidades se quedan estancadas en una fase durante lo que parece una eternidad. Como si se tratara de un velero a merced de una fuerte corriente, sus mejores esfuerzos únicamente les permiten mantener su posición, sin hundirse. Ahora bien, en la fase siguiente es posible que avancen con tal rapidez que se conviertan en los que marcan el ritmo. Otros retrocederán hacia una fase anterior o alternarán entre dos fases. En las empresas que se inician en el comercio electrónico, cada uno de los grandes hitos alcanzados (pasar de la idea al plan de negocio, asegurarse la financiación inicial, preparar una página web y ponerla en funcionamiento, conseguir el primer cliente) es tan importante e implica un trabajo tan agotador para llegar hasta allí que la gente experimenta toda la curva del cambio simplemente en el proceso de alcanzar cada uno de los grandes logros.

Por diferente que pueda parecer el territorio desde diversas perspectivas, mi experiencia y la investigación realizada en BCG han demostrado que la curva del cambio se aplica a las organizaciones que se encuentran en toda clase de situaciones de cambio. Los detalles específicos nunca son iguales, pero los aspectos comunes son fuertes y los aprendizajes y la experiencia de uno se pueden aplicar a los otros.

Estancamiento: el monstruo en hibernación

Quizá piense que el estancamiento no constituye ningún problema si la economía va viento en popa y crece con rapidez. Todas las organizaciones pueden quedarse estancadas. Las empresas de tecnología y de Internet se estancan, aunque la duración de esa fase suele ser mucho más corta en comparación con otros sectores. En las industrias más antiguas, como las de fabricación, se han dado casos en que los periodos de estancamiento han durado años. En la actualidad, el estancamiento físico y tangible a largo plazo es relativamente raro. En una economía en expansión, si las empresas públicas se estancan durante demasiado tiempo, los analistas se alarman, los accionistas exigen actividad y los empleados de más alto nivel comienzan a abandonar el barco. Por lo que se refiere a las empresas privadas, ninguna permanecerá estancada durante mucho tiempo sin quedar fuera del negocio o sin que un comprador llame a la puerta.

El estancamiento puede producirse debido a toda una serie de factores: estrategia deficiente, falta de liderazgo, cambio en el mercado, fallo del producto, falta de nuevos productos o servicios, escasez de recursos (incluido, sobre todo, el capital humano), una tecnología o un proceso desfasados o una ejecución deficiente.

Y puede afectar a cualquier clase de organización. A principios de la década de 1990, America Online, la empresa de portales de Internet, sufrió un periodo de estancamiento causado por una estrategia vacilante. Hewlett-Packard, fabricante de hardware, se sumergió en un periodo de languidez a finales de la década de 1990, debido principalmente a una confusa línea de productos en sus negocios no relacionados con el mundo de la impresión. IBM sufrió mucho en la década de 1980, cuando era una empresa culturalmente rígida y demasiado dependiente de las tecnologías heredadas. Gillette, el fabricante más famoso del mundo de productos para el afeitado, también cayó en picado a finales del milenio por haberse vuelto demasiado rígida e inflexible y por seguir intentando alcanzar el éxito poniendo en práctica fórmulas que habían funcionado bien para la empresa en el pasado. Incluso las empresas que empiezan y las pequeñas tiendas de venta de software pasan por periodos de microestancamiento cuando pierden sintonía con el mercado o son incapaces de aportar nuevas ideas que funcionen.

Las señales externas e internas del estancamiento

Las señales externas del estancamiento son bastante evidentes: productos o servicios desfasados, disminución de las ventas y de la cuota de mercado, deserción de los clientes y pérdidas de talentos. Por otro lado, en las empresas tecnológicas y en las de nueva creación es perfectamente posible hallarse en una fase de estancamiento y no mostrar ninguna de estas señales. De hecho, este estancamiento en dichas empresas se manifiesta como una falta de «apariciones» en la prensa y por la incapacidad de atraer nuevo capital o de contratar a los mejores talentos del momento.

En algunas empresas estancadas el monstruo del cambio se encuentra en una especie de hibernación. Se producen tan pocos cambios que la gente se siente cómoda y segura; pueden trabajar duro o no, pero no perciben ninguna amenaza, lo que de por sí ya es señal de que se hallan en un estado engañoso. Sin darse cuenta, continúan cuidando y podando las mismas plantas en flor que han venido produciendo durante tanto tiempo; saben lo que tienen que hacer y cómo hacerlo. Esto es así sobre todo en aquellas empresas que fabrican productos heredados que siguen ganando dinero. Existe en ellas la fe implícita de que la empresa, y los puestos de trabajo que ofrece, seguirán existiendo para siempre. Si se percibe alguna amenaza, se la considera un fantasma, pero no algo realmente peligroso ante lo que haya que ponerse en movimiento.

En otras organizaciones estancadas es posible que la dirección sepa que se necesita el cambio, pero no logra determinar qué hay que cambiar o cómo abordarlo. Mattel, por ejemplo, sigue creando nuevas vidas y formas para Barbie, su producto heredado, pero le ha costado mucho crear una gran estrategia nueva, especialmente en lo que se refiere al comercio electrónico. Confió en que la adquisición de The Learning Company, un fabricante de software, le inyectara nueva vida y le condujera a nuevos productos y mercados, pero no fue así. La adquisición no le proporcionó las sinergias deseadas y provocó el estancamiento del precio de las acciones, obligando a dimitir al presidente ejecutivo.

Métodos para acabar con el estancamiento

Un periodo de estancamiento sólo puede terminar con una enérgica demanda de cambio por parte de alguien que ocupe un puesto de poder y autoridad: el presidente ejecutivo, el consejo, un gran accionista institucional o, posiblemente, un comité operativo interno.

Para acabar con el estancamiento se pueden emprender dos categorías de acciones: las iniciadas externamente y las que se ponen en marcha desde el interior. La categoría externa incluye absorciones, fusiones y adquisiciones, compras apalancadas (*leveraged buyouts* LBO) y reestructuraciones provocadas por la liberalización o la privatización. La categoría interna incluye desinversiones, transformaciones, reorganizaciones, ejercicios de reducción de costes, reestructuraciones y ofertas públicas de adquisición (OPA).

Una fusión es una forma muy poderosa de sacudir a una empresa realmente rígida y obligarla a llevar a cabo un cambio radical. Cuando se produce una fusión, nadie, en ninguna de las dos empresas que se fusionan, por muy engañado que esté, escapa a la toma de conciencia de que todo está en el aire. Las fusiones han sido tremendamente populares en los últimos años, a medida que las industrias se han consolidado y ha aumentado la necesidad de economías de escala. En 1998 se realizaron en todo el mundo 1,3 millones de fusiones de empresas, con un valor aproximado de 2,4 billones de dólares. En 1999, el total aumentó en un tercio y alcanzó los 3,4 billones, según *The Economist*. Cada nueva fusión reaviva el debate sobre la validez y los beneficios finales de la combinación. Distintos estudios han demostrado que la mayoría de las fusiones destruye valor para el accionista y no logran alcanzar los objetivos que se pretendía conseguir: aumento del precio de las acciones, desarrollo más rápido e innovador de los productos, nuevas sinergias estratégicas, aumento de las ventas o penetración de nuevos mercados.

En *The Synergy Trap* (*La trampa de la sinergia*), Mark Sirower escribe: «Tenemos que desafiar la opinión de que las primas pagadas en las fusiones y adquisiciones representan valores justos. Como quiera que las adquisiciones son procesos complejos que afectan a diferentes niveles de dirección, a agendas políticas diferentes, a bancos de inversión, a bufetes de abogados y a empresas contables, es muy fácil que los ejecutivos paguen demasiado por ellas. Muchas primas de adquisición exigen mejoras de rendimiento prácticamente imposibles de alcanzar, incluso por parte de los mejores directivos y en las mejores condiciones de la industria».

A pesar de todo, la incidencia y el tamaño de las fusiones continúa creciendo; mientras escribo este libro la fusión entre AOL y Time Warner es la «ultrasuperfusión» del momento, con un valor estimado al hacerse pública de entre 166.000 y 182.000 millones de dólares (aunque valdrá mucho menos cuando se realice). American Airlines está comprando TWA y United está comprando U.S. Air. ¿Quién sabe cuál puede ser la siguiente? ¿«United AmiDelta»? ¿Wal-Mart y Procter & Gamble?

Preparación: la fase que los líderes prefieren pasar por alto

En el caso de una iniciativa interna, el momento que transcurre entre el anuncio del plan y su implantación puede y debe ser corto. La preparación se inicia cuando se toma la decisión del cambio. Una vez tomada, se anuncia a menudo de una forma espectacular: en una reunión con todos los empleados o bien lo hace directamente el presidente ejecutivo o a través de algún comunicado especial de amplia difusión. En una fusión o adquisición, la fase de preparación empieza de repente, cuando se hace pública la intención de efectuar una adquisición o de aceptar una oferta de compra. Probablemente por los pasillos de ambas empresas ya han circulado rumores acerca de ello. Aun así, el verdadero anuncio produce una conmoción, ya que las negociaciones se han llevado a cabo en secreto, como tiene que ser. De hecho, la mayoría de empleados se enteran de que su empresa está en juego a través de los medios de comunicación.

La fase de preparación puede durar meses y, en ocasiones, hasta un año o más, sobre todo cuando se necesita la aprobación de los organismos gubernamentales competentes. Durante esta fase se tiene que realizar una gran cantidad de trabajo operativo: el diseño de la nueva estructura organizativa, la definición de cometidos y responsabilidades, la determinación de qué productos, servicios y capacidades serán básicos para seguir adelante y el rediseño de procesos fundamentales, por citar sólo unos cuantos. Los líderes tienen que sintetizar el plan de cambio lo suficiente como para que sus directivos y empleados puedan añadir los detalles que serán necesarios durante la fase de implantación.

El monstruo despierta

Durante la preparación, el monstruo del cambio, que estaba hibernando, despierta bruscamente de su profundo sueño y se despereza y provoca toda clase de temblores emocionales a lo largo y ancho de la organización. Cuando el cambio se inicia externamente, todos los que trabajan en la empresa (y sus amigos y parientes) especulan acerca de la iniciativa y sobre lo que esta significará para ellos. Sus emociones se intensifican. La gente se siente angustiada, inquieta, esperanzada, amenazada, entusiasmada, traicionada y distraída. Todo el mundo sabe que está a punto de suceder algo grande, pero nadie sabe exactamente de qué se trata. Los altos ejecutivos no son inmunes al monstruo: les preocupa su propia seguridad, empiezan a gastarse bromas acerca de su posición y se preparan para defender su parcela de poder. En los esfuerzos de cambio iniciados internamente, es posible que el monstruo no despierte de inmediato. La gente asume a menudo que el anuncio de una nueva iniciativa no es más que la última de una larga serie de programas y proyectos. Es posible que se sientan molestos, irritados, cínicos e incrédulos y que no se tomen el anuncio muy en serio. En cualquier tipo de cambio, cuando se produce la avalancha emocional, esta provocará con toda seguridad alguna distracción respecto del trabajo inmediato. La productividad suele bajar.

Pero como se trata de una fase intermedia, llena de ansiedad e incertidumbre, por no hablar de un trabajo difícil y a menudo tedioso, los líderes, normalmente orientados hacia la acción, preferirían pasarla por alto. Experimentan la abrumadora necesidad de «agarrar el toro por los cuernos», de empezar a hacer cosas. Si se dejan arrastrar por esa necesidad, los altos directivos suelen salir disparados en una docena de direcciones diferentes, con una somera idea común o de consenso sobre las acciones que se deben a realizar o los resultados que se persiguen.

Unos líderes poco alineados pueden provocar el fracaso

La causa más habitual del fracaso de los grandes esfuerzos de cambio procede de unos líderes no alineados. Eso fue lo que descubrió un gran estudio realizado por The Boston Consulting Group (BCG) para identificar las pautas comunes de éxito o de fracaso en las grandes iniciativas de cambio. La muestra incluía a empresas de cada una de las grandes industrias, así como a algunos organismos gubernamentales, en América del Norte, Europa continental, Reino Unido, Escandinavia y la región de Asia-Pacífico. BCG examinó toda clase de esfuerzos de cambio, incluidas integraciones posteriores a las fusiones, nuevas estrategias liberalizaciones, privatizaciones, reestructuraciones y racionalizaciones en aras de la velocidad. Y lo que puso claramente de manifiesto es que la causa más habitual de fracaso (en todo tipo de iniciativas y lugares) no es la falta de compromiso por parte de los mandos intermedios (como se cita a menudo), sino la falta de alineación por parte de los líderes. Creo firmemente que cuando los mandos intermedios «actúan con falso convencimiento», no hacen sino exagerar ligeramente los comportamientos que observan en la cúspide.

El hecho de que los líderes no estén bien alineados produce un efecto desastroso sobre el resto de la organización. En tal situación la gente se divide rápidamente en facciones y subgrupos, y se alinea tras uno de los líderes enfrentándose a los demás. Y cuando esto sucede, los directivos se ven obligados a dedicar mucho tiempo a representar los papeles de oficial de policía, árbitro y pacificador dentro de su propio equipo y entre los diversos grupos rivales. El estudio de BCG descubrió que cuanto más dura esta falta de alineación entre la alta dirección, menos probabilidades hay de que la iniciativa de cambio tenga éxito.

La preparación se complica
cuando dura demasiado tiempo

Aunque los altos ejecutivos estén alineados y hayan hecho un buen trabajo para comunicar la necesidad del cambio, las cosas se pueden complicar si la fase de preparación dura demasiado tiempo. Consideremos el caso de la fusión de dos empresas de telecomunicaciones. La preparación se convirtió en una nueva forma de estancamiento cuando los obstáculos reguladores se prolongaron dos años desde el anuncio de la fusión hasta el cierre del trato. Durante esos dos años, la gran mayoría de los trabajadores no supo qué sería de sus funciones y divisiones. ¿Tendrían que trasladarse a otro lugar? ¿Qué productos venderían? ¿Quién se quedaría y quién se tendría que marchar? ¿Quién informaría a quién?

Así, ambas organizaciones iniciaron un proceso de caída libre. Nada parecía importar, porque nadie podía estar seguro de qué actividades se desarrollarían en la nueva organización. Había muy poca autoridad formal, pues nadie sabía quién estaría allí en seis meses o en un año. Los presupuestos tampoco parecían ser importantes, ya que no se sabía quién los iba a revisar. Además, una vez que se cerrase el acuerdo y se iniciara la fase de implantación, habría nuevos presupuestos y se tomarían nuevas medidas. A raíz de todo eso, la gente intentó acaparar influencia y financiación, aumentaron los costes y los clientes iban y venían. No obstante, las empresas parecían fuertes desde el exterior, ya que la demanda se mantuvo sólida y las ventas siguieron aumentando. Dentro, en cambio, la sensación era muy diferente. Los beneficios empezaron a descender aceleradamente y, de hecho, la empresa empezó a perder dinero. La gente estaba muy animada un día y muy desanimada al siguiente. Y, a medida que se dejó sentir el desgaste de la incertidumbre, muchos experimentaron una combinación de indiferencia y cansancio.

Implantación: empieza el viaje

La implantación se parece bastante a emprender un gran viaje hacia algún lugar exótico y lejano del que sólo se ha oído hablar: África, Nueva Guinea o Myanmar. Durante la preparación, la gente dedica semanas a elaborar el itinerario, vacunarse, reservar hoteles y transporte, leer algo sobre la situación política del lugar al que se va, cambiar dinero, y anotar todas las direcciones a las que puede acudir y que le dan los familiares que ya han estado allí. El destino y la esperada aventura pueden parecer irreales, incluso cuando se empieza a doblar la ropa para meterla en la maleta. De hecho, hasta que uno no baja del avión no se da cuenta de que el viaje ha empezado de verdad.

A ese inicio se le llama implantación. Los líderes anuncian el plan general y los proyectos, se constituyen los nuevos canales o mecanismos de comunicación para mantener informados a la dirección, y se ponen en marcha nuevos procesos. Cuando suceden todas estas cosas, el monstruo del cambio sale imponente de su escondite y se produce una cadena de reacciones, virtualmente imprevisibles para todos. A las emociones de amenaza, temor, agotamiento e incertidumbre, que aparecieron por primera vez en la fase de preparación, se les unen ahora sentimientos de confusión, apatía, resentimiento, inadecuación y volatilidad, así como de alivio, entusiasmo, animación y reconocimiento. Los empleados pueden experimentar una sensación de irrealidad. Todo ha cambiado aunque, verdaderamente, nada ha cambiado todavía. Y, lo que es más importante, nadie está totalmente seguro de su propia capacidad para funcionar o para alcanzar éxito en el nuevo orden de cosas. La gente sigue haciendo apuestas.

Los cambios operativos no bastan

Durante la implantación, depende de los líderes que su gente llegue a comprender el plan general, persuadir a todos de que funcionará, motivarlos a participar en su concreción y trabajar con ellos para comprobar que se ejecuta adecuadamente. Por desgracia, muchos ejecutivos y directivos piensan que sólo tienen que crear un plan que esté lo suficientemente claro. Suponen que se producirán cambios operativos que engendrarán por sí mismos la transformación completa. Apartan la vista del objetivo una vez que han presentado el plan y, meses más tarde, se sorprenden de que las cosas no hayan salido como querían.

En cierta ocasión colaboré con el líder de una empresa de tecnología que se comprometió en un gran esfuerzo de cambio y que trabajó como un loco para desarrollar su estrategia de implantación. Aplicó su considerable energía a cada tema operativo y, en el término de unas pocas semanas, él y su equipo obtuvieron una lista impresionante de logros. Habían diseñado la nueva estructura organizativa, redactado cientos de definiciones de puestos de trabajo y desarrollado un plan detallado de reubicación. «¡El cambio ha terminado!», me anunció un buen día el ejecutivo y luego nos dio las gracias por nuestra ayuda para desarrollarlo. Yo le dije que, en mi opinión, el cambio distaba mucho de haberse completado; en realidad, lo más difícil aún estaba por llegar, es decir: la tarea de animar a la nueva organización y de hacerla funcionar. Él no estuvo de acuerdo, pero nos pidió que regresáramos al cabo de seis meses para ver cómo iban las cosas. Seis meses más tarde entrevistamos a personas clave de toda la organización y todos ellos aseguraron que no había cambiado nada esencial. «La misma gente que antes tenía el poder sigue teniéndolo ahora, al margen de la nueva arquitectura organizativa. Se mantienen las mismas camarillas y se utilizan los mismos y viejos trucos para intimidar.» Un ingeniero experto sintetizó la situación diciendo orgulloso: «Sabemos lo que hay que hacer, de modo que hacemos lo que siempre hemos hecho, tal y como lo hemos hecho siempre. Desde que trabajo aquí hemos sobrevivido a doce reorganizaciones».

Cuando el líder de la empresa escuchó nuestro informe se ruborizó. «Me siento como el tipo que ha trabajado día y noche y ha gastado un montón de dinero para renovar su casa y luego descubre que a sus hijos les gustaba más como estaba antes.» Sólo después de muchas discusiones empezó a entender que el cambio no es sólo el proyecto de una nueva estructura, sino que exige cambiar las mentalidades y las prácticas laborales de la gente.

«Bolsillos sin Fondo» y «Cicateros, S.A.»: filosofías contrapuestas que obstruyen la toma de decisiones

La comunicación siempre es un aspecto fundamental, pero mucho más cuando se intenta conseguir que los demás vean y hagan las cosas de modo diferente. Las comunicaciones formales se concentran a menudo en decirle a los demás qué hay que hacer, en distribuir cometidos y en asignar las acciones necesarias, en lugar de tratar de contestar a los porqués, o de explicar cómo se han tomado las decisiones. La gente necesita comprender las ideas que han conducido a tomarlas. ¿Qué principios y objetivos se han utilizado para llegar a ellas? ¿Qué opciones se han considerado y por qué se han descartado? Si los líderes desean cambiar el pensamiento y las acciones de los demás, tienen que ser transparentes con las suyas. Si la gente de la organización no comprende la nueva forma de pensar o no está de acuerdo con ella, no cambiarán sus convicciones ni tomarán decisiones que concuerden con lo que se desea.

En la fusión de dos grandes empresas industriales, por ejemplo, la adquiriente, «Bolsillos sin Fondo», disponía de abundante liquidez y tenía la convicción de que debía gastar esos recursos para conseguir calidad. Por su parte, la empresa adquirida, «Cicateros, S.A.» , había sufrido durante años la escasez de recursos a que la sometió su empresa matriz. Pues bien, los ejecutivos de la empresa recién fusionada no comunicaron en ningún momento las «reglas de decisión», ni aclararon ninguna forma de establecer acuerdos; ni siquiera dejaron claras sus prioridades: bajo coste o alto valor añadido.

Cada empresa se dedicaba a fabricar e instalar grandes máquinas industriales, lo que exigía que grandes equipos trabajaran juntos durante meses seguidos en las instalaciones de los clientes. El personal de «Bolsillos sin Fondo» estaba acostumbrado a disponer de todos los recursos que pudiera necesitar en el lugar de trabajo, como equipos de apoyo, herramientas y componentes extra o sistemas duplicados de transmisión de información. El personal de «Cicateros, S.A.» había recibido tantas intimidaciones que aprendió a reducir sus necesidades, por lo que sólo llevaba las herramientas estrictamente necesarias. Sabían, por dolorosa experiencia, que obtener cualquier cosa de la dirección de «Cicateros, S.A.» suponía pelearse con alguien. Si gastaban un dólar que no estuviera presupuestado, se veían sometidos a una escandalosa reprimenda por parte de sus jefes y los responsables del departamento de finanzas. Si necesitaban un simple alargador eléctrico, tenían que pasar por un verdadero calvario; en tales condiciones, les resultaba más fácil «arreglárselas» por su cuenta. A veces, los trabajadores preferían ir a la ferretería más cercana, comprar la herramienta que necesitaban y pagarla de su bolsillo que enfrentarse a todo el papeleo y la agonía de justificar el gasto.

Así pues, en la primera instalación que hicieron juntos, el personal de cada una de las anteriores empresas quedó horrorizado ante el comportamiento de los otros. Los obreros de «Cicateros, S.A.» no se podían creer la cantidad de cosas que llevaban los de «Bolsillos sin Fondo», y hasta temían que el coste apareciese reflejado como exceso en su presupuesto. Por su parte, los de «Bolsillos sin Fondo» también observaron asombrados cómo era posible que un equipo profesional acudiera a montar una maquinaria pesada con tan poco equipamiento. Siempre se los había valorado por su profesionalidad y su calidad, algo que para ellos significaba los niveles más altos posibles de estética mecánica y las soluciones de ingeniería más elegantes. Querían poder disponer de cada pieza y de cada herramienta por si tuvieran que necesitarla. Pensaban que si el material sobrante no se utilizaba para un trabajo en concreto, siempre se podría emplear para otro. Pues bien, estas actitudes enfrentadas causaron no pocas discusiones durante las instalaciones que se efectuaron para los clientes. En cuanto surgía un problema, los obreros de «Bolsillos sin Fondo» deseaban hallar la mejor solución posible, sin apenas considerar los costes. En cambio, los de «Cicateros, S.A.» se enorgullecían de su capacidad para encontrar soluciones innovadoras que funcionarían sin incrementar el coste; la estética y la elegancia en un trabajo no eran para ellos una prioridad.

Al final, los obreros se enzarzaron en tantas discusiones interminables que tuvieron que apelar a sus directores para solucionar los conflictos. Pero estos tampoco pudieron darles una solución, ya que estaban tan imbuidos de las filosofías heredadas como ellos. Por lo tanto, plantearon el tema a sus respectivos directivos. Pero cuando el enfrentamiento llegó a un directivo con la suficiente autoridad como para tomar una decisión, resultó que no comprendió el problema y lo consideró algo demasiado trivial como para preocuparse, así que reaccionó, como era de esperar, diciendo: «Los de montaje son todos unos incompetentes». Y al volver el problema sin resolver a los mandos intermedios, y de estos a sus respectivos obreros, la reacción fue similar: «¡Nuestros directivos son idiotas!».

A menudo, situaciones como esta hacen que las empresas se pierdan irremediablemente en la fase de implantación. Con tantas tareas por realizar y tantos detalles por vigilar, y con prioridades poco definidas o jerarquizadas, resulta muy fácil sentirse abrumado. Entonces, la organización parece avanzar a mucha velocidad sin llegar a ninguna parte. La gente se pregunta si podrá mantener el ritmo y si, al final, toda esa actividad supondrá alguna diferencia.

Determinación: el monstruo recorre los pasillos

Es ahora cuando llega la fase más crítica del proceso de cambio: la fase en la que se corre más peligro de ver fracasar la iniciativa. Si las otras fases se han completado con éxito, quizá la dirección piense que la transformación ya ha terminado y dirija su atención a otra parte, justo en el momento en que se necesitarían los mayores refuerzos. Si la organización sigue confusa, como en los casos de «Bolsillos sin Fondo» y «Cicateros, S.A.», lo más probable es que los obreros vuelvan a sus antiguas prácticas, o se marchen o, lo que es peor, se queden, pero sin comprometerse. En la mayoría de las empresas en que la fase de implantación ha salido mal, nadie quiere hablar de ello y mucho menos hacer público un diagnóstico de los fallos y errores cometidos. En lugar de eso, se permite que la iniciativa de cambio continúe deslizándose tranquilamente hacia el cementerio de los programas fracasados de la empresa, mientras el monstruo se tranquiliza, consciente de que ha ganado la batalla.

La fase de determinación es importantísima porque en ella deberían empezar a producirse los resultados de todos los esfuerzos acumulados y porque la organización comienza a experimentar la fatiga del cambio. A la gente le agota tener que gastar la cantidad de energía que se necesita para reconsiderar su trabajo diario y cambiar su forma de funcionar. Por eso, si ven que todas las señales indican que lo van a conseguir, mantendrán el impulso, incluso aunque estén agotados. Pero si perciben que esa situación «tampoco va a durar», terminan por arrojar la toalla, empiezan a ocultarse o sólo se dejan llevar por los movimientos del cambio.

Un mando intermedio, al reflexionar sobre sus experiencias dijo lo siguiente: «Tratar de imaginarse lo que funciona en este nuevo mundo que intentamos crear hace que uno esté continuamente haciendo suposiciones y experimentando. Hay que pensar profundamente en lo que se intenta hacer. No es lo mismo que cuando el jefe te da una orden, y tú asientes y acto seguido ejecutas el plan. Uno trata de imaginar cómo dar vida a las nuevas ideas. A veces, algo funciona y uno se siente realizado, pero la mayor parte del tiempo se siente insatisfecho y frustrado».

Durante la fase de determinación, la gente por fin empieza a darse cuenta de que el cambio es real y de que tiene que vivir su vida laboral de un modo diferente. Tienen que informar a un nuevo jefe, o trabajar con colegas con los que hasta ahora no lo habían hecho. Se archivan proyectos que fueron muy queridos y aparecen otros con un potencial más alto. Se trasladan oficinas, se resitúan las sedes centrales, que pasan de una ciudad a otra. Se piensa en las relaciones y procesos del pasado (incluso en aquellos que no funcionaron muy bien) con un «recuerdo eufórico», ya que, retrospectivamente, parecen mucho más efectivos de lo que lo eran en realidad y mucho más claros que el caos actual. Y, de este modo, la gente anhela encontrar una excusa para abandonar el duro camino de la transformación.

Pero si se mantiene un enfoque extraordinario en el cambio y se abordan los problemas con franqueza, el progreso y el compromiso se pueden mantener vivos, incluso en las circunstancias más difíciles. Por el contrario, si la dirección no presta la debida atención y no reconoce los problemas, la sensación general, aunque haya algún que otro éxito, será: «Aquí hay algo que va muy mal». Y es en ese momento cuando se escuchan los primeros acordes de la marcha fúnebre.

El monstruo más insidioso: los numerosos disfraces de la retirada

El monstruo más insidioso y común es el de la retirada. La retirada sabe disfrazarse de algo más: apatía, desesperanza o cinismo. Y, lo que es peor, también sabe cómo ponerse un rostro positivo. Habitualmente se utiliza la siempre popular estratagema de decir «hemos ganado» y seguir adelante. Los líderes del cambio declaran una pausa en la marcha hacia el cambio y argumentan algo que parece bastante razonable: «Necesitamos respirar un poco antes de continuar». O: «Sólo necesitamos un breve periodo de normalidad». Pues bien, por inofensivas que puedan parecer tales explicaciones, lo cierto es que lo que transmiten a todo el mundo es una clara señal de que el esfuerzo de cambio, esencialmente, ha muerto. Ya se puede dejar de luchar. De repente, las personas que abandonan los nuevos procesos o que violan las reglas acordadas, dejan de sufrir las consecuencias. Los líderes no intentan detener a los que vuelven a hacer las cosas «como se hacían antes». Se hace poco habitual dar cuenta de las propias responsabilidades y realizar el seguimiento de los procesos. Y como, además, la parada es supuestamente temporal, resulta que nadie tiene que admitir o afrontar el aparente fracaso. La organización se niega a reconocer el fracaso de los proyectos hechos durante la fase de implantación, y que han muerto durante la fase de determinación. El monstruo sigue sentado en medio del pasillo, pero nadie habla de él ni lo señala. En una fusión, la gente deja de intentar que se materialicen las sinergias estratégicas tan ensalzadas al principio. Los viejos procesos coexisten junto a los nuevos, como si se desarrollaran en mundos paralelos, o bien se permite que el estilo de una empresa domine por defecto. Al cabo de un tiempo, el fracaso del cambio se convierte en un mal recuerdo empresarial, que raras veces se menciona o al que se suele citar en un código propio de la empresa: «Creo que ya intentamos algo así antes, ¿verdad?»

Para gestionar con éxito el cambio durante la fase de determinación, los líderes tienen que gestionar las expectativas, la energía y la experiencia de la gente. Se producirán indudablemente acontecimientos negativos, pero el hecho de reconocer y abordar los reveses obra maravillas sobre la credibilidad y el estado de ánimo de la gente.

La franqueza produce dividendos

Tras el fracaso del proyecto piloto, Fredrick, el ejecutivo a cargo de la introducción de un nuevo producto en WebMaster Inc., decidió que había llegado el momento de emprender una acción drástica. Convocó una sesión abierta e invitó a todos los empleados a asistir. El objetivo que perseguía era averiguar cómo podría lograr que el proyecto y el proceso volvieran a su cauce. Se anunció la convocatoria por la intranet de la empresa y se pusieron carteles en la puerta de la cafetería. La sala estaba a rebosar, aunque la mayoría de la gente lo único que sentía era curiosidad y escepticismo. «Sólo he venido para ver el espectáculo», dijo un ingeniero de software, apoyado contra la pared.

Fredrick inició la sesión con una exposición muy franca y directa de lo que no funcionaba. A continuación, invitó a los miembros del proyecto a añadir cualquier detalle o tema que él no hubiese abordado. Ante la sorpresa de todos, Janice, miembro del equipo, dijo con vehemencia que no había podido llamar la atención de la dirección cuando se necesitaron recursos o cuando hubo que resolver una disputa. Mientras hablaba sobre estos problemas, Fredrick se acercó a un caballete y escribió sobre el papel: «Hacer que la dirección responda y lo haga rápidamente». Las risitas simuladas se extendieron por toda la sala. Una vez que Janice hubo acabado, él se dirigió a los presentes: «Evidentemente, necesitamos ayuda. Este proyecto piloto no es más que eso: un proyecto piloto. Si no funciona, tampoco funcionarán los que le seguirán, y eso es inaceptable. El equipo de dirección y yo estamos aquí para escuchar sus ideas. Necesitamos toda la ayuda que podamos conseguir y, siguiendo las normas de la generación de ideas en grupo, se considerarán todas las sugerencias y se suspenderá todo juicio».

Al principio, la gente vaciló, pero al ver lo receptivo que se mostraban Fredrick y su equipo directivo, el ambiente se empezó a relajar. La sesión duró casi tres horas. Algunas personas se marcharon y luego volvieron, otras asomaron la nariz, preguntándose a qué venía tanto jaleo y se quedaron para tomar parte en el debate.

Más tarde, hablé con el mismo y escéptico ingeniero de software con quien había intercambiado unas palabras al inicio de la sesión.

—¿Qué le ha parecido la reunión? —le pregunté.

—Ha sido tan interesante que no me lo habría creído si no hubiera estado presente. Esperaba algo mucho más superficial, pero Fredrick ha expuesto las cosas tal y como son, y hasta ha permitido que Janice criticara a la dirección. No es extraño que la gente se haya quedado para ayudar. Cuando alguien es sincero y pide ayuda, uno siente ganas de ayudarle.

Luego, tras una larga pausa, añadió:

—Sí, hoy me he sentido orgulloso de todos nosotros.

En WebMaster, un alto directivo solicitó ayuda y la obtuvo. Cuando 3M pidió ideas para impedir actos de sabotaje del producto, tras el escándalo de los envenenamientos de Tylenol, los empleados presentaron mil sugerencias en un solo día. No es posible evitar los problemas; hay que admitirlos y abordarlos. Cuando la gente se une para enfrentarse y dominar al monstruo del cambio, suele salir victoriosa y encuentra la forma de llegar a la fase final, a la consecución.

Consecución: el monstruo ha sido batido, al menos por ahora

La consecución es la fase en la que se obtienen las recompensas de las largas horas de duro trabajo. Las actividades y cambios desconectados que se han ido produciendo en muchos ámbitos diferentes a lo largo y ancho de la organización, se combinan ahora y se alimentan unas a otras. Entonces, toda la empresa parece nueva. El lugar parece diferente. Ahora, las gentes que han luchado contra el monstruo, saben que está acorralado, al menos por el momento, y ya no se sienten tan asustadas como al principio. Los empleados experimentan seguridad en sí mismos, se muestran optimistas y llenos de energía y son capaces de realizar su trabajo con menos problemas, en menos tiempo y con mejores resultados. La prueba de ello se encuentra en los resultados positivos, numerosos y tangibles: el precio de las acciones sube, las ventas aumentan, los beneficios mejoran, los costes se reducen, gente de talento se une al equipo, la empresa obtiene más clientes al sacar un gran producto o servicio nuevo.

Tengo una amiga que es una excelente cocinera. Es capaz de abrir la nevera, sacar un montón de ingredientes, que a simple vista parecen elegidos al azar y, en muy pocos minutos, *voilà!*, servirte un plato exquisito. Sus ensaladas, en especial, son espléndidas. Y las mágicas combinaciones que hace transforman cada uno de los ingredientes en un conjunto delicioso, nuevo e inesperado. La verdad es que cuando yo trato de hacer lo mismo termino con un cuenco de lechuga troceada salpicado con trozos de algunas otras cosas, y nada más; evidentemente, la «sinergia» mágica de los ingredientes no se da por sí sola. Pues bien, la experiencia de la consecución es similar. Lo mismo que sucede con los ingredientes de la ensalada, todos los esfuerzos, proyectos e iniciativas individuales se conjugan para crear una nueva forma que funciona. Hay en ello algo de magia y eso es lo que hace que valga la pena el esfuerzo y lo que impulsa a quienes lo han experimentado a intentarlo una y otra vez.

Cuando se llega a la fase de consecución, es importante detenerse y disfrutar del momento, reconocer que el arduo trabajo tiene sus recompensas y que la gente ha logrado transformar con éxito la organización. Entonces, hay que iluminar los logros, tanto grandes como pequeños, y compartir ampliamente el premio. Hay que tomarse tiempo para destilar y asimilar los beneficios y los aprendizajes obtenidos durante el viaje.

El éxito de la consecución completa el círculo de la organización, ya que el territorio que se encuentra más allá de esta consecución es un nuevo periodo de estancamiento. No se parecerá al viejo estancamiento, pero será igual de paralizador y peligroso. El principal peligro de la consecución es la arrulladora sensación de satisfacción. La organización se siente orgullosa de sus logros, y desea disfrutar de la imagen del éxito durante un tiempo. Pero la luz que la ilumina se desvanece con rapidez y el disfrute da paso rápidamente a la somnolencia. Antes de que uno se dé cuenta, la nueva forma de pensar, tan duramente alcanzada, se convierte en dogma. Mientras tanto, el mercado continúa evolucionando y los clientes aumentan sus demandas.

Los líderes excepcionales del cambio se dan cuenta de que el legado más importante que le pueden dejar a una organización no es, simplemente, haber propiciado una sola transformación, sino enseñar a la organización a cambiar y a adaptarse continuamente, y ayudarla a encontrar la voluntad para hacerlo. Cuando una organización se ve a sí misma como un grupo entusiasmado de luchadores contra los monstruos, el cambio se convierte más en un desafío que están dispuestos a aceptar, que en una amenaza que apunta a una retirada.

Segunda parte

Estancamiento

El monstruo en hibernación

3

Desmoralización y negación

Cuando lo que creemos saber resulta no ser cierto

Me crié en Montgomery, Alabama, ciudad que cuenta con su cuota correspondiente de excéntricos y personalidades locales. Cuando mi madre y yo salíamos juntas, me mostraba a las personas más notables del lugar, como Zelda Fitzgerald, viuda de F. Scott, y los Gordon, otra familia conocida, que había sido la más rica y patricia de la ciudad durante muchas generaciones, aunque luego, a raíz de unas malas inversiones, lo perdiera todo: dinero, poder y posición. Aun así ¿saben qué hacían ellos? Pues actuar como si no hubiesen perdido nada.

Los Gordon desfilaban por la ciudad como si fueran los dueños del mundo, incluso después de la muerte del abuelo, de que la abuela vendiera la mansión, de que la hija se viera obligada a emplearse en una lavandería y de que el hijo estuviera permanentemente «fuera», es decir, ingresado en una residencia para alcohólicos. Ellos seguían esperando que les invitaran a todos los actos públicos de la ciudad y que se les permitiera cenar en el club de campo, incluso mucho después de que hubieran dejado de pagar la cuota. Una vez vimos a la abuela Gordon en el centro; llevaba puestos unos guantes y un sombrero en pleno verano, aunque esas cosas ya hacía mucho tiempo que no se llevaban. Mi madre me dijo: «Es triste ver a la señora Gordon fingiendo que no ha cambiado nada. La gente quiere ayudarlos, pero ellos están demasiado a la defensiva como para aceptar. Hace poco, una amiga se ofreció a hacerlo, pero la señora Gordon le contestó que no necesitaba ayuda, que no estaban arruinados, lo único que les pasaba es que se habían quedado temporalmente sin fondos».

Pues bien, a veces las organizaciones se comportan como la señora Gordon, ya que se les da muy bien ignorar los datos emocionales y financieros. Incluso cuando están en números rojos, niegan tener verdaderos problemas y rechazan las ofertas de ayuda. Esta misma clase de negación también aparece en ocasiones en la primera fase del cambio, la que llamo estancamiento. La organización decide no ver sus problemas u oportunidades y no está dispuesta a admitir lo que otros ven a simple vista; en ese momento es cuando necesita emprender un cambio radical. Los indicadores que lo advierten suelen ser abundantes, claros, objetivos y duros de admitir. El precio de las acciones ni sube ni baja. La cuota de mercado disminuye a medida que aumenta la de sus competidores. No se crea ningún gran producto nuevo, y los clientes empiezan a irse a otra parte.

Una organización estancada también emite otros indicadores más sutiles, aunque a menudo muy palpables: los datos emocionales. Un ejecutivo al que conozco dice: «Si quieres saber cómo va una organización, sólo tienes que recorrer la fábrica. Eso es algo que se siente». Estoy segura de que en alguna ocasión habrá estado en alguno de esos lugares que van mal. No tiene por qué ser una fábrica, puede ser una oficina en la parte más elegante del centro de la ciudad, el edificio de la sede central de una empresa en una zona de oficinas. Puede tratarse de un restaurante, un hotel o una tienda. Sea lo que fuere, el caso es que el nivel de energía es bajo, la gente con la que se entra en contacto parece cansada y falta de ánimo. No se observa ajetreo ni conversaciones entre los colegas, hay pocas risas, aunque eso sí, en ocasiones, se perciben muchos cuchicheos. Se tiene la sensación de que la gente está contando los minutos que le faltan para que termine la jornada. Y si es que sienten pasión por algo, evidentemente, no es por su trabajo, el producto o los clientes.

Dos formas de estancamiento: depresivas e hiperactivas

Las empresas estancadas pertenecen a una de estas dos categorías: «depresivas» o «hiperactivas». He visto los dos casos y los dos casos dan miedo. En las empresas deprimidas, como las que he descrito en el apartado anterior, el ambiente se halla impregnado de una aterradora sensación de tedio. La organización no tiene sentido de la dirección, sino que más bien parece vagar sin objetivo, con pocas o ninguna finalidad. La empresa deprimida muestra los síntomas que se observan en las personas afectadas por la depresión: lentitud general, incapacidad para tomar decisiones, sentimientos de inadecuación, falta de motivación o energía, y sensación de que nada importa. Por el contrario, las hiperactivas se lanzan a una actividad frenética. Ahora bien, aunque esa actividad consume enormes cantidades de energía, sólo genera, en el mejor de los casos, pequeños éxitos. Esas empresas son como las personas neuróticas o los niños afectados por un trastorno de déficit de atención (TDA), saltan de una cosa a la siguiente sin que apenas haya continuidad o progreso. En ambos casos, las empresas estancadas pueden reconocer o no cuál es el mal que les afecta. Algunas son conscientes de no que no están bien; sin embargo, otras ignoran sus síntomas hasta que se derrumban y entonces tienen que acudir apresuradamente al hospital.

En una empresa deprimida, a la que llamaremos «Tedio Internacional», un ejecutivo a cargo de una transformación interna me dijo: «Nos debatimos de mala manera. Hemos perdido seguridad en nosotros mismos. Nadie sabe a ciencia cierta lo que debe hacer. Incluso cuando tenemos un buen plan, a la gente le cuesta mucho movilizar la energía y los recursos para ponerlo en práctica. Hago todo lo que puedo por crear impulso, pero resulta muy duro».

Por el contrario, en una empresa hiperactiva, la «Frenesí Worldwide», un director de nivel medio me dijo:

«Hace cuatro meses me ascendieron al cargo que ocupo en la actualidad. Sabía que sería un trabajo complicado, ya que se trataba de un puesto nuevo, que combinaba las responsabilidades que recaían en dos personas en la organización anterior. Ahora formo parte de dos equipos de proyectos, cada uno de los cuales me exige el cincuenta por ciento de mi tiempo. Aun así, cada día los colegas de ambos equipos me recuerdan que tengo que dar mayor prioridad a su trabajo. ¿Cómo se supone que voy a hacer lo que me demandan y encima realizar todas las tareas de mi trabajo "cotidiano"? Me paso tantas horas en la oficina que mi familia ya me ha declarado persona *non grata*. Mi esposa se enfada conmigo continuamente. Mis hijos tienen la sensación de que los he abandonado. Llego a casa tan tarde que, a menudo, hasta los perros me gruñen. Y lo peor de todo es que no estoy seguro de que tanto trabajo y tantas horas sirvan para algo. Me preocupa realmente que todo esto no sea más que un despilfarro de esfuerzo en busca de nada».

La vida en estos dos tipos de empresas estancadas es desagradable y difícil. En las deprimidas, la gente se siente agotada, desanimada, desesperanzada e insegura. Y en las hiperactivas, agotada, maltratada y estresada. Tienen la sensación de que merecen obtener algún resultado y recompensa por sus esfuerzos, y normalmente no obtienen ninguno. El esfuerzo que realizan no equivale al éxito que consiguen.

«Sistemas Sísifo»: deprimida e hiperactiva al mismo tiempo

A veces, las empresas estancadas pueden mostrar una extraña combinación de depresión e hiperactividad. Una empresa proveedora de material de defensa (a la que llamaré «Sistemas Sísifo») contrató a BCG para que le ayudara a mejorar su rendimiento en el negocio. El cliente deseaba que sus proyectos llegaran a tiempo y se ajustaran al presupuesto, un concepto nuevo para la empresa y, en aquellos momentos, para la industria de la defensa en general. Sabíamos que teníamos mucho trabajo por hacer. Entonces, cuando empezamos a crear equipos que trabajaran con nosotros, descubrimos que la mayoría de la gente de la empresa ya estaba muy comprometida con proyectos especiales y, simplemente, no podía asumir nuevos compromisos. Estaba claro que había que abandonar algunos de los proyectos en curso o, al menos, detenerlos durante algún tiempo. Pero ¿cuáles? Decidimos empezar haciendo un inventario de todas las iniciativas internas, de modo que el equipo ejecutivo pudiera tomar una decisión informada sobre qué proyectos había que mantener y cuáles podían pararse por un tiempo. Confeccionar la lista ya fue agotador en sí mismo, pero lo que más nos sorprendió fue descubrir que había más iniciativas internas que empleados, ya que los proyectos en fase de ejecución eran más de tres mil quinientos, y todos ellos eran proyectos vigentes.

Durante el proceso de inventario, escuchamos toda clase de comentarios cínicos. El más habitual era: «En "Sísifo", los viejos proyectos nunca mueren; simplemente, reciben menos financiación». Empecé a comprender que la empresa era hiperactiva y que, al mismo tiempo, estaba deprimida. Se habían creado tantos proyectos e iniciativas que ninguno de ellos podía alcanzar la fase de consecución. Y, además, la mayoría contaba con tan pocos recursos y se le dedicaba tan poca atención, que una persona podía pasarse toda la vida trabajando en varias iniciativas sin poder concluir o escapar a ninguna de ellas. Sísifo, un personaje de la mitología griega, fue condenado a empujar eternamente una gigantesca roca montaña arriba, en el Hades. Pues bien, cada vez que llegaba a la cumbre, la roca rodaba de nuevo montaña abajo y tenía que volver a empezar; así una y otra vez. Los empleados de «Sistemas Sísifo» sabían exactamente cómo debió sentirse.

Al analizar lo que habíamos descubierto haciendo inventario con los ejecutivos de «Sísifo», estos se mostraron desconcertados, pero no sorprendidos. Uno de ellos dijo: «Si lo que necesitábamos eran pruebas de que estamos descontrolados, demasiado centrados en nosotros mismos y de que tenemos a demasiada gente trabajando en cosas equivocadas, ya las tenemos». Se vieron obligados a reconocer que su empresa era hiperactiva, que estaba deprimida y que necesitaba con urgencia una revisión general.

El problema de efectuar el cambio en «Sísifo» era que muchas de sus tres mil quinientas iniciativas eran programas de cambio, y ninguna producía cambio fundamental alguno. Cuando una empresa estancada, como en este caso, intenta un esfuerzo de cambio tras otro y fracasa repetidamente en su propósito de conseguir cualquier resultado duradero, se producen dos efectos muy negativos: 1) la dirección pierde credibilidad y 2) el resto de los trabajadores se hace resistente al cambio. Cuando la dirección pierde credibilidad, resulta casi imposible plantear otro nuevo enfoque. Los empleados empiezan a comportarse, a su vez, como una criatura prehistórica en proceso de evolución (un tiburón, una cucaracha). Aprende a sobrevivir y a adaptarse a cada acontecimiento, proyecto, novedad y administración que aparezca, sin perturbar por ello sus hábitos de alimentación. «¿Por qué vamos a cambiar?», preguntan los empleados. «Dentro de poco volveremos a tener un nuevo programa o nos darán un nuevo mensaje. Ese puñado de idiotas se marcharán a otra empresa y llegará otro puñado de idiotas con un plan completamente nuevo. Y luego, todo volverá a empezar otra vez.»

Algunas empresas saben que están estancadas, pero no saben cómo salir de su estancamiento

Los líderes de «Sísifo» sólo tenían una vaga conciencia de su estancamiento. En cambio, en otras empresas, los líderes son muy conscientes de la situación en que se encuentran, pero incapaces de desarrollar un plan para salir de ella. Las empresas que se enfrentan a procesos de liberalización, privatización o rápida consolidación de la industria son especialmente proclives a caer en este estado. Los ejecutivos saben que «la vida, tal como la conocemos», está a punto de cambiar drásticamente, pero algunos de ellos son incapaces de imaginar cómo competirán en la nueva situación, mientras que otros no están a la altura del desafío. Uno de ellos me dijo: «No tengo estómago para esto. Nadie puede predecir el futuro, nadie sabe cómo se agitará esta industria. No estoy seguro de que reconfigurar la empresa sea una solución inteligente. Las cosas ahora van bastante bien. Quizá deberíamos ser «seguidores rápidos», esperar a ver cómo evolucionan las cosas y luego imitar al líder del mercado y alcanzarlo con rapidez». El hombre tenía previsto jubilarse en dos años. Me pregunté: «¿Es inteligente o sólo confía en escapar antes de que se inicie el dolor del cambio?». Se necesita tener mucho valor para dirigir o incluso participar plenamente en un cambio fundamental. Y la gente que ya tiene un pie en la puerta raras veces dispone de ese valor.

Algunos equipos de dirección no reconocen la seriedad de su situación. Se niegan a admitir que se les echa encima el tren del cambio y actúan como si las estrategias que funcionaron en el pasado fueran a funcionar también en el futuro. En dichas empresas, los empleados se desmoralizan con facilidad y se dejan arrastrar por el pánico. Un director de departamento de una empresa química se describió a sí mismo del siguiente modo:

> «Tengo una pesadilla recurrente. Trabajo en la sala de máquinas de un transatlántico. Hace mucho calor. De repente, empieza a entrar agua. No sé si hemos chocado contra una roca o nos estamos hundiendo, o qué pasa. Seguimos alimentando la máquina todo lo rápido que podemos. Cada vez hace más calor. El agua me llega ya a las pantorrillas. Al final, no puedo soportar más tiempo la situación y echo a correr escalera arriba para preguntarle al capitán qué está sucediendo. Confío en encontrarlo en el puente de mando y que él me asegure que todo está bajo control. Pero cuando llego, no lo encuentro. No hay nadie en el timón que, simplemente, gira de un lado a otro. Hemos perdido el rumbo.»

A medida que los empleados se sienten más y más preocupados por el destino de la empresa en la que trabajan, cada vez son menos capaces de emprender cualquier acción. Como «un ciervo paralizado en plena noche por los faros de un coche», experimentan la ansiedad de moverse, pero se sienten demasiado aterrorizados como para decidir qué dirección seguir. Naturalmente, muchos de ellos terminan por tomar una decisión, la de abandonar la empresa.

Micro Switch: afrontar una larga batalla

Cuando Ramón Álvarez aceptó el cargo de director general de Micro Switch, esta empresa se encontraba en el estado depresivo del estancamiento. Sus ejecutivos eran autocomplacientes y muchos de sus trabajadores se sentían desanimados. Jim Renier, el nuevo presidente ejecutivo de Honeywell, le encargó a Ray una misión que parecía simple: «Convierte Micro Switch en una empresa competitiva para el siglo XXI». Se trasladó desde El Paso, Texas, donde había sido director general del Honeywell Keyboards Group, hasta Freeport, Illinois, donde estaba emplazada Micro Switch desde su creación, en 1937.

Una rápida revisión de los datos permitió a Ray descubrir los evidentes síntomas de una empresa estancada: disminución de las ventas, descenso de los beneficios y una base de clientes que menguaba continuamente. Las causas de esto también eran evidentes: las inversiones se habían detenido casi por completo, al mismo tiempo que los competidores efectuaban incursiones cada vez más profundas en el negocio fundamental y tradicional de Micro Switch. Además, los clientes estaban comprando a un competidor japonés cuyos productos ofrecían mejores prestaciones, calidad y precios más bajos. Micro Switch se hallaba a punto de perder su posición como número uno en el mercado, mantenida durante tanto tiempo, y corría el grave peligro de quedar excluida, quizá para siempre, del emergente mercado de las nuevas tecnologías. Aun así, y a pesar del declive de su margen de beneficios, la empresa seguía produciendo beneficios y probablemente se podría haber mantenido sin variar un ápice durante algunos años más.

No obstante, lo que Ray necesitaba era llegar a comprender la empresa de una manera más profunda de lo que le ofrecían los datos financieros. Se propuso recopilar algunos de los datos «intangibles», es decir, información emocional que le permitiera valorar al equipo que había heredado y captar el estado de ánimo de la organización. Para ello, una de las primeras cosas que hizo fue visitar las tres fábricas de la empresa que había en la localidad. Eligió primero la más antigua, situada a pocas manzanas de distancia de su despacho, y se encontró con una fábrica propia del pasado: mal iluminada, cavernosa, y dominada por el ensordecedor y estruendoso ruido de sus anticuadas máquinas de cortado y estampado. En el aire flotaban tantas partículas de aceite de maquinaria que no veía con claridad más allá de diez metros de distancia. Entonces, al detenerse para charlar con un maquinista, observó que sus ropas estaban empapadas de aceite. Se quedó atónito al ver en qué condiciones se trabajaba allí, más bien propias del siglo XIX, y le horrorizó comprender que era el director general de una empresa capaz de permitir que se perpetuara una situación como aquella. Cuando le preguntó al maquinista qué opinión le merecía la fábrica, el hombre se encogió de hombros y contestó: «Me siento realmente agradecido por tener un puesto de trabajo». Y luego, tratando de ser positivo, añadió: «Es todo un desafío intentar mantener estas viejas máquinas en funcionamiento». La visita a esa fábrica afianzó la resolución de Ray de cambiar las cosas en Micro Switch y le permitió poner un rostro humano a la situación de la empresa.

Para él, la fábrica era una manifestación de las muchas cosas que andaban mal en Micro Switch. Los equipos desfasados y los procedimientos que se empleaban sólo ponían de manifiesto la falta de reinversión. La actitud de los trabajadores era la de una plantilla desmoralizada; estaban dispuestos a aceptar unas condiciones laborales deficientes sin protestar, a cambio de un puesto de trabajo. No tenían sensación de pertenecer a un equipo, no se empleaba ninguna energía en modernizar la fábrica y, mucho menos, en convertirla en un escaparate de la empresa. Esta estaba dirigida por una serie de profesionales a sueldo que trataban de hacer las cosas lo mejor posible, pero sin comprender su propio potencial para hacerlas mejor.

Las condiciones de la fábrica aún perjudicaban más a los ejecutivos de la empresa, ya que cuando estas se deterioran y los trabajadores están desmoralizados, queda directamente reflejado en la dirección. Ray llegó a la conclusión de que el grupo directivo actual había perdido el pulso de la situación, se sentía complacido y era incapaz de encontrar la fuerza de voluntad o la energía necesarias para cambiar las cosas, o bien, simplemente, se engañaba a sí mismo. De inmediato, Ray supo que la transformación tenía que empezar por los propios ejecutivos. Tendrían que cambiar su forma de actuar, o marcharse.

Después dedicó varias semanas más a analizar Micro Switch, aunque sus descubrimientos sólo sirvieron para confirmarle sus primeras impresiones. La empresa funcionaba arrastrada por el orgullo histórico y la negación actual. Tuvo la sensación de que le estaban pidiendo que tejiera una bolsa de seda con esparto. Se esperaba de él que mejorase las ventas y los beneficios de la empresa, que reconstruyera su capacidad técnica, creara un nuevo equipo de dirección y estimulara a los trabajadores. Desde el principio se dio cuenta de que tendría que enzarzarse en una larga batalla.

Comprobar la viabilidad del cambio

Cuando una empresa está estancada, como era el caso de Micro Switch, los líderes tienen que reflexionar mucho sobre las estrategias que deben seguir. Transformar la empresa es una; venderla directamente o desinvertir, o cerrar algunas unidades operativas son otras. Pero transformar una empresa es algo que no se puede tomar a la ligera. Lo menos deseable es establecer un compromiso público con una gran iniciativa, para descubrir más tarde que esta es mucho más compleja y onerosa de lo previsto. En tal caso habría que dar marcha atrás por falta de voluntad o de recursos para realizar el cambio.

Un equipo directivo inteligente dedica tiempo, desde el principio, a prever los factores que determinarán la magnitud del cambio, así como aquellos otros que influirán en el ritmo que habrá que seguir y en las probabilidades de éxito.

En una gran iniciativa de cambio es posible que se tengan que alterar o rediseñar por completo muchas cuestiones. Algunas de ellas influyen enormemente en la complejidad del proyecto, como el número de trabajadores y la ubicación de las unidades de producción. Otras, como los incentivos, por ejemplo, quizá no serán tan difíciles de cambiar, pero provocarán un efecto de transmisión de ondas dentro de la organización. Hay algunos aspectos clave que hay que considerar cuando se trata de valorar el alcance y la complejidad de cualquier iniciativa, así como su grado relativo de dificultad:

1.   Estrategia.
2.   Modelo de negocio.
3.   Procesos clave y sistemas tecnológicos.
4.   Estructura organizativa.
5.   Cometidos y responsabilidades.
6.   Compensación.

7. Localización de unidades e instalaciones operativas.
8. Tamaño y capacidad de la plantilla.

Cuanto mayor sea el número de ámbitos que se vean afectados por el cambio, más complicado será llevarlo a cabo y, por lo tanto, más importante será contar con un buen proyecto de dirección y liderazgo general. Aunque a veces un cambio de estrategia sólo afecta a un pequeño número de personas, por ejemplo, cuando se pone en marcha una nueva unidad de negocio interna o se llega a un acuerdo con un socio para crear una *joint venture,* otras estrategias exigen que se alteren casi todas las dimensiones de la empresa. En el caso de Micro Switch, Ray llegó a la conclusión de que la transformación exigiría una nueva estrategia, un modelo de negocio mucho más refinado, una recomposición de los procesos, la adopción de nuevas tecnologías, la entrada en nuevos mercados, un nuevo equipo directivo, un nuevo tipo de trabajo en las fábricas basado en la colaboración en equipo y la reconfiguración y nueva formación del personal. Naturalmente, los cambios en estos ocho grandes ámbitos traerían consigo otras muchas modificaciones más pequeñas.

El nivel relativo de dificultad para realizar el cambio en cada uno de los ámbitos que se pretende alterar constituye una medida subjetiva, pero se puede evaluar. Por ejemplo, si el modelo de negocio se cambia de una forma tan drástica que exige una manera completamente nueva de pensar en el propio trabajo, resultará mucho más difícil que cambiar un solo procedimiento. Cuando los conjuntos de perspectivas y habilidades requeridas son radicalmente diferentes, se necesita una formación intensiva. En tal caso, uno tiene que saber si esa formación se podrá obtener con facilidad, si los empleados actuales serán capaces de aprender las nuevas habilidades, si se necesitará contratar a un número considerable de nuevos empleados, si se podrán encontrar, y cuánto tiempo se tardará en seleccionarlos. En el caso de Micro Switch, por ejemplo, cada uno de los ocho ámbitos tenía un grado de dificultad bastante elevado.

Por otro lado, cuanto mayor sea el número de personas que interviene en el cambio, más duro será este y más tiempo se tardará en realizar. Un equipo de diez personas puede adoptar una nueva estrategia en cuestión de días o de semanas. A una organización de quinientas personas, le costará meses. Y cuando se trata de cambiar una gran empresa que exige acciones nuevas por parte de decenas de miles de personas, hay que calcular un año o más. La complejidad aumenta cuando los empleados se encuentran en diferentes ubicaciones y zonas de husos horarios distintos, y el idioma que hablan no es el mismo. Pensemos en una empresa que sólo tiene quinientos empleados, todos trabajando en el mismo lugar y hablando el mismo idioma. Aunque el cambio afecte a una serie de ámbitos, se puede reunir a todos los empleados en un auditorio y, allí mismo, de una sola vez y utilizando un lenguage común, debatir los problemas, ofrecer formación, y dar a conocer y dejar establecidos los periodos de actualización. Compárese esa situación con la de una empresa que cuenta con cincuenta mil empleados, distribuidos por sedes nacionales y oficinas de ventas repartidas por todo el mundo, que hablan varios idiomas, viven en zonas con diferentes husos horarios y utilizan distintos sistemas de información. La complejidad resulta en una dificultad mucho mayor, y en una gran necesidad de tiempo y recursos. En Micro Switch, Ray disponía de una plantilla de unas cinco mil personas, que trabajaban en once fábricas en Estados Unidos y México, con dos unidades operativas en Europa, además de *joint ventures* en Japón, Corea del Sur y la India. No era una empresa gigantesca, pero sí lo bastante grande como para añadir complejidad a un cambio ya de por sí multidimensional y difícil.

El llamamiento que hizo el presidente John F. Kennedy de «poner un hombre en la luna al final de la década» sigue considerándose una declaración clásica de su visión: una frase clara, corta, atractiva, lo bastante amplia como para que todos contribuyeran y con un gancho emocional capaz de motivar. He conocido a ejecutivos empresariales que no comprenden la necesidad de compartir la visión común, y que desean mantener la estrategia en secreto. Cuando eso sucede, siempre me pregunto cómo esperan que vaya a cambiar su organización. La gente necesita y desea tener objetivos claros y estimulantes, alguna razón para acudir al trabajo, algo con lo que entusiasmarse. Si la situación deseada se define con claridad, se articula con nitidez y se comparte ampliamente por los empleados, estos podrán absorberla con rapidez y empezar a ponerla en práctica con efectividad. Las visiones borrosas o indefinidas confunden a la gente y erosionan la credibilidad de los líderes.

En el caso de Micro Switch, la situación deseada para el futuro no podía haber quedado más claramente definida que con la misión que Renier encargó a Ray: «Convierte Micro Switch en una empresa competitiva para el siglo XXI», aunque también había objetivos corporativos relativos a ventas y a rentabilidad. Por lo tanto, una de las primeras tareas de Ray era trabajar con su equipo de directivos para dar forma a la visión de la futura situación de la empresa.

Todo el esfuerzo de cambio se ve afectado, además, por la cantidad de tiempo que se tiene para realizarlo. Si es poco, probablemente la gente se queme antes de alcanzar los objetivos. Si es demasiado, la energía se dispersará y las personas se descentrarán. En términos generales, es mejor disponer sólo de un periodo de tiempo relativamente corto para que, de este modo, la organización se concentre y se genere una sensación de logro a través de los resultados (suponiendo, naturalmente, que se logren resultados demostrables). Y como en el mercado actual las cosas cambian con rapidez, hay más probabilidades de que las iniciativas cortas se puedan llevar a término sin verse suplantadas por otras más urgentes.

En este sentido son muy importantes la energía, la capacidad, la fuerza de voluntad, la habilidad y la alineación de los líderes, ya que ningún cambio fundamental tiene lugar sin un fuerte liderazgo. En Micro Switch, Ray se encontró con que su equipo de dirección estaba poco alineado, por lo que la mayor parte de la fuerza para liderar el cambio tendría que proceder de él mismo, al menos al principio.

Cuando trabajo con ejecutivos para valorar el desafío al que se enfrentan, el simple hecho de realizar dicha valoración les puede provocar un tremendo impacto. En ocasiones, al tomar conciencia de la magnitud del problema, abandonan la idea de iniciar un cambio fundamental. Reconocen que se tardará demasiado tiempo, o que no disponen de los recursos necesarios o, lo más difícil de admitir, que no cuentan con la energía o la fuerza de voluntad necesarias para emprenderlo. Es mucho mejor ser consciente de esa realidad al principio, antes que lanzar a la empresa, y a sus empleados y accionistas, a una marcha forzada que no tiene posibilidades de éxito. Estas cosas suceden. El ejemplo más evidente que se me ocurre es el intento por parte de Roger Smith de transformar las instalaciones convencionales de fabricación de General Motors en una unidad operativa automatizada y «sin personas». No funcionó: había que tener en cuenta demasiadas variables. Había demasiada gente en demasiadas instalaciones. Y Smith no disponía de la fortaleza y del apoyo de equipo necesarios para liderar el cambio. En un artículo publicado en Fortune, recordó:

> Si tuviera la oportunidad de empezar de nuevo, tomaría exactamente la misma decisión que tomé en 1981, cuando se me nombró director general. Empezaría por reconstruir General Motors, desde el interior hacia el exterior y desde abajo hacia arriba, para convertirla en una gran empresa del siglo XXI, capaz de seguir siendo un líder mundial.
>
> Pero desearía haber hecho un trabajo mejor a la hora de comunicarme con la gente de GM. Eso sí que lo haría de un modo diferente y comprobaría que todos comprendieran y compartieran mi visión de la empresa. De haberlo hecho así, los empleados habrían entendido por qué lo desmantelaba todo, eliminaba divisiones enteras y cambiaba toda nuestra estructura de producción. Si la gente hubiese comprendido el porqué, habría trabajado en ello. Como ya he dicho, no conseguí todos mis propósitos. Allí estábamos, lanzándonos a la carga montaña arriba, de acuerdo con el plan previsto y, al mirar hacia atrás, me di cuenta de que mucha gente seguía en la base, intentando decidir si debían seguirme o no. Hablo de trabajadores por horas, de mandos intermedios e incluso de altos directivos. Daba la impresión de que muchos de ellos se habían bajado del tren.

Por otro lado, los líderes que saben reconocer un desafío, aunque sea multidimensional, pueden estar a la altura de las circunstancias. Durante el debate sobre si debía decidirse a dar el paso o no, el presidente de una empresa dijo: «Esperen un momento. Antes de ponernos todos de acuerdo en que esto es demasiado complicado, consideremos dos cosas: 1) Controlamos muchos de estos factores, tenemos clara la situación que deseamos alcanzar, disponemos de los recursos, el tiempo necesario y el liderazgo. Podemos, pues, asegurarnos de que esas partes funcionen. Y 2) ¿qué creen ustedes que le ocurrirá a esta empresa si no nos movemos?». El hecho de enfrentarse a estas dos cuestiones cambió la naturaleza del debate e intensificó el compromiso de los ejecutivos para alcanzar la situación deseada.

«Venerable BV»: el monstruo despierta bruscamente

A veces, la conciencia de que una empresa se halla estancada se abre paso con demasiada lentitud; en Micro Switch todo empezó como una sensación de molestia permanente. En cambio, en otras ocasiones, surge como una especie de rayo infernal, como sucedió con «Venerable BV», una respetable empresa farmacéutica que se encuentra a las afueras de Amsterdam, Holanda.

En 1995, «Venerable» se hallaba estancada, aunque no se había dado cuenta de ello. Las empresas farmacéuticas trabajan con prolongados ciclos de desarrollo de productos, protegidos por licencias de patentes que abarcan periodos de hasta veinte años. Por lo tanto, cuando una empresa obtiene un gran éxito, como le había sucedido a «Venerable» con un nuevo antidepresivo avanzado, se consiguen beneficios durante décadas. Eso es bueno, sobre todo si tenemos en cuenta que por cada gran éxito la empresa ha tenido que gastar aproximadamente quinientos millones de dólares en el desarrollo del fármaco y tendrá que gastar otros cien millones más en su comercialización. Por ello, el truco de las empresas farmacéuticas consiste en mantener la lista de productos objetivo lo más llena posible de grandes éxitos potenciales y no de productos de imitación cuyo potencial de mercado sea reducido. Como la mayoría de los nuevos medicamentos no pasan de la fase de investigación a la de desarrollo, la dirección tiene que procurar que se descubran suficientes productos objetivo, para que cuando desaparezcan demasiado pronto los medicamentos de bajo potencial, todavía queden suficientes productos nuevos para comercializar. Desarrollar un buen medicamento no es más que una parte del desafío. La empresa tiene que preocuparse además por lo que estén haciendo los competidores. ¿Existe acaso algún producto de la competencia que vaya a llegar al mercado antes que el nuestro o que pueda producir beneficios mayores? ¿Podrá obtener nuestro medicamento la aprobación de las autoridades reguladoras? El camino que conduce desde la molécula al mercado es largo y arduo y la mayoría de los descubrimientos no alcanzan la fase de consecución.

La patente del antidepresivo estrella de «Venerable» iba a caducar en 1999 y la dirección había concentrado todos sus esfuerzos en hallar un sustituto, un medicamento nuevo que mejorara el original. Ofrecería una mayor efectividad con dosis más bajas, produciría menos efectos secundarios y se podría vender más barato. Los líderes de «Venerable» esperaban que el nuevo medicamento les aportara los beneficios necesarios por lo menos durante una década, o quizá más. Pero a fines de 1997, ante su gran sorpresa y consternación, resultó que el nuevo medicamento no obtuvo la aprobación del organismo regulador. Llenos de pánico, examinaron la lista de productos nuevos y descubrieron que no había ninguno; no existía ningún otro medicamento con gran potencial comercial que estuviera a punto de ser lanzado al mercado. Habían esperado ilusionados una cómoda década de placentera cosecha y ahora se enfrentaban a un futuro muy incierto.

Apenas un mes más tarde de que se conociera la noticia, el consejo de directivos de «Venerable« recibió una oferta de compra de «Commando International», una agresiva empresa estadounidense. El equipo directivo, que acababa de sufrir la conmoción de reconocer que su empresa se había deslizado de algún modo hacia una fase de estancamiento, recibió ahora una segunda conmoción: su mundialmente famosa y aparentemente intocable empresa estaba «en juego». El monstruo del cambio no sólo había cobrado vida, sino que acababa de aterrizar en medio de la sala del consejo y estaba provocando una tremenda confusión. Según dijo uno de los ejecutivos: «Fue como encontrarse de pronto en una camilla camino de la sala de urgencias, mientras los médicos discuten si pueden salvarte o no. En un momento dado, te sientes en lo más alto del mundo y en el instante siguiente resulta que te estás enfrentando a la muerte, y preguntándote qué demonios ha ocurrido. En teoría, uno sabe que estas cosas pueden suceder en cualquier momento, pero nunca esperas que te sucedan a ti».

Los laboratorios de investigación y desarrollo de «Venerable», que visitamos muchas veces, se hallaban en el extrarradio de Amsterdam, no lejos del aeropuerto. Construidos en la década de 1930, eran unas instalaciones destartaladas y laberínticas. Su principal edificio —una construcción de piedra— parecía más bien una universidad o biblioteca. Las instalaciones se habían ampliado muchas veces, pero sin las ventajas de contar con un plan maestro. A fines de la década de 1990, se habían convertido en una amalgama de alas y anexos unidos por caminos cubiertos, que casi habían ocultado el edificio original. Allí, los investigadores de «Venerable» habían desarrollado algunos de los medicamentos más conocidos del mundo, incluidos tres grandes éxitos con los que se había recuperado con creces la inversión inicial y que, durante bastante más de doce años, produjeron verdaderos ríos de beneficios para la empresa.

A lo largo del tiempo, en aquellos laboratorios trabajaron destacados científicos que hicieron contribuciones significativas al mundo de la medicina y de la investigación farmacéutica. De hecho, esa herencia de contribución a la sociedad formaba parte de su orgullosa tradición, ya fuera a través de la investigación básica, de la publicación de artículos académicos, de las conferencias y la enseñanza, de los servicios prestados en diversas asociaciones y organizaciones dedicadas a establecer los niveles de calidad, de asesorar a los gobiernos o de prestar apoyo a jóvenes científicos y licenciados en prácticas. Los laboratorios, conocidos como un centro de investigación, también tenían fama como lugar de formación y centro intelectual para miles de personas de talento, y como fuente de grandes conocimientos y sabiduría. Los investigadores que abandonaron «Venerable» a lo largo de los años siguieron demostrando su lealtad a los laboratorios, incluso aunque trabajaran para la competencia. En resumen, la gente de los laboratorios (unos dos mil doscientos doctores, médicos, investigadores y personal de apoyo) se enorgullecía de los aspectos científicos por los que la empresa había alcanzado justa fama. Así pues, su identidad personal se hallaba vinculada a la ciencia, no al negocio.

Antes de que se contemplara la idea de la fusión, BCG entró en contacto con «Venerable» a través de un proyecto que se le encomendó realizar para su grupo de desarrollo clínico. Como personas ajenas a la empresa, no tardamos en darnos cuenta de que se hallaba estancada, sobre todo en lo referente a las operaciones de investigación, que constituyen el núcleo y el alma de cualquier empresa farmacéutica. Al visitar los laboratorios de «Venerable», vi que tenían muchas cosas en común con la anticuada fábrica de Micro Switch. Hacía muchos años que no se examinaban o actualizaban sus procesos de trabajo, por lo que los trabajadores se dedicaban a hacer cómodamente lo que siempre habían hecho, aunque eso no generase satisfacción alguna para el accionista. Pero lo más importante y revelador fue la devastadora ausencia de urgencia que había en todo lo referente al negocio. Esa autocomplacencia entre los médicos, doctores y personal de apoyo de los laboratorios resultaba tan evidente como lo era entre los trabajadores de la fábrica de Micro Switch.

En «Venerable» se estaban desarrollando demasiados medicamentos al mismo tiempo, pero ninguno de ellos tenía verdadero potencial comercial. Muchos se concentraban en pequeñas modificaciones de productos ya existentes, y un número sorprendentemente grande de proyectos de desarrollo tenía como finalidad hallar tratamientos para enfermedades o achaques raros, que afectaban a un pequeño número de personas y que, aunque quizá fueran útiles para la humanidad, nunca serían rentables. Otros proyectos se relacionaban con investigaciones extremadamente prolongadas, que no producirían medicamentos que se pudieran comercializar durante décadas. A principios de 1997, cuando visitamos los laboratorios, todos los proyectos parecían admirables e interesantes, pero empezó a preocuparnos el hecho de que «Venerable» fuera a perder en el plazo de dos años la licencia de la patente del medicamento que mejor se vendía. Al consultarles a los científicos sobre la necesidad de encontrar algún nuevo medicamento de gran éxito que les permitiera financiar sus investigaciones, estuvieron de acuerdo y, al mismo tiempo, admitieron que la empresa tenía un grave problema. Pero el caso es que no lo veían como «su» problema.

Únicamente uno de los grupos a los que entrevistamos, el equipo de oncología, se hallaba desarrollando un medicamento con potencial para convertirse en un gran éxito en un periodo de tiempo razonablemente breve: un tratamiento innovador para el cáncer de pulmón. La unidad estaba dirigida por la doctora Elena Margolis, prácticamente una recién llegada en la empresa. La habían contratado hacía cuatro años, arrebatándosela a un competidor, al jubilarse el anterior jefe de investigación oncológica de los laboratorios. Margolis, que tenía poco menos de cuarenta años, gozaba de una imagen excelente y de bastante reconocimiento; y era conocida por su gran capacidad intelectual, su enorme energía y su estilo persuasivo. Cuando entró en «Venerable», consiguió atraer a un equipo de científicos procedentes de otras tantas empresas, que se unieron a ella porque la respetaban como investigadora y administradora, una rara combinación. También era conocida por la pasión que ponía en las cosas que hacía, por su integridad y su gran nivel de exigencia. Recuerdo que por aquel entonces pensé: «Esta empresa necesita a más gente como la doctora Margolis. Pero ¿cómo puede "Venerable" atraer a más gente como ella? ¿Qué es lo que le hace quedarse aquí? ¿Contribuirán esas mismas razones a retenerla?» Cuando nos enteramos de la noticia de la posible fusión y se nos pidió que ayudáramos en la integración posterior, me pregunté cómo les irían las cosas a la doctora Margolis y a su equipo.

Lo más intrigante de «Venerable» fue la velocidad con la que cambió la situación. Como sucede con cualquier trastorno que se produce de repente, provocó un desequilibrio inmediato y reveló las debilidades que habían permanecido ocultas durante tanto tiempo. Los miembros del consejo de administración no eran los únicos que sabían qué era una caída en picado. Un científico llegó a comentar cínicamente: «Hemos pasado de ser "Venerable BV" a "Vulnerable BV"». Los empleados se habían sentido tan seguros hasta entonces que no estaban preparados para afrontar la posibilidad de que se vendiera la empresa y no sabían qué pensar o cómo comportarse. Mientras tanto, todo lo demás quedó aparcado, lo que en términos empresariales significa que la productividad desciende a ojos vista, que las ventas pierden fuerza, que se malogran oportunidades importantes y que la gente empieza a sentir deseos de marcharse. La presentación de la oferta de compra por parte de «Commando» supuso un brusco despertar para todos.

4

Reconocimiento y diagnóstico de la situación

Ayudar a los demás a ver la verdad

La primera tarea que debe realizar una empresa estancada es dejar de negar que realmente se halla estancada. En este sentido, el estallido de una crisis puede ser una herramienta muy útil para los líderes capaces de reconocer el estancamiento de la empresa, y que necesitan pruebas para convencer de ello a sus trabajadores o al consejo directivo. Como dijo un supervisor bastante experto en la materia: «El temor es un excelente estimulante. La amenaza de aniquilación hará que la gente se una y trabaje con renovado vigor». Cuando las tropas se dan cuenta de que está amenazada la supervivencia de la compañía (y sus puestos de trabajo), a los líderes les resulta relativamente fácil movilizarlas para la causa del cambio.

Chrysler, bajo la dirección de Lee Iacocca, es un ejemplo clásico de esto que acabo de decir. Era imposible ignorar la posibilidad de la bancarrota. Había salido en las noticias, y en los periódicos de todo el mundo se habían publicado chistes al respecto. Por su parte, IBM a principios de la década de 1990 llegó a un estado tal de crisis, quizá no tan grave y dramático como el de Chrysler, pero sí lo suficiente como para que a Louis Gerstner se le otorgaran plenos poderes para efectuar todos los cambios que fueran necesarios. ¿Y quién puede olvidar la actuación de Al Dunlap «el motosierra» al frente de Scott Paper y Sunbeam? Estos ejecutivos, expertos en darle la vuelta a una situación complicada, han dejado su huella en muchas empresas en crisis. Son llamados por los consejos de dirección cuando se necesita una acción espectacular e inmediata para evitar el derrumbe. «Cuando la vaca lechera que genera liquidez empieza a tener números rojos, lo mejor es que algo cambie rápido», explicó el miembro de un equipo de dirección en una de estas situaciones. «Lamentablemente, aquí se ignora hasta lo más evidente. Si deseamos cambiar las cosas, tenemos que dar un gran impulso, algo tan grande que nadie pueda ignorarlo, ni los empleados ni los ejecutivos de la empresa. Por eso, a esta situación le hemos dado el nombre de "la bendición de los números rojos", ya que cuando se empieza a perder dinero a espuertas resulta bastante fácil convencer al presidente ejecutivo y al consejo de administración de que hay que transformar radicalmente el negocio.»

Ahora bien, la crisis es una manera un tanto arriesgada de obligar a la gente a reconocer la necesidad del cambio. Cuando los ejecutivos de una empresa no efectúan movimiento alguno hasta que se ven obligados a hacerlo por culpa de una crisis, pueden perder credibilidad en su propia organización, ya que se les considera responsables de que la empresa se haya hundido tan profundamente en el estancamiento como para llegar a la situación de crisis. ¿Por qué han de ser ellos los que saquen a la empresa de la situación en que la han metido? ¿Qué nuevas habilidades o estrategias habrán podido adquirir de repente, que no tuvieran antes de la crisis? ¿Qué habrán podido aprender desde entonces hasta ahora como para que esos nuevos conocimientos sean tan fundamentales para la supervivencia de la empresa?

Conseguir que la gente sea consciente del estancamiento

Otro problema de esperar a que se produzca la crisis para provocar el cambio es que las organizaciones pueden no reconocer el estancamiento a pesar de hallarse sumidas en él. En cierta ocasión trabajé con un cliente que llevaba perdiendo dinero desde hacía varios años y cuya empresa se había puesto públicamente a la venta. A pesar de ello, muchos empleados me llegaron a decir: «A nosotros no nos sucederá nada». Al preguntarles por qué pensaban así, contestaron que la empresa era demasiado grande, vieja e «importante» y que, por lo tanto, no se podía cerrar ni vender. Abrigaban la convicción, no explícita y casi mística, de que «Una venta sería realmente horrible y que, por lo tanto, no se podría producir». Pensar así no es tan raro como pueda parecer. Muchos empleados están convencidos (a veces incluso con desesperación) de que la empresa para la que trabajan es demasiado importante como para cerrar sus puertas. Aducen razones de seguridad nacional, de economía local o hablan de la importancia que tienen para la humanidad los productos que allí se fabrican. Cuando se permite que esa clase de negación de la realidad se extienda de una manera incontrolada y no se informa debidamente a la gente del destino que les espera, a los empleados les resulta mucho más difícil aceptar las medidas extremas cuando finalmente estas se toman. Después de todo, la empresa de la que hablaba antes se vendió y los nuevos propietarios redistribuyeron las instalaciones y los puestos de trabajo como a ellos les convino. Los empleados, por su parte, tuvieron que afrontar la pérdida de sus puestos de trabajo, o la necesidad de trasladarse a otra ciudad para seguir trabajando en la empresa. Pero como no estaban preparados para eso, lo pasaron muy mal a la hora de tener que tomar decisiones sobre su futuro. Durante el tiempo del que dispusieron, muchos fueron sencillamente incapaces de procesar lo ocurrido y de imaginar qué deseaban hacer.

Conseguir que la gente reconozca el estancamiento es mucho más difícil cuando a los empleados que niegan la situación se une un grupo de líderes poco dispuestos a anunciar las malas noticias. A nadie le gusta ser portador de malas noticias, pero a algunos ejecutivos les cuesta tanto que, simplemente, no las dan. Se excusan aduciendo que no desean desmotivar a la gente. Uno de ellos me dijo: «Queremos ser buenos chicos, así que nunca le damos malas noticias a la gente. No transmitimos mensajes negativos. Si nos encontramos con alguna noticia que no podemos evitar, la edulcoramos o la pasamos disfrazada entre mensajes de ánimo, con la esperanza de que la gente no preste atención o no se altere demasiado. He llegado a pensar que somos genéticamente incapaces de dar malas noticias». La idea de que «Si no se lo digo, no lo sabrán» no es acertada. Con toda probabilidad, la gente ya sabe lo que ocurre o, al menos, se ha creado su propia imagen a partir de los rumores. Los «veteranos» que llevan mucho tiempo en la empresa reconocen las señales, y los más espabilados se huelen los problemas. Por lo tanto, si los ejecutivos no afrontan los aspectos negativos, todo el mundo empezará a hacerse preguntas. ¿Es que estos tipos son tan incompetentes que ni siquiera saben lo que está ocurriendo? Y, si lo saben, ¿qué pasa? ¿Es que se niegan a hablar de ello? Y si es así, ¿no hablan porque no confían en nosotros o porque ni siquiera tienen un plan para solucionar los problemas? Pues bien, ninguna de estas preguntas contribuye a aumentar la confianza.

Por dolorosa que sea una crisis, es posible que sea la única forma de que una gran empresa reconozca el síntoma más común del estancamiento: la autocomplacencia. En los últimos años se han tenido que enfrentar con el estancamiento toda una serie de empresas con mucha historia detrás, que estaban muy orgullosas de los productos o los servicios que ofrecían, y que eran líderes en el mercado, como AT&T, General Motors, DEC, American Express y Kodak, por citar sólo unas pocas. Y en todas se evidenciaron las mismas señales: eran demasiado grandes, lentas, autocomplacientes y poco innovadoras. Un ejecutivo de una de ellas me comentó, justo antes de que las cosas se pusieran realmente feas: «Tenemos que estar haciendo algo bien porque, en caso contrario, no seríamos tan grandes». No obstante, también fue lo bastante astuto como para añadir: «Nuestro éxito en el pasado es el mayor enemigo de nuestra prosperidad futura».

Cuanto más éxito alcanza una empresa, más reacios se vuelven sus directivos a asumir riesgos, y menos dispuestos se muestran a cambiar los productos o servicios sobre los que han basado su éxito. Este fue el caso de una empresa fabricante de bienes de consumo, que ofrecía marcas que se habían convertido en verdaderos iconos de la cultura estadounidense. Aunque sus productos seguían produciendo beneficios, los márgenes habían ido descendiendo paulatinamente. Las marcas se gestionaban de forma conservadora y los directivos intentaban, sobre todo, no dañar en lo más mínimo la imagen o la popularidad de la marca. Crear extensiones del producto, con las que se obtuvieran beneficios predecibles, al tiempo que se reducían los riesgos al mínimo, se convirtió en una forma segura de lograr ascensos. No obstante, a la hora de analizar las principales marcas de la empresa, descubrimos que la mayoría de ellas había experimentado un constante declive de beneficios a lo largo de los años e incluso durante décadas. Los gestores de marca habían podido ignorar esas malas noticias, achacando la disminución de beneficios a toda clase de factores que no se hallaban bajo su control. Mi caso favorito fue el del gestor de la marca de una cadena de restaurantes familiares de ámbito nacional, cuyo rendimiento era especialmente deficiente en el Medio Oeste y que afirmó: «¡Nuestro problema es que la gente de Iowa no come filetes con patatas!». ¿Hay otra forma más evidente de negar la realidad?

Las empresas poderosas que siguen teniendo éxito a menudo son las más lentas en reaccionar ante las señales del estancamiento, sobre todo si logran evitar una gran crisis. Se comportan como un tren que ha cogido velocidad y que luego ha perdido potencia. Resulta difícil decir con exactitud cuándo la locomotora pierde vapor, ya que el tren puede seguir su marcha a gran velocidad durante muchos kilómetros, sobre todo si va cuesta abajo. Además, quizá la gente que va montada en ese tren no perciba la pérdida de impulso o, si lo hace, no esté dispuesta a hablar de ello.

Evitar el estancamiento

Mientras muchas empresas de alto rendimiento han sido incapaces de evitar el estancamiento, otras, las menos, lo han conseguido durante periodos de tiempo inusualmente prolongados. Y lo han hecho mediante el desarrollo de una cultura empresarial que resalta, e incluso exagera, toda amenaza y peligro percibido, y que reacciona hasta ante los más diminutos atisbos de autocomplacencia. Aunque es cierto que también han pasado por momentos de riesgo, Disney, Intel, Home Depot, Southwest Airlines, First Union, St. Jude Medical y Dillards son ejemplos de empresas que han disfrutado de periodos notablemente prolongados de rendimiento fuerte y sostenido, a pesar de recesiones, ciclos económicos y discontinuidades tecnológicas. Han demostrado tener habilidad no sólo para identificar pronto las amenazas y oportunidades potenciales, sino también para movilizar los recursos necesarios para establecer nuevas ventajas competitivas y evitar las amenazas potenciales, e incluso aprovecharse de ellas. Un beneficio importante que se deriva de estar siempre ojo avizor es que la organización aprende a mantenerse vigilante, a orientarse hacia el futuro y a no sentirse nunca satisfecha. Cuando Andrew Grove, de Intel, dijo: «Sólo sobreviven los paranoicos», quería dar a entender que la organización inteligente se comporta como si la competencia y el mercado estuvieran ahí para ser conquistados permanentemente y, naturalmente, así es.

Las empresas que evitan el estancamiento cambian constantemente de forma planificada, premeditada y productiva, antes de llegar a una situación de crisis. Detesto tener que sacar a colación a Jack Welch, presidente de GE, ya que se le cita en todas partes, pero lo haré de todos modos. Cuando el comercio electrónico se hallaba prácticamente en pañales, Welch lo reconoció como una fuerza con la que había que contar, como una amenaza y, a la vez, una oportunidad. Comprendió que tenía el potencial para destruir grandes empresas bien establecidas, como las que formaban parte de GE. Los negocios de GE, sin embargo, no estaban precisamente estancados. Según el informe anual de la empresa de 1999, catorce de las veinte empresas más grandes que constituyen GE registraron un crecimiento de los beneficios de una magnitud del orden de dos dígitos. Cinco de ellas crecieron en más de un 40 por ciento, cuatro entre el 25 y el 40 por ciento y cinco entre el 15 y el 25 por ciento. Difícilmente se corresponde esa situación con lo que la mayoría de nosotros llamaríamos estancamiento. Y, sin embargo, en la reunión anual de directivos, en enero de 1998, Welch pidió a sus más altos ejecutivos que imaginaran que un competidor por Internet «canibalizaba» su empresa y que desarrollaran una estrategia para impedirlo. A esa iniciativa, Welch la llamó «DestroyYourBusiness.com».

El programa ha producido resultados impresionantes. En 1999, en su carta a los accionistas, Welch escribió:

> Aunque ya generamos miles de millones de dólares de ingresos a través de la red, la contribución del comercio electrónico a GE ha sido mucho más importante. Está cambiando esta empresa hasta sus cimientos..., este elixir, este tónico, este comercio

electrónico llegó y cambió el ADN de GE para siempre, al llenar de energía y revitalizar cada rincón de esta empresa.

Pensémoslo: GE ha revitalizado radicalmente empresas cuyos beneficios aumentaban más del 40 por ciento anualmente. Evidentemente, no es esta una empresa que acepte la autocomplacencia sino que mira muy lejos hacia el futuro para detectar posibles crisis; al hacerlo así, impone los cambios de acuerdo con sus propias condiciones. Lo que muchos observadores de GE no acaban de entender es que esta habilidad para el cambio no es un fenómeno reciente: Welch y su equipo directivo han estado creando la habilidad para el cambio en la cultura de GE desde hace casi dos décadas. Cuando la empresa necesita realizar transformaciones fundamentales, como ha hecho con el cambio del negocio tradicional al electrónico, la dificultad y la magnitud del cambio (medidas por los factores que hemos analizado antes) son manejables, aunque continúen siendo considerables. Los ejecutivos ya están alineados y disponen de la destreza y la fortaleza necesarias para dirigir la transformación. Comprenden perfectamente cuáles son las palancas para conseguirlo, de modo que su diseño se produce con mucha mayor rapidez, y disponen de la infraestructura apropiada para apoyar la transformación.

Esta clase de vigilancia «antiestancamiento» es una habilidad que necesitan tener las empresas tecnológicas que se mueven con rapidez, especialmente las empresas en Internet y las de reciente creación. Los empleados de estas compañías aprenden a vivir con cambios constantes en el mercado, la competencia, los modelos de negocio, la dirección, la base de clientes y los inversores. El problema con esta nueva generación de empresas es que a menudo resulta difícil detectar la diferencia entre una fase de estancamiento (que, con frecuencia, se caracteriza más por la hiperactividad que por la depresión) y una fase de preparación o incluso de implantación. Una empresa «online» puede estar poniendo en práctica una estrategia sana sin generar beneficios. En una empresa así, los tradicionales «datos tangibles» no son indicadores particularmente válidos acerca del funcionamiento de las cosas. En las empresas de ingeniería biogenética, por ejemplo, hemos visto que se puede tolerar durante años una situación de ausencia de beneficios. No obstante, actualmente los inversores empiezan a preguntarse: ¿Es esta una empresa con potencial no aprovechado o con potencial inaprovechable? ¿Hay alguna forma de que pueda justificar su capitalización de mercado? ¿Qué tendría que hacer la empresa para obtener los beneficios que necesita y cuándo sabremos si esto sucederá? Los inversores empiezan a darse cuenta de que es posible quedarse estancados, incluso en un mercado estimulante y en expansión. ¿Pueden seguir ganando dinero con sus acciones o ha llegado el momento de vender? Amazon.com, una de las empresas más debatidas del sector de Internet, se ha encontrado a menudo en el centro de esta clase de especulaciones. La gente se pregunta constantemente: ¿Se trata realmente de una empresa estancada, de la variedad hiperactiva, a pesar de su relativa juventud y de su gran crecimiento? ¿O se trata de una empresa prometedora que hace las inversiones adecuadas pero no ha alcanzado aún su periodo de consecución y rentabilidad?

Diagnosticar el estancamiento

No basta con reconocer que una empresa está estancada. Los líderes tienen, además, que diagnosticar meticulosamente la situación. Tienen que determinar cuál es la causa del estancamiento y valorar su gravedad. Y eso no es nada fácil, ya que son muchos los factores que afectan al rendimiento y a la disposición. Para complicar aún más las cosas, el diagnóstico puede verse obstaculizado por el hecho de que los líderes presupongan que ya conocen lo que afecta a su organización. Casi todos los ejecutivos con los que he trabajado aseguran saber a la perfección «cómo están realmente las cosas aquí». Sin embargo, yo he descubierto que la mayoría de ellos conocen menos lo que se cuece en sus empresas de lo que creen. De hecho, casi todos están bastante aislados de las experiencias y emociones cotidianas que afectan a la empresa por todo tipo de filtros, sobre todo por los bienintencionados informes directos, que interpretan o modifican sutilmente los problemas y los datos antes de que lleguen a sus manos. Esta interpretación puede ser benigna; es posible que los directivos tengan la intención de ocuparse de cualquier problema que surja en su propio departamento y, en consecuencia, no vean razón alguna para llamar la atención del jefe sobre el tema.

Lo que oímos comentar una y otra vez, incluso por parte de los ejecutivos más prácticos y experimentados, inmersos en la operatividad de su empresa, es que el proceso de cambio revela lo poco que sabían realmente acerca de sus propias organizaciones. «Creía saber cómo funcionaban las cosas aquí —dijo un directivo de una empresa de telecomunicaciones—, pero cuando empecé a realizar el cambio, vi que en realidad no tenía ni idea.» En otra empresa sometida a un proceso de transformación a gran escala, el líder hizo una confesión aún más dura: «Cuando pienso en todo lo que desconocía de esta empresa al iniciar el recorrido por el camino del cambio, no dejo de sorprenderme. ¿Quién ha dicho que aquello que ignoras no puede hacerte daño? Tuvimos suerte. Nuestra falta de conocimiento podría haber acabado con la empresa».

Los mejores diagnósticos implican analizar tres tipos de información: datos cuantitativos y datos cualitativos o emociones, externos e internos.

Siempre hay montones de datos que hay que recopilar y digerir. Las cifras revelan muchas cosas sobre volumen, ventas, beneficios de las operaciones en marcha, beneficios de la inversión, desarrollo de productos nuevos, servicio, valoración de los activos, calidad, tiempo del ciclo, beneficios brutos, beneficios netos, etcétera, pero también es verdad que los números, sin más, no cuentan toda la historia.

Para recopilar los datos emocionales se tiene que escuchar a las personas. A veces, lo mejor que se puede hacer es empezar por hacer caso a los que están fuera de la empresa: clientes, socios, distribuidores, proveedores de servicios profesionales, suministradores y expertos de la industria, que conocen en profundidad la posición competitiva de la empresa. Su información ayuda a enmarcar las preguntas y los problemas que se tendrán que abordar con quienes trabajan en ella. A menudo, la gente que está fuera de la organización tiene una imagen sorprendentemente clara de lo que sucede dentro. Por ejemplo, los distribuidores que trabajan con otras muchas empresas del mismo ramo poseen una visión comparativa bastante más profunda. Un vendedor que trabaje con muchas secciones de una misma organización quizá tenga una visión más amplia y completa de su funcionamiento en conjunto, ya que entra en contacto con distintas funciones y departamentos. Y como quiera que las personas ajenas a la empresa se sienten menos implicadas en su cultura interna, están más capacitadas para analizar sus puntos fuertes y sus puntos débiles, sus suposiciones y valores.

Ahora bien, hay una serie de advertencias que vale la pena considerar antes de iniciar las entrevistas externas o internas. Escuchar con la intención de comprender es difícil, sobre todo cuando aparecen las críticas. Cuando se plantea un problema, la mejor forma de evitar que alguien diga lo que anda mal consiste en lanzarse a defender, justificar o «aclarar» la situación «real» cuando se plantea el problema. Cuesta mucho mantener la boca cerrada cuando se tiene la sensación de hallarse sometido a un ataque.

Al principio de mi carrera trabajé con Mae, una diminuta anciana que se dedicaba a apaciguar a los clientes del banco. Una mañana observé con asombro que Mae escuchaba a una clienta iracunda, que no hacía sino despotricar de los problemas que había tenido con el banco. Mae asentía, mostrándose de acuerdo, hacía algunas preguntas clarificadoras y, en general, se mostraba comprensiva con ella. Cuando finalmente la clienta se marchó, me acerqué a ella y le pregunté: —¿Por qué no le ha dicho lo que pasaba? ¡Como usted bien sabe, ella misma provocó algunos de esos problemas!

Mae me llevó aparte y armándose de paciencia me explicó:

—Si hubiera empezado a corregirla, ¿qué cree que habría dicho? ¿«Claro, tiene usted razón»? Al contrario, se habría atrincherado más en sus ideas y habría dejado de decirme lo que pasaba. En cualquier caso, yo hubiera perdido. Quería obtener toda la información que tenía que darme. Es posible que tuviéramos razón en algunas cosas, pero ella podría haberme señalado otras dos que seguramente necesitamos mejorar. Ahora se ha marchado con la sensación de haber sido escuchada y atendida. Mañana la llamaré, le diré que me he ocupado de sus quejas y le daré la información correcta. Entonces se dará cuenta de que he realizado el esfuerzo necesario por ella, y seguirá siendo una clienta fiel.

Es importante tener en cuenta que todas las personas a las que se entrevista tienen su propio puesto que promover o proteger, su propia relación e historia personal con la organización, lo que afectará a su punto de vista. Algunas aprovecharán la ocasión o la invitación para criticarla, con tal de promover sus propios intereses. Es posible incluso que exageren o que se inventen fallos. Por lo tanto, hay que mostrarse escépticos ante lo que dicen y pedir ejemplos o detalles específicos, al tiempo que se les anima a ser francos. También es conveniente y sensato entrevistar a la mayor cantidad posible de personas, antes de sacar conclusiones.

Ahora bien, si se envía a hacer estas entrevistas a un equipo inexperto, formado por profesionales impacientes y supuestamente revolucionarios, lo que presentará será un informe superficial, sin apreciar todos los contextos y haciendo hincapié en todo lo negativo de lo que haya escuchado, con la intención de «transmitir un mensaje» a los viejos jefes. Si eso ocurre, puede socavar la credibilidad de todo el esfuerzo. Un investigador de consumidores le dijo a los miembros de su equipo lo siguiente: «Ya saben lo mucho que le gustan a nuestra dirección los comentarios divertidos. —Y luego, tras una pausa, añadió con firmeza—: Por eso quiero los datos cuantitativos primero. Las citas irán después y debe quedar muy claro que son representativas de todas las opiniones expresadas».

Además de entrevistas y conversaciones, muchas empresas llevan a cabo encuestas cuantitativas. Esas encuestas suelen ser muy útiles pero, si se diseñan mal, pueden inducir a engaño. Nosotros, por ejemplo, trabajamos para una empresa del mundo del espectáculo que estaba convencida de comprender bien a sus clientes, ya que se realizaban encuestas trimestrales y se prestaba mucha atención a los resultados. Entonces, Eric Schwartz, recientemente contratado para ocupar el cargo de director de marketing en la empresa, decidió entrevistar personalmente a sus veinte principales clientes, como una forma de presentarse y aprender aspectos del negocio. Pues bien, en dichas entrevistas salieron a relucir algunas verdades bastante duras que se habían pasado por alto en las encuestas trimestrales. Las peores críticas las formuló Jerry Johnson, vicepresidente de compras del segundo mayor cliente de la empresa. Jerry se lanzó a formular una serie de críticas: «Me cuestan ustedes mucho más de lo que me cobran por sus servicios. Es tan difícil trabajar con sus formularios y con la gente del departamento de pedidos que he tenido que contratar a un empleado a tiempo completo sólo para relacionarme con su empresa. Además, a nadie le gusta hacer ese trabajo; es el puesto con el índice de rotación más alto en toda mi tienda». Cuanto más escuchaba y aprendía Eric, tanto más preocupado se sentía. Según dijo más tarde: «Puedes tener la seguridad de que hay problemas cuando lo único que te mantiene en primera línea es que los competidores lo hacen peor que tú». La cuestión era que las encuestas no se habían diseñado para explorar los problemas del departamento de pedidos y el coste de hacer negocios con la empresa, ya que se concentraban en cuestiones como la entrega a tiempo de los pedidos, la detección de fallos de calidad y otros aspectos similares, ámbitos en los que había pocos problemas.

De todo esto se deduce que para valorar realmente si una empresa está estancada hay que hacer un análisis sólido, tanto externo como interno. Y con este fin, además de los datos financieros y de cualquier otro tipo, se debe hablar cara a cara con los empleados y, sobre todo, con las personas que desde el exterior tienen contacto con la empresa. Y no permitirles que sean amables, sino hacerles preguntas muy directas:

¿Le gusta hacer negocios con nosotros? Si es así, ¿por qué? En caso contrario, ¿por qué no?

¿Considera que nuestro producto o servicio constituye una parte integral de la buena marcha de su propio negocio?

¿Aportamos un valor único o le parece que nuestros competidores son tan atractivos como nosotros?

¿En qué aspectos ha cambiado su relación con nosotros en los últimos X meses/años?

¿Qué aspectos importantes podríamos mejorar?

¿Cómo describiría a nuestra empresa ante un colega o amigo?

¿Cómo nos compararía con su proveedor ideal?

A partir de estas entrevistas surgen temas generales. Articularlos, soportarlos con «datos reales» (como por ejemplo comentarios de uno o más de los entrevistados) y combinarlos con las cifras, permite esbozar una imagen sólida difícil de ignorar.

Ray Álvarez dedicó bastante tiempo a hablar con los clientes clave de Micro Switch y lo que escuchó fue, en general, desalentador. Según comentó: «Estaba recibiendo muchas llamadas telefónicas de clientes enfadados con el rendimiento de Micro Switch. Los grandes clientes, las empresas más importantes del país, reducían sus pedidos o directamente nos abandonaban. Teníamos que detener aquella hemorragia». Una y otra vez los clientes le transmitieron un mensaje muy claro: «La calidad de su producto es buena. Son ustedes el modelo de referencia del sector. Son gente capaz, muy íntegra. Pero no nos escuchan. Sus competidores se les están adelantando, se están comiendo su parte del pastel y ni siquiera se dan cuenta».

En un proyecto anterior en Honeywell, Ray había encargado un estudio sobre retención de clientes. Uno de los descubrimientos clave de ese estudio fue que la entrega a tiempo constituía un indicador fiable del índice de satisfacción del cliente. Los clientes esperaban y deseaban que se cumplieran los plazos en por lo menos un 90 por ciento de los casos, aunque a veces tolerasen resultados ligeramente inferiores. No obstante, cuando el cumplimiento de los plazos de entrega descendía por debajo del 82 por ciento, el cliente no tardaba en establecer relaciones comerciales con otra empresa. Ray recopiló los datos del cumplimiento de plazos de entrega para Micro Switch durante el año anterior: exactamente el 82 por ciento. No era pues de extrañar que Micro Switch estuviera perdiendo a sus clientes.

Esta clase de descubrimientos cualitativos, en conjunción con los datos cuantitativos internos, ofrecen información muy importante. Con dicha información y datos sobre la mesa, a los directores les resulta difícil poner excusas, dejar de lado los datos o ignorar lo que oyen.

El proceso de escuchar revela a menudo una verdad difícil de aceptar, que los líderes raras veces afrontan: acercarse a la propia organización es más duro que acercarse a los clientes. A estos no les parece mal opinar de forma crítica sobre la empresa, dar una información sincera sobre las cosas que no van bien porque, en el fondo, todo eso va a redundar en su propio beneficio y además no corren riesgo alguno. Pero, para quienes trabajan en la empresa, la crítica y la transmisión sincera de información a quien la solicita pueden salirse de las normas estipuladas. Esa es, en muchas empresas, la forma más rápida de que te etiqueten de «negativo», de «problemático», de no tener «espíritu de equipo» y demás calificaciones capaces de impedir el siguiente ascenso.

Hay muchos métodos para recopilar opiniones y percepciones de los empleados. Nosotros utilizamos algunos relativamente estructurados, como son las encuestas a los empleados y a grupos concentrados en realizar una tarea. También asistimos a las reuniones como observadores, escuchamos las conversaciones de pasillo, acudimos a las presentaciones, recorremos las instalaciones, charlamos con los trabajadores, comemos en la cafetería y revisamos los materiales de comunicación con los empleados, lo que nos permite hacernos una idea del nivel de energía, humor y estado de ánimo de la empresa.

Las encuestas a los empleados son particularmente útiles para cuantificar y localizar problemas y para hacerse una idea general de «cómo van las cosas». Aun así, deben utilizarse con prudencia y ser sencillas y rápidas de rellenar. De hecho, las encuestas son como las agujas hipodérmicas: la gente sólo permitirá que le pinchen unas pocas veces antes de empezar a irritarse. Además, estas encuestas deben complementarse con otra información y ser interpretadas adecuadamente. Por otro lado, es muy importante hacer un seguimiento. Hay que informar a los empleados de los resultados que se han obtenido con ellas y los líderes deberían explicar qué quieren hacer con los datos que han extraído de las encuestas. ¿A quién le gusta sincerarse para que luego lo ignoren?

Conversar en los pasillos y observar a la gente también son métodos efectivos para percibir cómo van las cosas. Para los astutos directores actuales sigue siendo cierto lo que hace muchos años dijo Harvey Firestone, fundador de Firestone Tire: «Puedo entrar por la puerta principal de cualquier fábrica, salir por la trasera cinco minutos más tarde y decirle si esa empresa gana o no dinero. Lo sé por la forma en que se dirige el lugar y por el espíritu de los trabajadores». Cuando Ray Álvarez hizo eso mismo en la fábrica de Micro Switch, no le costó mucho darse cuenta de si la gente se sentía optimista o pesimista, o de si hablaba con energía y entusiasmo o más bien parecía oprimida y agobiada.

Un vicepresidente de marketing tras una visita a varias oficinas regionales de ventas de su empresa, me dijo:

Para mí fue sorprendente observar las diferencias entre unas y otras. No esperaba captarlo con tanta claridad. Yo era de los que daba por sentado que los vendedores tienen un alto nivel de energía, y punto. Y nunca había pensado en la percepción que podría transmitirme un lugar o un grupo. De hecho, siempre he pensado en términos de cuotas, capacidad, resultados, y calidad de las llamadas; en todas esas cosas tangibles y mensurables. Sin embargo, desde que le leí a mi hija *Winnie the Pooh* y se me ocurrió pensar que las oficinas regionales eran como los amigos del oso protagonista del cuento, la cosa cambió. Uno de los lugares que visité era como «Tiger», bullicioso, lleno de energía, con mucho movimiento y animación. Otro era como el burrito «Igor», gris, monótono, deprimido, poco inspirador. Un tercero era como «Búho», dedicado a realizar tranquilamente su trabajo, con gente congregándose en los pasillos y en la cafetería para reuniones improvisadas. El lugar se caracterizaba por una energía serena. Lo que más alucinado me dejó fue lo que descubrí cuando regresé. Al comprobar las cifras, observé, como no podía ser de otro modo, que estas concordaban perfectamente con las sensaciones que había tenido. Me pareció extraordinario.

Algunas de las lecciones más esclarecedoras proceden de las interacciones personales y de la observación del comportamiento humano. En cierta ocasión me reuní con un grupo de supervisores de fábrica. En apenas cinco minutos me dijeron por qué era necesario el cambio y por qué sería duro llevarlo a cabo. Trabajábamos con el cliente para establecer nuevos procesos de trabajo, cosa que exigía colaborar en equipo y una comunicación muy estrecha entre distintas funciones. Llevaba un par de meses haciendo el trabajo cuando, un día, mientras recorría la fábrica, alguien me gritó desde un extremo: «¡Oye, Duck! Estamos muy enfadados contigo». Un grupo de seis supervisores se me acercó con cara de pocos amigos y los músculos tensos. Lo primero que sentí fueron ganas de echar a correr, pero conseguí controlarme y me quedé donde estaba, mientras ellos se acercaban hacia mí.

El que llevaba la voz cantante fijó su mirada en la mía y sospecho que me habría tomado por las solapas de la chaqueta si hubiera llevado puesta una. Entonces, controlando con dificultad su cólera, me dijo: «Llevo veintitrés años en esta empresa. Soy como un toro bravo: cuando resoplo, tiembla la tierra. Tengo un estilo de dirección que funciona y no te necesitamos».

«¡Eso!», gritaron a coro los demás tipos corpulentos que lo apoyaban. Sin perder la calma, le pedí que me describiera cuál era ese maravilloso y fructífero estilo de dirección. Me sonrió de forma que me produjo escalofríos: «¡Asesinar a uno y asustar a los demás!», contestó.

Aquel comentario y su actitud, expresados en una sola frase, me ayudaron a comprender por qué la empresa era disfuncional, por qué el personal cambiaba con tanta frecuencia y sufría de un alto índice de rotación, por qué había tantos agravios, una calidad tan baja y un número tan elevado de productos defectuosos. Era una empresa estancada, gobernada por «bandas» que gozaban de mucho poder y que protegían sus propios intereses. (En ocasiones, claro, los «matones de barrio» llevan trajes hechos a medida y se hacen la manicura.) Aquello no fue más que uno de los muchos descubrimientos que ratificaron nuestras conclusiones; conclusiones que presentamos a los directivos para ayudarles a que se dieran cuenta de que las cosas tenían que cambiar.

La clave para aprender por medio de la conversación es, evidentemente, saber escuchar. Cada líder debe encontrar, por sí mismo, la mejor forma de hacerlo. A algunos les agrada aparecer de improviso en las sesiones de formación o caminar entre la gente en las reuniones de ventas. Otros organizan desayunos o almuerzos informales con pequeños grupos de empleados. Los hay que se limitan a deambular y a hablar con la gente al azar. Un ejecutivo al que conozco se programa incluso el tiempo que quiere dedicar a mantener charlas informales durante las visitas que hace a una fábrica. Sea cual sea el método, los líderes siempre aprecian la riqueza de la información y la profundidad del conocimiento que obtienen. Ven que su gente se preocupa de verdad y normalmente se forman una idea bastante sólida de lo que está sucediendo. No sorprende, pues, que los ejecutivos disfruten con estas sesiones. Aprenden mucho, se sienten útiles de una forma directa y fortalecen sus conexiones con la organización.

El cuestionario que Ray entregó a sus cincuenta directores

Aparte de recorrer la empresa y conversar con la gente, Ray puso en circulación un cuestionario que entregó a los cincuenta altos directivos y líderes de opinión de Micro Switch, para estimular la conversación entre ellos. En él, sólo les planteó tres preguntas:

1. Durante los próximos tres a cinco años, ¿cuáles cree usted que serán las mejores oportunidades para Micro Switch?
2. ¿Qué podría provocar su pérdida?
3. Si fuera usted el director general, ¿cuáles serían las tres o cinco primeras acciones que emprendería?

Aunque Ray les dio a los directores la opción de mantenerse en el anonimato, le encantó comprobar que todos lo firmaron. También se quedó extrañado ante la extensión y meticulosidad de sus respuestas. Los directores expresaron todo tipo de emociones acumuladas y opiniones profundamente sentidas, ofrecieron sugerencias y articularon sus preocupaciones. Él se dio cuenta de inmediato de que tanto ellos como los empleados, aún en mayor medida, no estaban acostumbrados a que se les pidiera su opinión. Le pareció muy positivo que todos se mostraran ávidos de expresar y compartir sus ideas. Lo único malo era el contenido de lo que decían. Sobre el tema del liderazgo, por ejemplo, los directores se quejaron de «incertidumbre», «indecisión» y tendencias a «reaccionar en lugar de gestionar estratégicamente el negocio», y a intentar conseguir «las prioridades de la semana o del mes».

Otros comentarios se dirigían a departamentos específicos y a temas generales de motivación:

En una escala del uno al diez, siendo diez la puntuación más alta, nuestro departamento de marketing alcanza dos puntos.

Hay una opinión bastante extendida de que nuestros vendedores de campo no hacen bien su trabajo: no conocen los productos y no se los ofrecen a los usuarios adecuados.

Nuestros recursos informáticos no apoyan plenamente las necesidades de la empresa, nuestros sistemas financieros no ofrecen información exacta de los costes y ninguno de nuestros sistemas es tan flexible y adaptable como imponen las necesidades de nuestro negocio en evolución.

Vacilamos a la hora de comprometernos plenamente con los proyectos que aprobamos, y luego nos preguntamos por qué fracasan.

La gestión a corto plazo [de beneficios] ha tenido como consecuencia una pérdida de vigencia a largo plazo de nuestras operaciones de fabricación.

Nuestros empleados nunca se han sentido tan desmoralizados, tenemos poca fe en nuestras estrategias a largo plazo, no confiamos en nuestra dirección; nos sentimos sobrecargados con demasiadas cosas que no son prioritarias, con «tareas urgentes», y echamos de menos tener una idea más clara de hacia dónde vamos.

Tenemos una dirección «sombría y negativa»... Es como si hubiésemos perdido nuestra confianza colectiva.

Ray revisó todos los comentarios, agrupó los que le parecieron similares e identificó los temas clave. Los mensajes más importantes de los cincuenta directores eran coherentes pero deprimentes: Micro Switch había perdido las ganas de competir, a la división le faltaba una clara dirección o enfoque estratégico, la gente esperaba con ansiedad un buen liderazgo.

Pudo ratificar que esto era así a partir de las conversaciones informales que había mantenido con los empleados de distintas secciones de la empresa. Un encargado de planta le dijo:

Sé que no estamos creciendo porque cada año producimos la

misma cantidad de productos. Aun así, la mayoría de los empleados no se da cuenta de ello porque se les traslada regularmente de
una cadena de producción a otra. Casi todos los que trabajan en
la cadena de montaje no tienen ni idea de quiénes son nuestros
competidores ni de lo que están haciendo. Todo el mundo supone que estamos a salvo.

Un trabajador de la cadena de montaje dijo:

La gente cree que si los clientes compran los productos que
nosotros fabricamos, será porque realmente quieren hacerlo.

Otro trabajador describió el ambiente con estas palabras:

Llegas a la fábrica, haces el trabajo y ni siquiera sabes cuán-
tos pedidos hay, ya que nadie te lo dice. Así que la gente que hace
el trabajo no sabe nada. Nadie piensa en quiénes son los clientes.
Nadie pregunta en qué se utiliza lo que fabricamos. No se piensa
en los competidores. Uno se limita a hacer su trabajo y luego se
marcha a casa.

A Ray, al igual que a la mayoría de los líderes, leer y escuchar
aquellos comentarios le causó un poderoso efecto. Recopilar información mediante una encuesta genera datos cuantificables. Ayuda a calibrar lo que se haya podido oír aquí o allá y pone un rostro humano a
los datos sobre rendimiento. Además, estos comentarios quedan escritos, lo que facilita referirse a ellos y recordarlos, todo lo contrario de lo
que pasa con los comentarios orales. En algunos casos, son muy difíciles de olvidar. De hecho, un solo comentario o tema puede impresio-
nar tanto a un líder que lo recuerde continuamente a lo largo de un
prolongado y arduo programa de cambio. Uno de los que respondieron
a una encuesta, por ejemplo, escribió: «Este lugar me recuera a una fábrica de la década de 1960». Fue un comentario bastante inocuo, pero

al ejecutivo en cuestión se le quedó grabado en la mente, y, mientras conducía la empresa a través del proceso de transformación, se refirió a él una y otra vez.

El estancamiento afecta a los individuos tanto como a las organizaciones

Cuando una organización se estanca, los individuos que la componen también suelen hacerlo. No todo aquel que trabaja en una organización estancada se halla personalmente estancado; algunos se sienten entusiasmados y llenos de energía acerca de su proyecto o actividad personal, como hemos visto en el caso de la doctora Margolis, en «Venerable». También cabe la posibilidad de que la gente se sienta esperanzada y positiva algunas veces, y estancada y deprimida otras. Pero, en general, el estancamiento de una organización tiene un efecto deprimente sobre la gente que la compone. Eso puede afectar incluso a socios y proveedores. Cuando trabajo estrechamente y durante una larga temporada con una organización gravemente estancada, tengo cuidado de mantener alto mi propio estado de ánimo. Al tedio y la depresión les encanta la compañía.

El doctor Barry Dym, psicólogo y asesor de organización de empresas, nos ha dado una lista bien clara de las emociones y comportamientos que afectan a las personas que se sienten deprimidas y desmotivadas: autocomplacencia, indiferencia, negligencia, apatía, comodidad, aburrimiento, falta de entusiasmo, sensación de aislamiento y desconexión. Entre los comportamientos que se derivan de esas actitudes se incluyen falta de atención y de involucración, despreocupación, distracción, pasividad, estoicismo, bajo nivel de energía y resignación.

Esos sentimientos y comportamientos no indican necesariamente que la persona sea improductiva, sino que no sabe bien qué significado tiene su trabajo. La empresa no proporciona el suficiente estímulo emocional o intelectual como para generar entusiasmo entre sus empleados. Si esa situación persiste, seguramente terminarán por irse de la empresa o, lo que es peor, por «desconectar y quedarse». En otras palabras, abandonarán y perderán la esperanza, aunque sigan realizando automáticamente su trabajo.

Ahora bien, las personas son complejas, y raras veces sienten únicamente una emoción aislada ante un problema. Incluso cuando están deprimidas, tienen la suficiente capacidad para ser curiosas, hacer preguntas, buscar nuevas posibilidades, generar hipótesis útiles y hacerse ilusiones. En otras palabras, pueden cobrar ánimos, transformarse y contribuir a un esfuerzo fundamental de cambio. En estos casos, lo que debe hacer un líder es determinar qué personas se sienten temporalmente deprimidas pero podrían realizar una contribución positiva si se diera una situación diferente, y qué otras se encuentran estancadas de manera definitiva, privadas de energía e ideas, y por lo tanto hay que reasignarlas a otros puestos o pedirles que se marchen.

Conseguir el reconocimiento individual del estancamiento: la terapia de Sal

Hay paralelismos entre el diagnóstico organizativo y la terapia individual. Una terapeuta amiga mía me habló del inesperado avance que había hecho con un paciente al que llamaremos Sal. Durante los primeros meses de la terapia, este hombre solía pasarse los cincuenta minutos de sesión quejándose de lo predecible y monótona que era su vida. Aun así, no estaba dispuesto a hacer nada para cambiar las cosas, lo que para él era una demostración clara de su falta de valor. A mi amiga le parecía que el objetivo de Sal consistía en que ella le confirmara lo que él mismo ya se había diagnosticado: que era una persona apagada e incapaz de cambiar. Al final, la sacó hasta tal punto de sus casillas, que explotó: «Mire, de acuerdo, pongamos que es usted un pusilánime. Pero supongamos que no lo fuera. ¿Cómo actuaría entonces?». Él contestó: «Es fácil. Lo que haría si no fuera un pusilánime sería...». Y procedió a esbozar un plan innovador para cambiar. Mi amiga se quedó gratamente sorprendida y le sugirió que, durante una hora al día, fingiera que no era un pusilánime y trabajara en el plan que acababa de exponerle. Sal estuvo de acuerdo en intentarlo una hora al día, y a pesar de su timidez y cautela, empezó a comprobar que su vida y su trabajo mejoraban. Luego, fue tomando impulso y aumentó el número de horas que dedicaba a ser atrevido.

En mi primer trabajo como supervisora me pude aplicar a mí misma la receta de Sal. Una de las personas que me tenía que informar directamente no lo hacía de modo satisfactorio, y tuve que hablar con él. Sin embargo, aquel hombre me asustaba. Era tozudo y poco comunicativo y podía ser desagradable y llegar a intimidar. Así que, recordando el caso de Sal, me dije a mí misma: «Si ese tipo no me asustara y si yo fuera una verdadera profesional que supiera lo que está haciendo, ¿qué haría?». Averigüé lo que tenía que hacer, revisé su informe, abordé todos los puntos que deseaba y establecí un plan de mejora que él aceptó. ¡Qué alivio! No sólo había realizado una revisión efectiva, sino que también había aprendido a controlar mi propio nerviosismo.

En cierta ocasión trabajé con un grupo de empleados que se mostraban inquietos por su situación, pero se sentían impotentes y no estaban dispuestos a tomar ninguna medida para remediarla. Iniciamos entonces una conversación informal sobre cómo cambiaría su trabajo si pudieran hacer lo que quisieran. Después de reírnos mucho y recopilar una larga lista de acciones, la revisamos para ver qué podían hacer por su cuenta, en qué casos necesitaban que les supervisaran y cuáles serían los recursos adicionales con los que deberían contar. No se sentían lo suficientemente cómodos como para hacerle la petición a su director, así que dedicamos el resto de la reunión a debatir animadamente sobre la manera de «ganarse» los recursos y el permiso. De momento, ya habían cambiado sus suposiciones básicas y sus interacciones, sin ni siquiera darse cuenta de ello. Varias semanas más tarde habían aumentado su seguridad en sí mismos, de acuerdo con sus logros. Cuando se sintieron preparados para plantear sus ideas y solicitar los recursos que necesitaban, salieron elegidos para explicar su éxito en la reunión trimestral local y utilizaron ese foro para exponer toda su agenda. Nunca he visto a un grupo de personas sentirse más feliz que aquel en el momento en que el director regional, que estaba de visita, aprobó todas sus peticiones y les dijo que quería recibir personalmente un informe trimestral sobre su desarrollo.

Este enfoque puede ser muy útil en toda clase de situaciones, ya que, para ser efectivo, no es necesario que los individuos cambien su posición inicial o la concepción de sí mismos. Únicamente pide a las personas que participen en el experimento. Cuando se trata con individuos que se sienten cansados y deprimidos y que trabajan en una empresa estancada, quizá eso es lo mejor que cabe esperar..., al principio.

Utilizo con frecuencia la terapia de Sal con personas que se enfrentan a una gran iniciativa de cambio en una empresa a la vieja usanza. Harold, por ejemplo, era un empleado que llevaba treinta años en una organización así. Durante una reunión inicial que se celebró para exponer el programa de cambio, me llevó aparte para charlar tranquilamente. Sabía que Harold era una persona reflexiva y concienzuda. Parecía preocupado y me dijo: «Jeanie, quiero decirte que no me creo todo lo que han dicho los ejecutivos en esta reunión. No creo que las cosas de las que han hablado vayan a ocurrir realmente. ¿Quiere eso decir que soy desleal? ¿Me convierte eso en alguien que se resiste al cambio?».

Le contesté: «Harold, llevas treinta años en esta empresa. Estoy segura de que has visto pasar por aquí muchos programas, iniciativas y líderes. Me sorprendería que no tuvieras tus dudas. No importa que no creas en esto ahora; es normal. Pero ¿estás dispuesto a experimentar con las nuevas ideas y ayudar a hacerlas funcionar?».

Pareció sentirse aliviado y me contestó: «Eso sí que puedo hacerlo».

La estrategia se anticipa a la realidad, la cultura va por detrás de la realidad y arrastra consigo a la estrategia

Una vez que una empresa ha reconocido que, en efecto, se halla estancada y que sus líderes, tras diagnosticar las áreas y el grado de estancamiento, han decidido cambiar el negocio en lugar de abandonarlo a su suerte, el siguiente paso consiste en desarrollar una estrategia que les permita alcanzar el éxito. La estrategia pretende anticiparse a una futura realidad competitiva y determinar cómo ganar en ese entorno imaginado. La estrategia, por definición, debe determinar la realidad actual.

Pero desarrollar una estrategia coherente no es fácil, y ejecutarla aún menos, ya que las convicciones, hábitos y actitudes de una organización (es decir, lo que se conoce como su cultura) suelen ir por detrás de la realidad actual. En otras palabras, la cultura viene definida por un conjunto de circunstancias, normalmente una realidad anterior, y cuando esa realidad cambia, la cultura no tiene por qué hacerlo. Al igual que un hippie entrado en años que se negara a reconocer que la década de 1960 ya ha quedado muy atrás y siguiera llevando cola de caballo, ropa de estampados psicodélicos y chapas en defensa del amor libre en el nuevo milenio, la cultura de una empresa puede quedarse anclada en el pasado. Nathan Myhrvold, vicepresidente de investigación de Microsoft, dijo: «Si quieres inventar el futuro, la forma más ventajosa de hacerlo es reunir al grupo de gente más inteligente que puedas encontrar y comprobar que ninguno de ellos se halla enterrado en el pasado».

Así pues, una parte importante de la ejecución de una estrategia consiste en determinar el punto de partida de la cultura actual de la empresa. A través de la observación y las conversaciones que hay que mantener con los líderes y la gente de la organización, se puede llegar a saber si esa cultura está alineada con la realidad actual. ¿Está preparada para afrontar las realidades que empiezan a surgir? Respondiendo a las siguientes preguntas se puede obtener el perfil cultural de una empresa:

¿En qué situación estamos desde el punto de vista competitivo?

¿Dónde creemos estar competitivamente?

¿Cómo se compara nuestra cultura con nuestra realidad actual?

¿Qué convicciones y comportamientos impulsan nuestra organización?

¿Qué convicciones y comportamientos necesitamos para cambiar y poder competir con efectividad?

En todo tipo de organizaciones encontramos que la cultura siempre anda por detrás de la realidad. En la industria armamentística, por ejemplo, la cultura anterior valoraba únicamente la tecnología, aunque el Departamento de Defensa había cambiado y ahora operaba con contratos por obra y de presupuesto cerrado. Las empresas farmacéuticas han heredado un legado de despilfarro, por lo que su cultura empresarial ha sido siempre muy permisiva con los proyectos de investigación; en cambio, la nueva realidad exige que los proyectos den sus frutos pronto y que los recursos se asignen con cautela. En Micro Switch, los directivos seguían pensando que su empresa era líder del mercado de conmutadores eléctricos, aunque los clientes ya consideraban los conmutadores eléctricos como auténticos dinosaurios. En Gillette, los líderes tardaron tiempo en aceptar que sus principales clientes detallistas, como Wal-Mart y Target, controlaban el mercado: ya hacía mucho que habían acabado los tiempos en que Gillette dictaba las condiciones de venta y entrega en tiendas que estaban poco menos que bajo su tutela. La cultura va por detrás de la realidad.

Por eso, cuando se planifica una forma de salir del estancamiento, hay que preguntarse: ¿qué convicciones y comportamientos desfasados prevalecen en nuestra organización y nos impiden concebir o ejecutar una estrategia ganadora? Consideremos el caso de Merrill Lynch & Co cuando intentó entrar en el mundo de las transacciones online. El vicepresidente John Steffens, «Launny», se opuso con tanta fuerza a las transacciones online que, en septiembre de 1998, sus puntos de vista saltaron a los titulares de *The Wall Street Journal,* que comentó al respecto lo siguiente:

[El señor Steffens], que supervisa un ejército de catorce mil ochocientos agentes de bolsa de la empresa, ha emprendido durante los últimos meses una insólita campaña pública para denunciar lo que considera los peligros de comprar y vender acciones por Internet sin ayuda profesional. Esa clase de transacciones ha experimentado un auge espectacular en los dos últimos años, pero en Merrill, no. El siempre franco señor Steffens abordó públicamente el tema por primera vez en junio, al declarar en una conferencia celebrada en la PC Expo de Nueva York: «El modelo de inversión al estilo de "hágalo usted mismo", centrado en las transacciones por Internet, se debería considerar una grave amenaza para la vida financiera de los estadounidenses. Ese enfoque respecto de la toma de decisiones financieras no sirve correctamente a los clientes y es un modelo de negocio que no aportará un valor duradero».

El señor Steffens admitió que, dentro de su propia empresa, había «diferencias de opinión» sobre el tema. Sin embargo, según se cita, añadió: «He adoptado muchas posiciones duras en mi vida y la mayoría de ellas han demostrado ser acertadas». Estaba claro que Steffens vivía en una cultura personal que se hallaba retrasada con respecto a la realidad actual.

En menos de un año, Merrill Lynch anunció su entrada en el mercado de las transacciones de bolsa online a bajo coste. Al parecer, los líderes despertaron de su letargo cultural gracias a sus hijos. El presidente, David Komansky, de sesenta años de edad, se enteró de que sus hijos, ya adultos, compraban toda clase de artículos por Internet. Después de su discurso de 1998, Steffens, que por entonces contaba cincuenta y siete años, recibió una llamada de su hijo, de veintisiete, quien le aconsejó que «recapacitara». El 1 de junio de 1999, *The Wall Street Journal* publicó lo siguiente acerca del cambio de dirección efectuado en Merrill: «Pocas veces en la historia un líder de la industria se ha visto obligado a cambiar de postura, prácticamente de la noche a la mañana, para adoptar un modelo de negocio esencialmente nuevo». Merrill parece haber superado con éxito su retraso cultural. En marzo de 2000, Merrill Lynch Direct obtuvo cuatro estrellas en una encuesta de Barron's realizada entre agentes de bolsa online, siendo una de las únicas tres empresas que obtuvieron la máxima calificación.

La historia de Merrill, como muchas otras, demuestra que cuando las prácticas laborales y el pensamiento de los líderes de una empresa (y de sus seguidores), se contraponen al pensamiento y la acción que exige una nueva estrategia, hay que abordar esos temas de forma explícita, ya que, de lo contrario, la cultura arrastrará consigo a la estrategia.

George Stalk Jr., David K. Pecaut y Benjamin Burnett, vicepresidentes de BCG, apoyaron esta afirmación en un artículo titulado «Eliminar las renuncias», publicado en *Harvard Business Review*, diciendo:

Las estrategias de crecimiento basadas en la idea de eliminar las renuncias no son nuevas y tampoco están limitadas a unos pocos sectores. Ahora bien, para visualizarlas se necesita que los directores de la empresa se despejen la cabeza de los pensamientos convencionales que impregnan su industria.

Las renuncias más importantes, y por tanto las oportunidades más poderosas, existen porque las empresas han perdido el contacto con sus clientes. En Micro Switch, los líderes asumieron que sus clientes les serían siempre fieles, ya que confiaban en los conmutadores y sensores que fabricaba la empresa. También suponían que los clientes comprenderían y aceptarían los continuos aumentos de precios, incluso en las épocas más duras; después de todo, a Micro Switch tenían que cuadrarle los números y los clientes tenían pocas alternativas. Pero con el tiempo, esa manera de comportarse les condujo a adoptar una actitud no explícita pero omnipresente: «Si el cliente está contento, no hemos hecho nuestro trabajo». La existencia de clientes contentos significaba que Micro Switch no ganaba todo lo posible. La verdadera señal de éxito era un cliente insatisfecho, que se hallaba atrapado porque no podía comprar un producto mejor en ninguna otra parte. Otra prueba de esa actitud prevaleciente estaba en las fechas de entrega. Si el cliente parecía satisfecho, significaba que la fecha de entrega se podría haber retrasado. Presionar al cliente se consideraba un buen negocio y así era como los empleados se ganaban sus galones. Estando así las cosas, lo más normal es que Ray Álvarez tuviera que escuchar muchas críticas cuando acudió a visitar a los principales clientes de Micro Switch.

Nada conmociona de manera más inmediata el pensamiento tradicional de los hombres y las mujeres de negocios que ver o escuchar de primera mano lo que experimentan sus clientes y lo que está haciendo la competencia. Aparte de los comentarios de su hijo, la conversión del señor Steffens se produjo después de escuchar diariamente las quejas de sus agentes de bolsa más destacados sobre la pérdida de clientes, que se pasaban a otros agentes que trabajaban online, y de visitar a algunos de los mejores clientes de la empresa. Él y su equipo se quedaron asombrados al comprobar que sus clientes más rentables y fieles habían abierto cuentas online con otras empresas para realizar sus transacciones más activas. Y, por si fuera poco, resultó que uno de aquellos clientes comerciaba activamente con acciones de Merrill Lynch.

Para ejecutar su estrategia de «DestroyYourBusiness.com», Jack Welch se dio cuenta de que tendría que cambiar la forma de pensar de sus ejecutivos respecto a Internet. Vivían en una cultura empresarial que no asumía la nueva realidad de la red. Muchos de ellos ni siquiera sabían cómo acceder a ella. Utilizaban el correo electrónico a través de sus secretarios, nunca habían comprado productos online y consideraban que Internet era un espacio reservado para los excéntricos. GE era, en general, un entorno poco propicio para quienes conocían la red, y la rígida política de contrataciones de la empresa no permitía que entraran buenos conocedores del tema. Los pocos expertos en la red que pudieron ingresar en la empresa eran mucho más jóvenes que sus altos ejecutivos y contaban con poca visibilidad o influencia. Para solucionar el problema, Welch creó un programa de «formación a la inversa». Exigió que seiscientos ejecutivos que ocupaban altos cargos encontraran a un tutor de red que les enseñara a utilizar, evaluar y comprender el comercio electrónico. Algunos los buscaron en la propia organización, pero la mayoría tuvo que contratarlos fuera. Los ejecutivos, convertidos ahora en estudiantes, pasaron a ser alumnos ignorantes y desmañados, en lugar de jefes que lo sabían todo. Ahora bien, a medida que iban aprendiendo, la cultura empezó a sintonizar con la realidad actual (y emergente).

Aptitud personal para el cambio: el hijo del minero y la dama sureña

Ningún esfuerzo de cambio llegará muy lejos a menos que alguien situado en lo más alto de la organización, habitualmente el ejecutivo operativo de más alto rango, sienta verdadero anhelo y tenga aptitud para el cambio. Ningún líder enamorado de la rigidez y de la normalidad podrá sacar a una organización de un estado de estancamiento para llevarla hasta el resplandor de la consecución. Lo mismo cabe decir de los líderes a todos los niveles: para cambiar su división, grupo, departamento o tienda, deben tener o desarrollar una aptitud para el cambio.

Algunos ejecutivos sienten una inclinación natural a dirigir una organización a través de la transformación, y también están dispuestos a pasar por la transformación personal. Esto exige una determinada actitud mental, así como mostrar interés y comprensión por la gente. Sin embargo, he conocido a otros que no parecen tener ni idea de cómo tratar a las personas. Constantemente dicen lo que no deben y después se preguntan qué ha salido mal. De los dos personajes de este libro, Ray Álvarez ya contaba con ese don cuando empezó a dirigir el cambio en Micro Switch y ayudó a otros a desarrollarlo. Marco Trask, de CoVen, no poseía una sensibilidad innata sobre los temas relacionados con las personas y tampoco le parecía que eso importara demasiado cuando se inició la fusión, pero desarrolló la habilidad de tratar a las personas mediante la transformación de su experiencia personal.

Permítanme hablarles un poco de Ray Álvarez. Consiguió lo que no han conseguido muchos grandes artistas del cambio y líderes conocidos: se hizo cargo de una empresa estancada y la condujo con éxito hasta la fase de consecución, y lo hizo sin despedir a nadie. La inusual habilidad de Ray para afrontar el cambio le viene, en cierta medida, de su propia historia personal.

Nació en el seno de una familia pobre de Charles Town, en la zona minera del noreste de Virginia Occidental. A Albert, su padre, lo enviaron allí desde España cuando era pequeño, para que viviera con unos parientes. Abandonar a la familia y dejar su hogar y su entorno para trasladarse a un mundo totalmente nuevo, extraño y desafiante es uno de los cambios más profundos por los que puede pasar una persona. A los ocho años de edad, entró a trabajar como «mula de carga» en las minas de carbón de Virginia Occidental, y allí permaneció hasta poco antes de cumplir los cuarenta, cuando su enfermedad pulmonar se agravó hasta tal extremo que tuvo que abandonar su empleo. Demostró ser profesionalmente flexible y aprendió a adiestrar y montar caballos. Abrió un negocio como domador y adiestrador y empezó a invertir en sus propios animales, que montaba en Virginia Occidental durante el verano y en Cuba durante el invierno. En 1952, Albert se encontraba en Cuba cuando Batista se hizo con el poder. El gobierno confiscó muchas propiedades, entre ellas sus caballos y su dinero. Él pudo escapar, pero la experiencia le agotó las energías y ya no tuvo voluntad para empezar de nuevo.

En cuanto a Ray, en la escuela secundaria fue un buen estudiante y confiaba en conseguir una beca como atleta para poder ingresar en una universidad fuera del estado. Pero su padre estaba sin trabajo, su madre enferma de cáncer y tenía dos hermanos más pequeños de los que ocuparse. Se dio cuenta de que tendría que olvidarse de sus planes universitarios. No obstante, Charles F. Printz, un profesor de Shepherd, la universidad estatal de la cercana Shepherdstown, lo convenció para que continuara estudiando a la vez que trabajaba a tiempo parcial y vivía en casa. El arreglo funcionó bien el primer año, pero entonces murió la madre de Ray y la familia tuvo que hacer frente a todos los gastos de los médicos. Una vez más, decidió que tendría que dejar los estudios para poder trabajar toda la jornada y ayudar así a su hermana a ocuparse de sus hermanos menores. Y de nuevo el profesor Printz encontró la solución. Arregló las cosas para que Ray obtuviera una beca y trabajara en tres sitios distintos: como vigilante nocturno, como ayudante en la universidad y como bibliotecario. Ray completó sus cuatro años de estudios en Shepherd y se graduó con matrícula de honor en 1962 en administración de empresas.

Antes de entrar a formar parte de Honeywell, en 1968, trabajó en varios sitios. Demostró tener mucho talento como gestor; era franco y directo en su trato con la gente, independientemente de su rango, y esperaba que los demás actuaran del mismo modo. Pero también tenía un temperamento incisivo y podía ser muy categórico. Se negaba a edulcorar una mala situación, cuando así la valoraba, y no vacilaba en señalar a los responsables. Además, trabajaba bien en equipo; participaba en todas las tareas y se tomaba las cosas muy en serio. A principios de la década de 1980, probó por primera vez un gran cambio organizativo. Ayudó a la Division de Particulares de Honeywell, una antigua «vaca lechera que aportaba liquidez», que ahora perdía dinero, a efectuar una importante transformación. Al cabo de tres años, la división dejó de tener pérdidas y se convirtió en una unidad que contribuía con más de una cuarta parte de los beneficios al grupo. Desde entonces se le empezó a considerar un ejecutivo capaz de «conseguir cosas» y de dirigir y gestionar los cambio. Gracias al éxito en esta transformación fue ascendido y, en 1985, le nombraron vicepresidente y director general de la Honeywell Keyboard, con sede en Freeport, Illinois, donde recibió el encargo de fortalecer tanto la línea de productos como los beneficios, para hacer de dicha empresa un grupo separado de la compañía matriz, Micro Switch. Ray la trasladó a El Paso, Texas, aunque algunos de sus trabajadores permanecieron en las instalaciones de Freeport. Cuando más tarde regresó como director general de Micro Switch, se alegró mucho de reencontrarse con algunas caras familiares.

Cambiar Micro Switch fue, sin lugar a dudas, la mayor tarea y también la más compleja que le habían asignado hasta entonces, y la abordó con determinación y con un sincero compromiso: aquel sería su mayor logro y, probablemente, el último con Honeywell. Por estimulante que sea un cambio de este estilo, un líder no suele pasar por muchos de ellos. Los encargos de ese tipo no surgen a menudo y, cuando lo hacen, consumen una tremenda cantidad de tiempo y energía. Los ejecutivos que han completado dilatadas carreras sólo recuerdan dos o tres iniciativas tan intensas a lo largo de toda su vida profesional.

Pero ¿qué es lo que le impulsaba? ¿Qué alimentaba su aptitud para el cambio? Un hombre de negocios de la localidad, que llegó a conocerlo bien, dijo de él: «Es difícil separar al hombre del lugar del que procede. Se crió en Virginia Occidental, en un ambiente duro. Creo que alguien que crece en un sitio como ese se acaba sintiendo muy inclinado el resto de su vida a ser comprensivo con la gente que lo ha tenido más difícil, a sentir empatía con ellos. Y así ha sido Ray con los niños, las minorías, los menos favorecidos, los analfabetos y la gente a la que, como suele decirse, «no le vendría mal un golpe de suerte».

Aquella inclinación suya a mejorar la suerte de los desvalidos se conjugaba bien con la naturaleza y el ambiente de Micro Switch, una empresa manufacturera con una extensa plantilla de obreros de fábrica. Es posible que esa actitud no fuera tan adecuada en un ambiente más especializado, como el de CoVen, donde Marco tenía que tratar con colaboradores muy cultos, que disponían de múltiples opciones profesionales.

El impulso de Ray se veía alimentado tanto por sus emociones como por su intelecto. El mismo hombre de negocios de antes nos comentó acerca de él: «Ray es uno de los individuos más complejos que he conocido. Tiene un rostro brusco, firme y duro cuando, en realidad, no es así. Me parece como un merengue recubierto de acero». A veces, eso es lo que hace falta.

Yo puse en marcha mi propia empresa de consultoría en 1980 y, durante los cinco años siguientes trabajé con el equipo directivo de la división de Particulares, ayudándoles a efectuar el cambio. Cuando conocí a Ray, que por entonces era vicepresidente de Finanzas y Administración, me pareció un director franco y práctico. Si le preguntaba algo, me contestaba de buena gana. Si buscaba consejo y sugerencias, contribuía con ambos. Era amable y fuerte, tanto en el ámbito personal como en el organizativo y estaba claro que con él no se podía «ir con tonterías».

Pero tenía un problema: le costaba relacionarse con sus empleados directos. Sus reuniones con ellos eran frustrantes, insípidas y aburridas. No había discusión espontánea. La gente raras veces ofrecía ideas o planteaba preguntas difíciles. Nadie se atrevía a desafiar al jefe. Él me preguntó si podía ayudarle, y en la primera reunión con su personal a la que asistí, comprendí bien su preocupación. Ray hablaba y los demás guardaban silencio. Sus colaboradores actuaban como una esponja que absorbiera todo lo que él les echara encima. A continuación, mantuve una entrevista personal, en la que garanticé la confidencialidad, con cada uno de sus colaboradores. Todos me dijeron lo mismo: «Le tenemos miedo. Tiene bastante mal genio». En realidad, la mayoría de ellos no lo habían visto nunca enfadado, pero sí habían oído contar historias horrorosas. Nadie quería provocarlo. Cuando le informé de esto se quedó atónito. No se consideraba una persona poderosa, aunque los demás lo vieran así. Tampoco creía perder los estribos con mucha frecuencia y, desde luego, no como para que lo considerasen un exaltado. Le dije lo que pensaba: tendría que cambiar su comportamiento y admitir la información que nos había facilitado el grupo si quería que este pudiera cambiar. La idea no le entusiasmó. Argumenté que su manera de comportarse y la fama que eso le había granjeado estaban limitando su efectividad. Es más, si no era capaz de enfrentarse a sus propias deficiencias, los demás se lo tomarían como excusa para evitar corregir las suyas. Aceptó mi análisis y planificamos cómo trabajar juntos para modificar su comportamiento y la relación que mantenía con sus colaboradores.

Me reuní con los empleados y les hablé de lo que me habían contado, en general, sin personalizar, y de lo que Ray y yo habíamos analizado. Y tras un breve cambio de impresiones, él se unió al grupo y nos explicó cómo había reaccionado ante lo que yo le había comentado. Revisó situaciones específicas, sus reacciones y la valoración que hacía de sí mismo. Luego, perfiló lo que cambiaría y lo que no cambiaría, y cómo lo abordaría. El silencio era tal que si, durante su exposición, hubiera caído sobre la moqueta un alfiler, lo habríamos oído. Aquella era una actitud muy valiente, sin precedentes: un jefe que hablaba de su propio comportamiento y que se comprometía a cambiarlo. Luego, les pidió a sus colaboradores que le ayudaran, les puso ejemplos del apoyo que necesitaba y pidió que le dijeran cuándo se pasaba de la raya. La gente se quedó atónita y convencida ante su franqueza y sus ganas de encontrar nuevas formas de trabajar juntos.

Durante las semanas siguientes, continué reuniéndome con el personal y pudimos observar un progreso lento pero firme. En una de las reuniones, Ray y yo nos mostramos en desacuerdo sobre algo. Le expliqué lo que pensaba y la lógica que había detrás de mi razonamiento. Él aún se mostró más en desacuerdo. Mientras discutíamos, la tensión en la sala se hizo cada vez más palpable. Los empleados de Ray parecían unos niños asustados viendo a sus padres mantener una fuerte discusión. Al final, Ray reconoció que comprendía mi punto de vista. Pedí una pausa en la reunión y todos salieron huyendo de la sala. Aquella discusión fue un acontecimiento catalizador en la vida del grupo y, durante la pausa, el principal tema de conversación. Uno de los colaboradores dijo: «Nunca he visto a nadie discutir así con Ray y vivir para contarlo». Ahora tenían la prueba fehaciente de que se podía hacer, y un modelo de cómo hacerlo. Ray me había invitado a interrumpirle o a replicarle siempre que me pareciese necesario y eso fue exactamente lo que hice, y si yo podía hacerlo, los otros también. Me pareció una actitud muy valerosa por su parte el haberse mostrado tan vulnerable delante de sus subordinados, para que todos pudieran crecer. Poco a poco, después de aquella reunión, el grupo se convirtió en un verdadero equipo, capaz de discutir, incluso acaloradamente, sobre los temas que se planteasen, sin temor a que el enfrentamiento condujera a la cólera o a la represalia.

El valor y la tenacidad de Ray me desafiaron, tanto a mí como a sus colaboradores, a estar a la altura de esa valentía y de su voluntad de enfrentarse con el monstruo del cambio. Todos tuvimos que admitir para nuestros adentros: «Tengo que cambiar mi comportamiento». Me considero afortunada por haber tenido clientes y socios cuyos atributos y necesidades me han brindado la ocasión de crecer y también modelos que poder seguir. Estoy convencida de que tales oportunidades abundan. Lo que pasa es que, normalmente, miramos hacia otro lado.

El final del estancamiento

Es difícil ver cuándo se produce el final de la fase de estancamiento, si no es con un poco de perspectiva. A menudo termina cuando el líder o grupo de líderes se convencen de la necesidad de afrontar el desafío de un cambio fundamental, o cuando alguien con poder decide que «a partir de ahora, las cosas van a ser diferentes». En ocasiones, ese momento es personal y procede del interior. Creo que Ray se sintió así cuando acudió a visitar aquella fábrica empapada en aceite. Otras veces, el momento es compartido por un grupo y surge a partir de un catalizador exterior, como cuando el medicamento de «Venerable» no obtuvo la esperada aprobación de los organismos reguladores.

Cuando ese momento o muchos de esos momentos se combinan con el análisis, un anhelo de cambio y el desarrollo de una buena estrategia, el estancamiento evoluciona hacia la siguiente fase: la preparación.

Tercera parte

La preparación

El monstruo despierta

5

Alcanzar la alineación

Ansiedad ante el futuro

La ansiedad puede resultar útil o ser un obstáculo

En cierta ocasión en que estaba obsesionada con una de mis constantes preocupaciones de adolescente (o bien algún asunto de posibles novios o bien algún próximo acontecimiento social), mi madre me dijo con serenidad: «La ansiedad, con un poco de esperanza, se convierte en ilusionada expectación». Tuve que pensar en el significado de aquellas palabras durante un rato, y llegué a la conclusión de que la ansiedad no es ni buena ni mala, sino que simplemente «es». Pero si se le añade un poco de esperanza, se transforma en positiva. La ansiedad es lo que se siente cuando uno se preocupa por el resultado de algo, y no se está seguro de cómo saldrán las cosas. La expectación significa que has decidido esperar el resultado con ilusión, confiando en que las cosas salgan lo mejor posible.

Después de haber analizado un rato sus palabras, le pregunté a mi madre:

—Y ¿qué debo hacer para añadir esperanza a mi ansiedad?

—Prepárate —me contestó ella—. Piensa en las cosas que puedes hacer en estos momentos para influir sobre el resultado. Obsesionarte no te llevará a ninguna parte, sólo te agotará.

Conociéndome, seguro que traduje el consejo a mi situación de entonces e hice una llamada a una amiga para charlar o revisar mi guardarropa y decidir qué me podía poner.

Durante la fase de preparación, tanto los líderes como los empleados de una organización experimentarán una dosis considerable de ansiedad acerca de lo que les depara el futuro. Esta fase de planificación y preparación comienza en cuanto se toma la decisión de cambiar y se mantiene hasta que se inicia la ejecución de los planes. Cuando la gente se siente razonablemente esperanzada en que la iniciativa de cambio saldrá bien, su ansiedad puede generar compromiso, estímulo y hasta entusiasmo. Durante la preparación, los líderes deben intentar crear una ansiedad productiva y un deseo de cambio. Deben trabajar para ayudar a la gente a sentir esperanza y entusiasmo por el futuro y ganas de contribuir a él, ya que esas emociones producen la energía que se necesitará cuando se tenga que abordar una multitud de tareas durante la fase de implantación.

Ahora bien, no todo el mundo se sentirá atraído por ese mismo sueño, ni se despertará cada mañana ávido por contribuir a que esa visión se haga realidad. Algunos pensarán que esa iniciativa es equivocada y considerarán que no favorece sus intereses. Otros ni siquiera se molestarán en preocuparse, y también habrá quien la asuma sin entusiasmo alguno. Esas son las personas que están condenadas a sufrir consecuencias negativas por no apoyar la nueva iniciativa.

En cierta ocasión pronuncié una conferencia en la Escuela de Negocios de Harvard sobre la gestión del cambio, y cuando empecé a hablar de consecuencias negativas, uno de los estudiantes me preguntó: «¿Por qué no se pueden emplear únicamente aspectos positivos para inspirar a los empleados? ¿Por qué no ser optimista?». Yo le respondí lo siguiente: «No soy lo bastante inteligente como para imaginar las motivaciones personales de miles de empleados en tantos países. Además, sé por experiencia que algunas personas sólo cambian cuando su temor a no hacerlo es mayor que la comodidad que experimentan con el *status quo*». Lo que digo es: «Busca amor, pero exige comportamiento».

No se puede esperar que las personas se enamoren de la visión y se entusiasmen por el futuro si no saben en qué consiste la visión. No se pueden establecer exigencias de comportamiento si no se sabe cuáles son la estrategia y los objetivos. Y no se puede generar una ansiedad productiva si no se crea la sensación de que el *status quo* ha dejado de funcionar. Así pues, durante la preparación, los líderes se enfrentan a tres grandes tareas:

1. El equipo de dirección debe estar alineado y lleno de energía por lo que respecta a la visión y la estrategia.
2. La visión tiene que estar articulada y el plan general lo suficientemente detallado como para que otros lo comprendan y ejecuten.
3. Entre el personal se tiene que generar una saludable insatisfacción con el *status quo* y un genuino anhelo por el cambio; se deben establecer expectativas apropiadas acerca de lo que ocurrirá y de lo que se puede conseguir.

Ni dentro ni fuera

En una fusión o adquisición, la fase de preparación se inicia bruscamente cuando una empresa anuncia su decisión de asediar a otra. Inmediatamente, la gente empieza a hacer preguntas y a obsesionarse por lo que ocurrirá. La especulación no concluye hasta mucho después de cerrado el acuerdo, tras unos pocos meses o incluso pasado un año. Durante ese periodo ya pueden empezar a diseñarse algunas de las tareas de transformación, aunque aún no se pueden ejecutar legalmente. Sólo se puede ofrecer y aceptar un número limitado de nombramientos antes de que haya finalizado el trato y, en algunos casos, a las personas a las que se ha otorgado el nuevo cargo no se les permite reunirse con sus nuevos equipos. A los líderes de las dos organizaciones se les prohíbe compartir información detallada sobre sus estrategias, cartera de nuevos productos o cualquier otro tipo de planes propios, por si acaso el acuerdo no llegara a materializarse. También es necesario mantener a la gente concentrada en su trabajo cotidiano, sin que dedique demasiado tiempo a la planificación y preparación. Si el personal se distrae, se puede resentir el negocio. Y, si sucediera eso, el precio de las acciones de ambas empresas podría descender en picado antes de que se firmara el acuerdo. Esa situación de no estar ni dentro ni fuera, es incómoda y frustrante. Como dijo un ejecutivo: «Te sientes como en un prolongado noviazgo antes de un matrimonio de conveniencia. Sabemos con quién vamos a estar, pero no se nos permite conocer a la familia o conocernos el uno al otro. Hay una gran cantidad de trabajo por hacer para preparar la nueva situación, pero no podemos avanzar realmente, debido a todas las restricciones».

La preparación también es una fase delicada para las nuevas empresas y las de reciente creación. Generalmente se produce después de haber definido el modelo de negocio y tras haberse asegurado alguna financiación inicial. Los líderes y los empleados (si es que los hay) trabajan día y noche preparándose para el momento en que el negocio sea finalmente «real».

En cualquier clase de iniciativa de cambio, los líderes deben hacer la mayor parte del trabajo de preparación, con la ayuda limitada de otros, ya que el plan y las recomendaciones exigen que quienes toman las decisiones negocien y asignen recursos. El plan tiene que ser definitivo antes de que se pueda delegar algunas de las tareas que hay que realizar. Los líderes tienen que estar muy involucrados en formar la visión y la estrategia y han de comprender meticulosamente el razonamiento que apuntala los planes posteriores. Deben sumergirse en los detalles; si lo hacen así, sus esfuerzos se verán recompensados cuando empiecen a inspirar a la organización y a convencer a los empleados de lo conveniente de sus planes. Su conocimiento meticuloso de la situación también les facilitará tomar decisiones bien ponderadas y negociar correctamente más tarde, cuando surjan nuevos problemas y oportunidades. Por el contrario, los líderes que únicamente obtienen informes breves y se implican superficialmente en la situación, tendrán dificultades para contestar las preguntas de sus empleados sobre aspectos concretos y, si un líder no puede explicar (o defender) su visión, no conseguirá inspirar a otros para que la sigan.

Entre los líderes: no se necesita amor (ni siquiera aprecio)

Al principio de mi carrera me tocó moderar la reunión de un grupo de ejecutivos en medio de un ambiente bastante crispado. Algunos de los presentes se negaban a hablar. Había planes de acción ocultos y la gente se dedicaba a pasar de puntillas sobre los temas fundamentales. Durante una pausa, la responsable de marketing se me acercó y me dijo:

«Jeanie, no pretendas conseguir que acabemos apreciándonos los unos a los otros. Conozco a la mayoría de estos tipos desde hace años y dos de ellos me caen muy mal, por una serie de razones que no vienen al caso. Eso no lo vas a cambiar ayudándonos a conocernos mejor». Habló con tal convicción y vehemencia que me asombró. Me quedé allí, con la boca abierta, hasta que finalmente pude decir: «Está bien, no tenéis por qué gustaros los unos a los otros, pero tenéis que trabajar juntos y ayudaros mutuamente a alcanzar el éxito». Pensó en mis palabras durante un rato y finalmente asintió: «En eso estoy de acuerdo».

Aunque el tema del trabajo en equipo queda fuera del ámbito de este libro, diré que cuando existe, sobre todo entre ejecutivos, no es sinónimo de paz y amor entre los miembros del equipo. Ayuda mucho que se admiren y se preocupen los unos de los otros, pero el trabajo en equipo se refiere esencialmente a trabajar juntos por el bien común, a comprometerse en alcanzar los mismos objetivos y a ayudarse mutuamente a alcanzarlos. El fracaso en la creación de esa clase de trabajo en equipo puede ser fatal para todo el esfuerzo de cambio.

El aspecto más importante del equipo de liderazgo es poder alinear la visión y la estrategia; sin ello, el esfuerzo de cambio no avanzará. Si cada ejecutivo elige seguir su propio camino, defender su parcela, consolidar su poder, incitar a la insurrección y sembrar dudas entre los demás, el esfuerzo de cambio estará condenado al fracaso. Los empleados son muy hábiles a la hora de valorar la intensidad del compromiso de cada ejecutivo, así como el nivel de sincronización de un grupo. Si perciben vacilación en el compromiso o falta de solidaridad, lo toman como una invitación a la malicia. Los individuos y los subgrupos tomarán partido y se alinearán con un ejecutivo que les guste y en quien confíen, o con aquel que crean tiene más probabilidades de ganar al final. Otros apenas harán lo mínimo imprescindible para mantenerse a flote, a la espera de comprobar de qué lado sopla el viento.

Todo esto lo comprendí claramente cuando trabajé con una empresa a la que llamaré «Global, Inc.», encargada de revitalizar su división en Estados Unidos. El consejero delegado se había jubilado poco antes. Apenas dos semanas después de finalizar el plan de reestructuración, el nuevo consejero delegado forzó la dimisión del presidente de la división en Estados Unidos y nombró a un nuevo responsable, al que llamaré Joseph. Había sido vicepresidente ejecutivo de ventas y marketing por lo que prácticamente no había tenido nada que ver con la planificación para la revitalización.

Joseph heredó un equipo de liderazgo que incluía a los jefes de cuatro secciones de negocios diferentes y cinco oficinas que los apoyaban; personas, todas ellas, que no trabajaban, ni pensaban ni actuaban como un equipo. Después de nuestra primera reunión, Joseph me preguntó:

—¿Cree que importa realmente que no seamos un equipo? Al fin y al cabo son raras las veces que trabajamos juntos. Dirigimos unidades y organizaciones que están muy separadas.

—El problema —repliqué— no es sólo que su equipo sea disfuncional, sino que tampoco se hallan alineados o sincronizados en torno a la visión. Todos estamos de acuerdo en utilizar un único modelo de negocio para la revitalización y todos prometieron hacerlo en sus organizaciones, pero dos de sus jefes de negocio utilizan modelos diferentes al que hemos acordado. Ni siquiera se molestan en ocultar su postura con sutilezas y es evidente que no creen que usted vaya a hacer nada al respecto. Su falta latente de alineación está socavando el esfuerzo de revitalización, por no hablar de su credibilidad.

Joseph permaneció sentado durante un rato, pensativo y luego cambió de tema.

Dos semanas más tarde me llamó a su despacho.

—Estoy preparado para retomar el tema de la alineación —declaró—. He convocado una reunión de directores para este sábado. Quiero que me ayude a diseñarla y moderarla.

Me sentí sorprendida y complacida.

Los ejecutivos de la división de Estados Unidos no estaban acostumbrados a mantener reuniones los sábados, así que cuando el grupo se reunió esa mañana, todos sentían curiosidad y ansiedad. Entonces llegó Joseph. En lugar de llevar uno de los trajes caros y elegantes que solía ponerse, apareció con una camisa estampada de barras y estrellas. Inició la reunión diciendo:

—Supongo que me he envuelto en la bandera para que no me linchen cuando oigan lo que tengo que decirles.

Uno de sus directores rebeldes bromeó:

—No, pero es posible que le quememos en la hoguera.

Joseph primero sorprendió al grupo y luego lo conmocionó. Revisó la visión, el modelo de negocio y los valores que el equipo de directivos había definido meses antes, como parte del plan de revitalización, y consiguió que todos los presentes le confirmaran que, en efecto, así lo habían acordado. A continuación, pasó a citar acciones específicas de cada uno de los directores, incluido él mismo, que no eran coherentes con los valores, y dijo que aquellas acciones y actitudes habían socavado el esfuerzo de cambio. Al terminar de enumerar su lista de transgresiones por parte de los directores, se produjo un silencio de asombro. Los ejecutivos no estaban acostumbrados a que nadie se les enfrentara de una forma tan directa (y mucho menos en grupo), y tampoco a que las acusaciones vinieran documentadas con todo tipo de detalles acerca de las fechas en las que se producían.

Tras un momento de silencio, Joseph continuó con una gran convicción:

—Perfilamos los valores y comportamientos que estábamos convencidos eran vitales para la renovación de esta organización. Nos comprometimos, individual y colectivamente, a vivir esos valores y ser modelos para el resto de la empresa. No hemos cumplido nuestras promesas y eso tiene que cambiar. ¡A partir de hoy mismo!

Más silencio. En los días que siguieron a la reunión, los dos jefes de negocio no cambiaron de comportamiento y siguieron actuando de formas que no eran coherentes con los valores establecidos. Dos semanas más tarde, Joseph los despidió a los dos. Aquello fue como «el disparo que se escucha en todo el mundo». A partir de ese momento, su equipo se sincronizó y él pasó a dirigir un proceso de revitalización que tuvo mucho éxito.

Micro Switch: ¿quién debe quedarse y quién debe marcharse?

Cuando Ray Álvarez llegó a Micro Switch sólo conocía levemente o de oídas a la mayoría de las personas que iban a estar bajo sus órdenes directas, y no sabía en quién podía confiar: ¿quién debería quedarse?

¿Quién debería marcharse? ¿Con qué rapidez debía tomar sus decisiones? Tres miembros del grupo destacaban por la importancia que sus puestos iban a tener en el esfuerzo para llevar a cabo el cambio: Sam Blair, vicepresidente de ventas; Joel Miller, vicepresidente de finanzas y Tom Ingman, vicepresidente de recursos humanos.

Jim Renier, consejero delegado de Honeywell le había prometido que Micro Switch podría mantener y reinvertir sus beneficios según lo considerase oportuno su dirección, de modo que sabía que su vicepresidente de ventas estaba llamado a jugar un papel particularmente importante en el esfuerzo de cambio. Había que aumentar las ventas por encima del presupuesto. Pero cuando habló con los otros directores acerca de Blair, percibió que se sentían incómodos con él, ya que no lo consideraban un verdadero miembro del equipo. Lo que debía hacer ahora era tratar de comprender el valor que Blair tenía para la organización. ¿Hasta qué punto eran fuertes sus relaciones con los clientes o su conocimiento de la organización de campo? ¿Cuál era su disposición a colaborar con los otros miembros del equipo directivo? Y, si tenía que despedirlo, ¿cómo se comportaría? ¿Se llevaría a los clientes?

Joel Miller, vicepresidente de finanzas, era un hombre sereno y reflexivo; hablaba con frases cuidadosamente elaboradas. Pero no tardó en darse cuenta de que su problema era que representaba al *establishment*. Había ocupado el centro del poder en el viejo orden y todos lo consideraban una persona estrechamente vinculada con el centro de poder de la empresa matriz. Ahora bien, lo que él necesitaba era que Joel apoyara un cambio espectacular. Pero ¿podría desprenderse del control sobre la información esencial y ampliar su papel? ¿Podría el responsable de ahorrar los céntimos en la empresa convertirse en un director financiero con una visión a largo plazo?

En sus conversaciones, Ray empezó a tener la impresión de que Joel podía cambiar, y sus impresiones se confirmaron cuando lo visitó para hablarle de la política seguida con un cliente concreto. Joel le sonrió forzadamente y afirmó: «Antes te hubiera dicho que lo hacemos de ese modo porque siempre lo hemos hecho así. Pero en la nueva Micro Switch debo admitir que no me parece correcto, de modo que encontraremos una forma mejor de hacerlo». El descubrimiento más estimulante fue que la valoración de las circunstancias de la división, planteada por el propio Joel, fue tan franca y clara como la del mismo Ray. «Es evidente que tenemos dificultades —afirmó Joel—. La empresa ha tenido un crecimiento cero desde hace años. La venta de unidades desciende continuamente. Nuestros beneficios disminuyen y cada año aplicamos importantes aumentos de precios para compensar esas deficiencias. Es evidente que tenemos problemas. No hay que ser ningún genio para llegar a la conclusión de que no podremos seguir así mucho tiempo más.»

La tercera figura clave, Tom Ingman, vicepresidente de recursos humanos, era un hombre rubio, corpulento y de gran corazón. Cuando se entusiasmaba o se enojaba por algo, se le encendía el rostro y los ojos azules le brillaban. Ray descubrió que Tom se había dado cuenta desde hacía tiempo de lo mal que andaban las cosas. Durante años se mostró preocupado porque el liderazgo de la empresa se hallaba excesivamente concentrado en los resultados a corto plazo y apenas se prestaba atención a las inversiones a largo plazo en activos tangibles e intangibles, capaces de mantener la vitalidad de Micro Switch. En repetidas ocasiones, aunque sin el menor éxito, había intentado animar al predecesor de Ray a «pasar a la ofensiva» y aportar un «liderazgo ejemplar». Pero sus ruegos fueron ignorados.

Ray comprendió las condiciones en las que su grupo directivo había tenido que trabajar antes y estaba dispuesto a dejar pasar un tiempo para ver cómo respondían al nuevo orden. Aun así, cambió rápidamente la amplia estructura de la organización y se trajo a dos personas nuevas como vicepresidentes. El nombramiento de una de ellas para dirigir la mayor nueva división conmocionó particularmente a los directores antiguos. Ray puso la nueva división en manos de Alex Fisher, más joven que la mayoría de los directores; tenía una innegable presencia y un currículum intrigante, y también era un gran conversador, dado a soltar ideas, la mayoría de las cuales les parecían a sus colegas inviables. A la vista de este nombramiento, algunos de ellos empezaron a preguntarse si Ray los comprendía realmente y si sabía lo que hacía.

Ray me pidió que trabajara con él y su equipo directivo en el desarrollo de una visión y una estrategia para darle la vuelta a Micro Switch y alinear sus diversas unidades. Iniciamos nuestra primera reunión acordando una serie de asuntos de peso a que los teníamos que enfrentar:

¿Qué queremos que sea Micro Switch?

¿Qué creemos que es posible alcanzar? ¿Qué consideramos necesario?

¿Podemos conseguirlo?

¿Cómo trabajaremos juntos?

¿Cómo podemos convertir este grupo en un equipo efectivo?

¿Qué desea y espera Ray de nosotros?

¿A qué miembros del grupo mantendrá?

¿Cómo y cuándo sabremos si las cosas funcionan?

Durante los días que siguieron a esa primera reunión, me entrevisté personalmente con cada uno de los directores de Ray y escuché de ellos los temas y preguntas que se repetían con más urgencia y preocupación y que necesitaban una explicación más detallada. Todos estaban inquietos y se sentían aún más nerviosos con respecto a Ray. ¿Qué piensa el jefe de mí? ¿Cómo puedo ganarme su confianza? ¿Tiene la intención de despedir a alguien? Uno de ellos me dijo: «Somos conscientes de que algunos no conseguiremos hacer este viaje. Eso está bien. Todos creemos que el cambio debe producirse, pero nadie quiere admitir que pueda ser él una de las bajas». Otro añadió: «Sabemos que nadie es "imprescindible". Ray tomará sus decisiones sobre quién se queda y quién no. No creo que tenga la intención de limpiar la casa. Pero ha traído a gente nueva, y uno de ellos se ha quedado con el pedazo más grande del pastel. Así que puede suceder cualquier cosa».

Lo más inquietante para los ejecutivos era el estilo personal de Ray. Se encontraban ante alguien muy diferente a cualquier otro director con el que hubieran trabajado. Uno de ellos afirmó: «Tiene una energía increíble y es muy poco tolerante con las tonterías. Tiene poca paciencia, es muy intenso, muestra una capacidad increíble de concentración y está dispuesto a trabajar muchas horas. ¡Ese hombre está cumpliendo una misión!».» Algunos directores decidieron que lo mejor que podían hacer era procurar alejarse de él. «Sólo quiero estar lejos de su pantalla de radar», confesó uno de ellos.

Un ejecutivo describió cómo una noche los directivos discutían con Ray el estilo de dirección. «Nos dijo: "Verán en mí más estilos de dirección de los que hayan creído posibles. Dirigiré con el estilo que me parezca necesario en cada momento con tal de conseguir que el trabajo se haga. Cuando la situación cambie, yo también cambiaré".» A los directores les pareció un comentario perturbador. «Suena a excusa fácil para justificar una rabieta», dijeron. «¿Cómo diablos voy a saber manejarle si cambia continuamente de comportamiento?», se preguntó otro.

Unos dos meses más tarde, Ray decidió que había llegado el momento de convocar una sesión fuera de la empresa para profundizar en el tema del futuro de Micro Switch en los diez años siguientes: en qué podía y debería convertirse. Me pidió que diseñara y moderara la sesión. Nos reunimos en una sala de conferencias y dedicamos la mañana a trabajar los temas de la visión y la misión. Algunos opinaron que no se necesitaban cambios radicales. Otros estaban seguros de que sí, pero no se ponían de acuerdo en una solución. Por la tarde, nos dedicamos a analizar los temas relacionados con los valores, convicciones y comportamientos. Tal como suele suceder, avanzamos más en el tema de los valores de lo que habíamos conseguido hacer en el de la visión. Hablamos de la necesidad de mostrarse abiertos y francos, de ser congruentes, de colaborar más, de comprometerse. El grupo estuvo de acuerdo en los valores y perfiló los comportamientos deseados. Finalmente, agotados, dimos la sesión por concluida para irnos a cenar.

La velada demostró que una cosa es hablar de valores y otra muy distinta ponerlos en práctica. Todos parecían sentirse cómodos cuando ocuparon sus asientos en la alargada mesa del restaurante del hotel, pero los acontecimientos pronto demostraron otra cosa. Sam Blair se mostró insatisfecho con el servicio y se quejó en voz alta al camarero, la camarera y el *somelier*. La persona que estaba sentada a mi lado me susurró que lo habían incluido en la lista negra de una de las grandes compañías aéreas porque siempre se comportaba así. En el otro extremo de la mesa, Alex, el nuevo vicepresidente, hablaba sin parar de un tema tras otro, dominando la discusión, sin escuchar a nadie. Tom, el vicepresidente de recursos humanos, que apreciaba la ironía de aquel comportamiento a la luz de nuestra convversación de la tarde, estaba sonrojado de consternación. Ray permanecía tranquilamente sentado, observando.

Mientras intentábamos que la velada acabara lo antes posible, comprendí que ese grupo, más que un equipo, era una colección de individuos que no estaban preparados para dirigir una gran transformación. No sabían lo que se les iba a pedir, qué lugar ocupaban en la jerarquía, o cómo debían comportarse unos con otros o con Ray. Nos quedaba mucho trabajo por hacer.

El error de Maestro: ¿guerrero o director de orquesta?

Un líder consigue alinearse con su equipo directivo a través de un proceso que incluye la revisión de los datos, la convocatoria de conversaciones personales y las discusiones en grupo, sabiendo escuchar, compartir y seleccionar. Es importante poner los datos sobre la mesa y analizarlos juntos, sobre todo en aquellos ámbitos que, muy probablemente, serán controvertidos. Tal como le gusta decir a uno de mis clientes cuando la conversación empieza a ser insustancial: «Somos ricos en opiniones, pero pobres en datos».

Las discusiones de grupo deberían estructurarse en torno a temas en los que puedan surgir desacuerdos, así como alrededor de aquellos que contribuyan a definir los ámbitos de convergencia. En muchas ocasiones he asistido a reuniones entre un líder y un grupo que se limitan a convertirse en una serie de diálogos sucesivos de dos en dos y no llegan a verdaderos debates de equipo. Ese estilo, bastante habitual, es como el de un planeta y sus satélites: el líder es el planeta. Llamaré Maestro a un líder con el que trabajé, ya que es un hombre a quien le encanta tener el control y que se muestra muy seguro de sí mismo. La forma que tiene el Maestro de discutir acerca de cualquier nueva acción que se va a realizar consiste en presentar su idea ante el grupo y luego escuchar cualquier pregunta o alternativa de sus miembros. Participa en estas discusiones como un guerrero que se lanza a la batalla y supone que, una vez terminadas las preguntas y comentarios, cuando todos los presentes guarden silencio, su idea habrá prevalecido y habrá «ganado». Pero, manteniendo estas conversaciones por separado, el Maestro se priva de poder escuchar y comprender los argumentos de los demás, tanto a favor como en contra, y de conocer en profundidad sus ideas. Pasa por alto la oportunidad de permitir que el grupo desarrolle su propio pensamiento. Si facilitara el debate dentro del grupo, a la manera de los directores de orquesta, y esperase a que se agotaran las discusiones y las diferencias de opinión, y sólo entonces mostrara su postura, probablemente descubriría ideas mucho más ricas. Al escuchar a otros criticar y defender sus puntos de vista, aprendería mucho sobre la naturaleza y la profundidad de cualquier resistencia que pudiera darse en el futuro y podría impulsar el desarrollo de un repertorio de respuestas y soluciones. Lo que necesitan los líderes es entusiasmo, no aquiescencia. Tener un equipo directivo resignado a hacer lo que quiere el líder no es la forma adecuada de cambiar una organización. El líder necesita contar con misioneros entusiastas. La conversión se produce mediante la participación y nace de escuchar y de compartir.

El cambio en el grupo exige el cambio individual: el contrato de comportamiento

Cuando el equipo directivo consigue alinear la visión, la estrategia y los valores, también necesita determinar los comportamientos que apoyarán la estrategia, así como aquellos otros que se consideren inaceptables. El comportamiento de grupo y el cambio organizativo no pueden ir separados del comportamiento y el cambio personales. Esta es una de las partes más duras en cualquier esfuerzo de cambio, sobre todo a nivel ejecutivo. Como escribió Tolstoi: «Todo el mundo piensa en cambiar el mundo, pero nadie piensa en cambiarse a sí mismo».

Las personas son capaces de aceptar que necesitan cambiar su comportamiento, pero no tienen ni idea de cómo hacerlo. La doctora Muriel James, autora de *Born to win* (*Nacida para ganar)* y antigua profesora mía, utiliza lo que llama un «contrato de comportamiento» para ayudar a sus clientes a establecer algunos pasos concretos que emprender para efectuar un cambio. Yo lo he adaptado ligeramente y lo utilizo con mis clientes y conmigo misma. Las cinco preguntas que incluyo a continuación sirven de guía para dejar bien claros compromisos que, de otro modo, parecen imprecisos. He descubierto que, cuando quiero cambiar, este ejercicio me es muy útil. Y, en más de una ocasión, al contestar a estas preguntas, me doy cuenta de que, en realidad, no quiero asumir el compromiso que estaba considerando, de modo que dejo de fingir que lo asumiré.

1. ¿Cuál de mis comportamientos abandonaré/iniciaré o cambiaré?
Limítese a su propio comportamiento y actividades. (¡No se puede cambiar a otra persona!) A veces, el mayor obstáculo consiste en tomar la decisión de cambiar. Pero, una vez tomada esta decisión, no debe quedarse en eso. Si tiene la intención de dejar de hacer algo, sustituya esa acción por un nuevo comportamiento. Un ejemplo sencillo sería: voy a dejar de llegar tarde a mis citas, así que empezaré a llegar a la hora.

2. ¿Qué es concretamente lo que estoy dispuesto a hacer?
Para ser efectivas, las acciones y los comportamientos tienen que ser explícitos y poder medirse. Procure encontrar múltiples acciones posibles y piense en escenarios alternativos. Para seguir con el ejemplo anterior: revisaré mi agenda cada mañana, al mediodía y por la noche, para saber exactamente dónde se supone que debo estar y cuándo. Si me encuentro en una reunión o acto que se retrasa y eso me va a hacer llegar tarde a mi cita siguiente, me excusaré o llamaré a la persona con la que he quedado después y le informaré de que llegaré tarde, anunciándole mi nueva hora de llegada.

3. ¿Cómo lo sabrán los demás?
Es una pregunta muy útil por dos razones. Primero, porque nos impide engañarnos y, segundo, porque siempre ayuda contar con alguien que nos controle y con quien poder hablar. Por ejemplo, la mayoría de las personas saben por experiencia propia que seguir un programa de ejercicios es mucho más fácil si se acude al gimnasio (o a la piscina, o a donde sea) con una amiga con la que se pueda contar. Si usted es la

única persona que sabe que ha decidido cambiar, entonces tenderá a justificar su falta de seguimiento y luego se sorprenderá cuando su compromiso no haya obtenido un cambio demostrable. Ahora bien, si les dice a sus colegas (o a su pareja) que llegará a tiempo, tendrá una motivación más para cumplir lo prometido y se guardará mucho de llegar tarde y de verse en una situación bochornosa. Si el cambio se refiere a algo ante lo que se sienta vulnerable, coménteselo sólo a personas en las que confíe, y que quieran verle alcanzar con éxito sus propósitos. Es importante que se proteja mientras adquiere un nuevo comportamiento.

4. ¿De qué manera puede uno sabotearse a sí mismo?
Esa es mi pregunta favorita porque sé que cuando no quiero hacer algo, llego a ser muy astuta conmigo misma y puedo desarrollar justificaciones y explicaciones muy creativas para explicarme por qué no lo hago. En cierta ocasión trabajé con un grupo de directores acerca de este contrato de comportamiento. En respuesta a esta pregunta, uno de ellos escribió: «Me desvaneceré». En ese momento hicimos una pausa, así que decidí que, cuando volviéramos a reunirnos, le preguntaría qué había querido decir exactamente con ese comentario, pero no regresó. Supongo que se conocía demasiado bien.

Todos tenemos formas de sabotear nuestros propios esfuerzos para cambiar. ¿Cuáles son sus excusas? ¿Hasta qué punto pone a prueba su inteligencia en ese sentido? Pensar ahora en todas las posibilidades que se le ocurran le ayudará a reconocerlas más tarde por lo que son. Un ejemplo:

«Todo el mundo llega tarde a las reuniones, así que perderé el tiempo si soy puntual.»

«Una reunión no es la ópera. Me dejarán entrar aunque llegue tarde.»

«De todos modos, no me gusta la palabrería de los preámbulos, así que prefiero llegar tarde.»

Uno de mis clientes, que siempre llega tarde, se ha forjado una magnífica excusa. Cuando hablamos de ello me dijo sonriente:

—Quien llega pronto es porque se siente inseguro. Los puntuales son compulsivos, y yo no soy ninguna de las dos cosas, así que llego siempre un poco tarde, lo que significa que me siento muy seguro de mí mismo.

—Es una manera de verlo muy interesante —reconocí—, pero da la casualidad de que cuando uno llega tarde todos los demás piensan que es hostil, arrogante y que es incapaz de controlarse. ¿Cuál de esas opiniones cree que encaja mejor en su caso?

5. ¿Qué gano yo con todo esto?

Las personas raras veces cambian de comportamiento sólo porque saben que deben hacerlo. Normalmente, cuando cambiamos es porque sabemos que con ello obtendremos alguna ventaja o que no hacerlo tendrá para nosotros consecuencias negativas. Es posible que lo hagamos por alguna razón muy directa: «Mi nuevo jefe se enfada muchísimo con los que llegan tarde». O quizá el cambio personal deseado se halle vinculado a una acción de grupo. Por ejemplo: «Nuestra nueva declaración de valores incluye «"Respeto por el individuo". Creo que llegar tarde a una cita supone una falta de respeto. Es algo que puedo cambiar de inmediato para demostrar mi compromiso tangible con nuestros valores. Y hará que me sienta a gusto». A veces, motivarse uno mismo para cambiar implica cierta creatividad. «Si llego a tiempo a las reuniones y a las citas durante un mes seguido, me recompensaré con ir a jugar al golf un fin de semana.» Ahora bien, si quiere recompensarse a sí mismo, procure que el premio sea adecuado al esfuerzo, que le motive a actuar, que le exija esforzarse y que, al mismo tiempo, sea alcanzable.

Alinear las culturas, no mezclarlas

Alinear las culturas de una organización es tan importante como alinear a los miembros del equipo directivo. Y digo culturas, en vez de cultura, porque cada organización abarca muchas culturas. Algunas de ellas están definidas por la unidad operativa, el producto, la marca o el área geográfica. Otras, por su disciplina: ventas, ingeniería o marketing. Las hay que vienen definidas por culturas anteriores, a partir de fusiones o adquisiciones ahora ya asimiladas. No es raro que la gente se defina a sí misma por la empresa en la que originalmente entró a trabajar, incluso años después de que esta se fusionara con otra. En otras empresas, las culturas quedan definidas por los proyectos, iniciativas o equipos. En la GTE (ahora Verizon), una empresa telefónica tradicional de Estados Unidos, la gente solía considerar al grupo GTE Internetworking (ahora escindido, con el nombre de Genuity), como «los chicos». Muchas empresas afectadas por transformaciones tecnológicas o escisiones se encuentran con tales divisiones generacionales, aunque raras veces lo admitan. Otro aspecto cultural no explicitado afecta al género. Hay empresas en las que existe un «dominio de los hombres» y otros ámbitos en el que suelen predominar las mujeres. Todas estos aspectos de la cultura empresarial pueden ser muy fuertes y persistentes.

Es importante reconocer y abordar estas diferentes subculturas porque siguen siendo operativas e influirán en la aceptación o resistencia de la gente ante las nuevas iniciativas. Cabe esperar que los ejecutivos del equipo de dirección sean producto de muchas de ellas, de modo que, como grupo, puedan comprender las diversas perspectivas y reflexionar sobre la forma más adecuada de abordar cada una de ellas.

Una de las primeras preocupaciones de Ray en Micro Switch fue que a su grupo de dirección le faltaba diversidad. Sus culturas, bastante tradicionales, se definían fundamentalmente por la disciplina y el nivel de responsabilidad: trabajadores de la fábrica, personal directivo, profesional o administrativo. CoVen, por el contrario, estaba compuesta por docenas de culturas diferentes, definidas por nacionalidad, disciplina profesional, ámbito terapéutico, medicamento y afiliación de la empresa. Lo ideal es que el equipo directivo se ponga de acuerdo en un conjunto de valores que incluya los mejores elementos de todas las culturas que forman la empresa. Y para que sea potente, esta visión debe aportar un gancho emocional, ser lo bastante amplia como para permitir que todos contribuyan, y lo suficientemente simple como para que se pueda recordar y utilizar con facilidad.

En sus análisis sobre la cultura, los líderes deberían concebirse a sí mismos como antropólogos de la empresa y hacerse algunas preguntas fundamentales:

¿En qué aspectos actúan las diferentes afiliaciones o los valores para unir o separar a la gente?

¿Dónde encontramos las mayores dificultades internas para trabajar unos con otros? ¿Qué clase de comportamientos crean barreras?

¿Qué redes son básicas para realizar el trabajo y/o crear conocimiento?

¿Cuál es la mejor forma de apoyar estas redes?

Descodificar y cartografiar esas prácticas culturales les dará a los líderes una percepción muy valiosa de cómo funciona realmente la empresa y qué se necesitará para cambiarla. En una conversación que mantuve con un vicepresidente ejecutivo de recursos humanos que se enfrentaba a una enorme fusión, este me preguntó: «Cuando se produzca la fusión, tendremos aproximadamente ciento veinticinco mil empleados en dos continentes. ¿Debemos concentrarnos ahora en crear una cultura nueva y homogénea para el conjunto de la organización combinada?». Me agradó poder tranquilizarlo, asegurándole que el objetivo no consiste en tener una cultura homogénea, sino una gran empresa dotada de un conjunto fundamental de valores capaces de influir positivamente sobre las numerosas subculturas y poder unirlas, con el propósito de situar los productos en el mercado y de servir a sus clientes.

Las diferencias culturales entre negocios tienen más importancia que las nacionales

En nuestro trabajo con fusiones multinacionales, una de las lecciones más sorprendentes que hemos aprendido es que las filosofías y culturas específicas del negocio supondrán en una fusión una diferencia mayor que las diferencias culturales nacionales. Por ejemplo, dos empresas de telecomunicaciones con sede en Estados Unidos, con filosofías empresariales y prácticas laborales muy distintas pueden experimentar más conflictos culturales durante una fusión que una empresa telefónica de Francia y otra de Alemania, siempre y cuando las filosofías y prácticas laborales de estas sean similares. Ahora bien, eso no quiere decir que las diferencias nacionales y sociales no sean un factor que haya que tener en cuenta. La cuestión es que las diferencias de nacionalidad, idioma, husos horarios y costumbres son evidentes e importantes, aunque la mayoría de líderes pasan por alto las que más importan, es decir: las convicciones sobre la propia empresa y los comportamientos que se derivan de tales convicciones.

Los resultados de un estudio de BCG sobre el papel de las diferencias culturales en las fusiones de empresas de la Unión Europea ponen de manifiesto que dichas diferencias empresariales provocan conflictos mayores y más destructivos que las que existen entre culturas nacionales. Hemos descubierto que los conflictos entre estilos empresariales pueden provocar una «destrucción masiva de valor», tanto a corto como a largo plazo. Entre los efectos a corto plazo se incluyen: pérdida de identidad por parte de los miembros de la empresa adquirida, perturbación de sus rutinas normales de trabajo, concentración casi obsesiva en temas internos (a menudo, a expensas de los temas relacionados con los clientes y con la competencia) y acusado descenso de la productividad. Los efectos a largo plazo son: pérdida de visión, ya que los empleados dejan de comprender por qué trabajan y no le encuentran sentido a sus actividades cotidianas; desmoralización de la plantilla, debido a los interminables conflictos que se generan; imposición de una cultura destructiva, con individuos y grupos que buscan vengarse de pasados agravios, y frustración y escasa disposición de las personas para comprometerse con sus trabajos o proyectos.

Precisamente, parte de la tarea de preparación consiste en comprender estas diferencias fundamentales y abordarlas de una manera directa, aunque a un nivel alto. ¿Tenemos costes bajos o un alto valor añadido? ¿El desarrollo de los productos depende de científicos-estrella o de unos excelentes procesos y una magnífica estructura? ¿Cuáles son los principales elementos, los países o las marcas? Si los cimientos filosóficos de la empresa todavía están enfrentados, a los directores y empleados les será imposible resolver sus diferencias tras el acuerdo de fusión para progresar juntos. Trasladar una filosofía empresarial global a una aplicación local específica aportará nueva vitalidad a los cambios operativos que se producirán durante la fase de implantación.

Afortunadamente, también hemos aprendido que, cuando se cuenta con una buena dirección básica (es decir, cuando los objetivos están claros y los participantes comprenden cómo se toman las decisiones y cómo se mide el éxito), las diferencias culturales potencian la creatividad y la innovación (véase figura 5.1). Las diferencias culturales, ya sean nacidas de la filosofía empresarial o de la identidad nacio-

Figura 5.1. Las diferencias culturales pueden potenciar las relaciones laborales positivas o negativas.

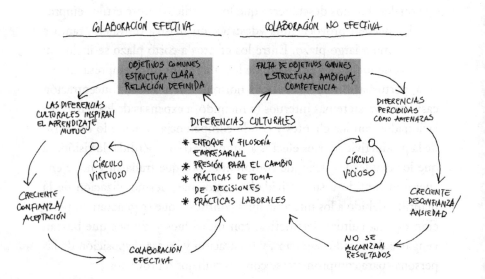

nal, ejercerán una influencia; la claridad y la ayuda de la dirección determinarán si la influencia sigue un círculo «vicioso» o «virtuoso».

Hay que creer en el proyecto: alineación no es lo mismo que compromiso, que tampoco es lo mismo que llenarse de energía

Un equipo directivo es capaz de realizar el trabajo duro de definir la misión, la estrategia, los valores y comportamientos, y de alcanzar una alineación general entre los mismos sin sentir compromiso o entusiasmo. La alineación por sí sola no es suficiente para sostener a los miembros del equipo durante los meses y años que dura un cambio fundamental; estos tienen que creer en él, tienen que sentirse entusiasmados.

Pero conseguir que todos se comprometan suele exigir algún «momento de avance decisivo», cuando uno o más individuos del equipo se dan cuenta de que no pueden seguir actuando de acuerdo con los viejos modelos; tienen que subirse al carro con nuevas formas de hacer las cosas. Ese momento puede darse a raíz de una crisis (pérdida de un cliente importante, un informe negativo de un analista, la marcha de un ejecutivo clave), de una información o datos nuevos (informes desalentadores de ventas, resultados perturbadores de las encuestas), o de una nueva manera de comprender la situación (una metáfora, historia, conversación o experiencia personal).

Una vez observé a un grupo ejecutivo revisar los resultados de una encuesta interna que se había realizado con el fin de ver hasta qué punto estaba preparada su organización para emprender una iniciativa de transformación. (De hecho, se trataba de una encuesta clásica de BCG que evalúa si la organización está «preparada, deseosa y capacitada para el cambio», de la que hablaré en el capítulo 6.) Los datos obtenidos, que resultaban coherentes entre las diversas zonas geográficas, divisiones, niveles y tiempo en la empresa, demostraron que la mayoría de los empleados no confiaban en que el proyecto fuera a producir ningún cambio significativo. Estos resultados enojaron bastante a los ejecutivos, y uno de ellos dijo: «Esto sólo demuestra el alto nivel de resistencia que hay en esta organización. No nos escuchan. No nos creen». Entonces, otro de los líderes comentó: «Mira, yo he hecho un experimento. Primero he contestado esta encuesta como si fuera un trabajador, y luego, un par de semanas más tarde, lo he hecho desde el cargo que ocupo. Pues bien, al comparar los resultados he visto que las respuestas eran las mismas y me he dado cuenta de que yo tampoco creo que este programa vaya a suponer una gran diferencia, y que en el fondo tampoco creo en lo que estamos diciendo». Todos los presentes en la sala de reuniones se quedaron un momento en silencio, y acto seguido se inició la verdadera discusión sobre los resultados de la encuesta, esta vez con mucha más franqueza y apertura. A partir de ese momento escuché comentarios del estilo: «Si nosotros no estamos dispuestos a sacrificar nuestro tiempo, energía, corazones y mentes, ¿por qué habrían de hacerlo los demás?». «La encuesta pone de manifiesto que los empleados nos comprenden a la perfección.» Entonces se desató un intenso debate centrado en la pregunta: «¿Qué podemos hacer para que esta iniciativa nos parezca estimulante e interesante a nosotros mismos?». El resultado final de la discusión fue un enfoque completamente nuevo acerca de cómo gestionar el cambio en la empresa.

La lección que se desprende de todo esto es que los líderes tienen que comprometerse de verdad, ya que de lo contrario, el esfuerzo de cambio fracasará. Es imposible fingir compromiso y entusiasmo; a los empleados no se les engaña tan fácilmente. ¿Por qué se va a sentir entusiasmado un empleado ante un esfuerzo de cambio cuando el equipo directivo se muestra ambivalente?

CoVen: ¿una fusión entre iguales?

Por muchas razones, la fase de preparación en CoVen fue sustancialmente distinta de la de Micro Switch, y la formación del equipo directivo también siguió un camino muy diferente.

La preparación se inició con el anuncio de que «Venerable» se fusionaría con «Commando Drugs» para formar un gran consorcio farmacéutico: «Commando-Venerable International» (CoVen, para abreviar). Las primeras páginas de los periódicos más importantes del mundo se hicieron eco de la proclama, y los empleados de ambas empresas se enteraron por primera vez de lo que estaba sucediendo, quedando sumidos en la desesperación por no conocer los detalles. Lo que sabían lo habían averiguado por las noticias y los rumores no tardaron en inundar los pasillos y las redes de intranets de ambas empresas.

Sabían que «Venerable BV» y «Commando Drugs» eran empresas farmacéuticas multinacionales, que realizaban numerosas operaciones a escala mundial, que poseían muchos productos fuertes y que contaban con unos ingresos que ascendían a miles de millones de dólares. También sabían que la unión de ambas empresas se había calificado como una «fusión entre iguales», aunque «Commando» fuese el socio dominante. El acuerdo, que alcanzaba un valor aproximado de veintiocho mil millones de dólares, daría como resultado lo que la prensa calificó de «poderosa máquina global», con instalaciones en treinta y ocho países, una plantilla de cuarenta y cinco mil trabajadores y una cartera con algunos de los medicamentos que más éxito habían tenido en el mercado, así como otros muy interesantes que se hallaban en diversas fases de desarrollo.

Pero detrás de los titulares estaban los análisis. Piet Jansen, un analista, escribió en un semanario internacional:

Son muchos los factores que han impulsado a la adquisición. «Commando» ha sido incapaz de desarrollar nuevos medicamentos en ciertos ámbitos de la medicina, como la oncología y las enfermedades infecciosas, ya que a la empresa le faltan expertos en estas disciplinas y no ha podido atraer a los mejores talentos de estas especialidades. Por el contrario, «Venerable» cuenta con algunos de los científicos más importantes del mundo en ambos campos. En otros tiempos, este gran consorcio farmacéutico europeo no habría contemplado la posibilidad de tal fusión con un competidor estadounidense tan agresivo, pero ahora se enfrenta a la inminente expiración de la patente de su antidepresivo más vendido, un horizonte que parece aún más amenazador debido al reciente fracaso de su nuevo medicamento, que no ha conseguido obtener la necesaria aprobación de los organismos reguladores. De repente, este líder de la industria se ha encontrado sumido en una depresión de la que no se puede librar y el precio de sus acciones ha puesto de manifiesto el incierto futuro de la empresa. Según la dirección de ambas empresas, la fusión conjuntará el músculo de marketing y distribución de «Commando», con la materia gris de desarrollo de medicamentos que posee «Venerable», creando así un competidor que cuenta con los productos adecuados y con la velocidad y la flexibilidad para lanzarlos con éxito en el mercado. Y, claro está, los dos ejecutivos principales se preparan para marcharse, cada uno de ellos con la bonita suma de cuarenta millones de dólares en efectivo, más opciones sobre acciones y otros incentivos. ¡Una cura excelente para cualquier achaque que te aflija!

Dejando aparte el cinismo sobre las motivaciones personales, esta era una fusión que se enfrentaba a enormes dificultades. Según mi método para determinar la magnitud y complejidad del cambio, ambas empresas alcanzaban una calificación alta. Entre los aspectos que habría que rediseñar, se incluían: el modelo empresarial, la estrategia, la estructura organizativa, los procesos clave, el equipo de dirección, la consolidación de fábricas e instalaciones, la reducción de la plantilla y la racionalización de los sistemas de información. Nada menos que ocho ámbitos de actuación, la misma cifra a la que se enfrentó Ray Álvarez en Micro Switch. Sin embargo, en las dos empresas farmacéuticas el grado de dificultad de cada uno de estos ámbitos era más alto que en aquella. Descubrir y desarrollar un medicamento es una tarea mucho más compleja y exige mucho más tiempo que diseñar y fabricar componentes electrónicos. Las instalaciones y fábricas de investigación y desarrollo farmacéutico son mucho más especializadas y están sometidas a un escrutinio regulador mucho más estricto que las instalaciones fabriles. El número de personas afectadas (cuarenta y cinco mil en el caso de la CoVen, frente a las cinco mil en el de Micro Switch) no hacía sino complicar las cosas. Otros aspectos desalentadores de la tarea de integración eran: la mayoría de los empleados tenían nuevas oportunidades laborales fuera de la empresa, el número de países, localidades y culturas implicados, y el hecho de que las empresas tuvieran sus sedes centrales en países con idiomas diferentes.

Choque de valores: obtención de beneficios frente a hacer bien las cosas

Una dificultad inquietante era que estas empresas funcionaban con valores muy diferentes y conflictivos y eran muy distintas en cuanto a sus perfiles empresariales y culturas corporativas. «Commando», creada apenas diez años antes, seguía un impulso comercial, centrándose únicamente en medicamentos que tuvieran un excelente potencial de mercado, y contaba con comerciales y publicitarios sofisticados. La gente de «Commando» se consideraba inteligente, agresiva y de actuación rápida; habían elegido trabajar para «Commando» porque deseaban formar parte de un gran coloso ganador. Aceptaban a «Venerable» como una buena adquisición porque fortalecía su posición dirigente en la industria y porque aportaría una nueva escala y nuevos talentos para el desarrollo de productos. Pero, aparte de estos beneficios, consideraban a «Venerable» una empresa excesivamente formal, demasiado desvinculada de la carrera competitiva. Tenían la sensación de que la absorción era buena porque «Commando» pondría a «Venerable» en forma y le enseñaría a competir sobre una base global.

«Venerable», por el contrario, era una empresa establecida desde hacía tiempo. Su gente estaba firmemente convencida de que su misión consistía en crear y comercializar medicamentos por el bien de la humanidad. Se consideraba a sí misma impulsada por valores y con capacidad para fomentar las aspiraciones más altas de su plantilla. Muchos de sus trabajadores, incluidos los que ya habían dejado la empresa, se sentían profundamente vinculados a la misma y orgullosos de pertenecer a ella, al margen de lo mucho que pudieran gruñir sobre la dirección actual o el confuso estado del mercado. Experimentaban un fuerte compromiso con la misión y una justa indignación ante la idea de ser absorbidos por los «bárbaros» de «Commando». Se sentían traicionados por sus líderes y no comprendían la motivación de la fusión. Su única esperanza era que «lo correcto terminara por abrirse paso» y que la cultura y los objetivos de «Venerable» acabaran por prevalecer.

La fusión se anunció con grandes fanfarrias, muchas sonrisas y apretones de manos entre los ejecutivos, y la empresa recientemente formada entró inmediatamente en la fase de preparación. En el término de una semana se anunció la creación de un nuevo comité ejecutivo combinado. Rick Gurney, antiguo jefe de «Commando», fue ungido como presidente ejecutivo y formó rápidamente lo que llamó el equipo ejecutivo de integración (EEI), un grupo compuesto por el comité ejecutivo recientemente nombrado y los jefes de las unidades de comercialización de negocio de «Commando» y «Venerable». La tarea del EEI consistía en desarrollar el modelo y la estructura general de la nueva organización.

Durante muchas semanas, el equipo ejecutivo de integración realizó su trabajo en el mayor de los secretos. Ninguno de sus miembros, ni el presidente ejecutivo, se comunicó con el resto de las organizaciones acerca del propósito o de los objetivos específicos del EEI, el proceso que estaban siguiendo, cuándo terminarían su trabajo o qué sucedería una vez finalizado este. De hecho, habían acordado entre ellos que no comunicarían nada acerca de su trabajo, ni de manera formal ni por otras vías, a sus departamentos, compañeros ni a nadie.

Entonces, la gente de ambas organizaciones empezó a hacer conjeturas. Supusieron que habría despidos y que se cerrarían algunas instalaciones. Se preguntaron si algunos proyectos de desarrollo de medicamentos se verían recortados, mientras otros recibirían mayores recursos. Los rumores empezaron a extenderse y la gente, a sentirse cada vez más desesperada por obtener información fiable. Buscaron significado en las acciones y en los comentarios de pasillo de cada miembro del EEI. ¿Quién almorzaba con quién? ¿Quién viajaba a dónde, cuándo y por qué? ¿Quién hablaba con Rick? Después de cada una de las reuniones del EEI, la gente interrogaba a las secretarias, tratando de descubrir al menos cuánto había durado la reunión y qué cara ponían los participantes al salir.

Al final, después de unos dos meses de intenso trabajo, el EEI presentó sus recomendaciones iniciales al consejo de dirección. A la semana siguiente, Gurney, en reuniones con analistas y medios de comunicación, anunció la estructura corporativa general y citó los nombres de los ejecutivos elegidos para ocupar los puestos de los dos niveles superiores de mando. Dijo que CoVen reduciría la plantilla de cuarenta y cinco mil a treinta y siete mil quinientas personas, lo que suponía una reducción de aproximadamente el dieciséis por ciento. Los despidos afectarían a todas las sedes y a todas las disciplinas de ambas empresas. El anuncio, aunque esperado, desencadenó una onda expansiva que se extendió por toda CoVen. En tales circunstancias, y mientras todo el mundo se hiciera las mismas preguntas —«¿Qué sucederá conmigo? ¿Seguiré teniendo un puesto de trabajo? ¿Tendré que trasladarme a vivir a otro sitio? ¿Quién será mi director o a quién tendré que informar directamente? ¿Mi remuneración seguirá igual? ¿Sobrevivirá mi proyecto?—, poco trabajo podía hacerse.

Esta ansiedad era muy diferente a aquella de la que mi madre me hablaba. En CoVen, la ansiedad se veía alimentada por el recelo, el temor, la desconfianza, y eso hizo que la fase de preparación se convirtiera en algo terrible.

No todas las fusiones producen trastornos

Las fusiones y adquisiciones no siempre tienen como resultado el cambio tan decisivo al que se enfrentó CoVen. Cuando una gran empresa adquiere a otra pequeña, la «adquirida» sólo puede actuar de una de estas dos formas: 1) continuar funcionando con autonomía y únicamente experimentar cambios en unos pocos sistemas y procedimientos impuestos por la compradora (que habitualmente afectan a la contabilidad, los sistemas de reporte y a la información compartida), o 2) ser absorbida por la empresa compradora, que inmediatamente integra a la nueva gente en su organización, de modo que la empresa más pequeña queda virtualmente engullida sin dejar rastro. Esta segunda es la que ejemplifican empresas como Cisco Systems y GE, mientras que otras, como Johnson & Johnson representan la primera. Todas son conocidas por el número y el éxito de sus adquisiciones. En este sentido, será interesante observar cómo maneja GE la adquisición de Honeywell, dado el tamaño y la complejidad de esta última.

Incluso en las fusiones y adquisiciones grandes, es posible que la empresa adquirida experimente sólo cambios mínimos si son pocos los negocios, las instalaciones o el personal que se solapan. Sin embargo, en las fusiones entre empresas pertenecientes al mismo negocio, que casi tienen el mismo tamaño, la integración posfusión (*postmerger inte-*

gration; PMI) seguramente implicará un cambio sustancial. Estas empresas no tienen otra alternativa que someterse a un meticuloso proceso de extirpación y elección. Deben racionalizar sus instalaciones y su plantilla, lo que significa eliminar los puestos que sobran y los solapes, y a menudo implica cerrar instalaciones, despedir a gente o elegir un elemento del negocio en lugar de otro (como, por ejemplo, la infraestructura de tecnologías de la información). También tienen que integrar sistemas, procesos y culturas, lo que significa encontrar formas de trabajar juntos. Esta tarea tan compleja se ve dificultada por la enorme ansiedad que reina en el interior y por el constante escrutinio exterior. Los analistas, accionistas, gobiernos, competidores y clientes permanecen vigilantes mientras se diseñan y ponen en práctica la reconfiguración interna y la integración. Y para aumentar aún más la tensión, si cabe, la empresa no puede ignorar sus actividades cotidianas, como crear y vender productos, dar servicio a sus clientes y mantener relaciones con socios y proveedores, en lo que tiene que emplear aquella energía que no se haya consumido en el proceso de implantar el cambio interno.

Aunque a los líderes de las empresas les agradó presentar la fusión de «Commando» y «Venerable» como el perfecto encaje de dos piezas de un rompecabezas, en realidad hubo mucho solape. A BCG se le pidió que ayudara a la empresa resultante en la racionalización y la integración que, según sabíamos todos, serían esenciales. Cuando nos incorporamos al proceso, el EEI ya había formado subequipos para cada función importante. Su tarea consistía en abordar las cuestiones fundamentales que se deben resolver en la fase de preparación:

¿Cuál será la estructura de cada función en la nueva organización?

¿En qué ámbitos de la medicina debemos seguir y qué otros debemos ignorar o abandonar?

¿Dónde habrá que situar las instalaciones de fabricación y servicio?

¿Cómo aparecerá la empresa ante el mercado?

¿Cómo se organizarán las funciones de apoyo?

¿Qué nuevos procesos se necesitarán y cuáles habrá que rediseñar?

¿Cómo se debe desarrollar el personal?

Como quiera que el presidente ejecutivo contaba con una experiencia importante en la dirección de grandes organizaciones que atraviesan un proceso de cambio, el EEI realizó rápidos progresos para alinear ambas empresas. Los miembros del EEI se entusiasmaron mucho con la fusión «Commando-Venerable» y supusieron que todos los demás se sentirían del mismo modo. Lo consideraron un movimiento atrevido y agresivo que daría como resultado el nacimiento de una gran empresa mundial. Estaban francamente convencidos de que ambas empresas sufrían limitaciones que podrían haber debilitado gravemente su rendimiento en los años venideros y que, tal como estaban en el momento de la fusión, ninguna de las dos habría podido seguir funcionando con éxito. También sabían que ocuparían personalmente sus puestos en la nueva organización, con lo que verían aumentado su poder, influencia, riqueza e incluso importancia en todo el mundo. Tenían, pues, la sensación de controlar sus propios destinos. Tanto si ganaban como si perdían, tanto si quedaban dentro como fuera, los ejecutivos saldrían beneficiados. Para ellos, la fusión representaba una gran recompensa, tanto empresarial como personal.

CoVen: confusión en la organización de I+D

Los líderes de las organizaciones de investigación y desarrollo (I+D), sin embargo no estaban alineados con los miembros del EEI, ni tenían el objetivo igual de claro, ni estaban comprometidos con la fusión. Mi papel, como parte del equipo de BCG que apoyaba a CoVen, consistió en trabajar con el subequipo de I+D para analizar las preocupaciones y estímulos de la organización. Queríamos empezar bien, generar y acumular impulso, antes de que se iniciara la fase de implantación. Mi contacto directo fue el doctor Marco Trask, recientemente nombrado vicepresidente ejecutivo de I+D y miembro del EEI. Naturalmente, también era el líder del subequipo de I+D.

Marco Trask había sido vicepresidente ejecutivo de investigación y desarrollo en «Commando Drugs». Inició su carrera como científico investigador en una de las empresas competidoras de «Commando». Al cabo de siete años, se marchó y trabajó como presidente de una nueva empresa de biotecnología. En esa empresa, que se vendió con éxito mediante una oferta pública de acciones, lo hizo muy bien y la abandonó en cuanto pudo vender sus acciones. Después de trabajar como consultor independiente durante varios años, entró en una serie de empresas de tamaño pequeño y medio que necesitaban un científico y gestor hábil para ejercer de líder circunstancialmente o para lanzar una iniciativa importante. Y más tarde, cuando le ofrecieron la oportunidad de poner en marcha una nueva área terapéutica de investigación y desarrollo en «Commando», la aprovechó. Durante los cinco años siguientes ocupó una serie de puestos directivos en investigación y desarrollo por las instalaciones de «Commando» en todo el mundo, hasta convertirse en vicepresidente ejecutivo.

Marco era respetado por sus compañeros, conocía muy bien tanto al personal comercial como al científico, que impulsa el desarrollo de los medicamentos y era un director operativo extremadamente habilidoso, uno de esos altos ejecutivos que parecen ser ciudadanos de la comunidad empresarial internacional. Ahora bien, su punto fuerte no era precisamente relacionarse con las personas. Era inteligente y lo sabía, poseía una experiencia más profunda y variada que la mayoría de sus colegas y era lo bastante rico como para abandonar la empresa cuando le conviniera. También hay que añadir, en su honor, que sabía todas esas cosas de sí mismo y también que no alcanzaría sus objetivos sin el apoyo y la colaboración de los demás. Deseaba construir la empresa farmacéutica más dinámica y de mayor éxito del planeta para después dirigirla.

En mi primera reunión con él hablamos de aquello en lo que me debería concentrar durante aquella fase de preparación llena de ansiedad. (Mientras otros miembros de BCG analizaban una variedad de aspectos importantes del cambio propuesto.) Por razones legales, todavía no podíamos iniciar el proceso de selección de personal ni poner en práctica los cambios. Decidimos que la tarea más importante era guiar a Marco y a su equipo en la dirección del cambio y evitar costosos errores. Pero para hacerlo, antes tendría que conocer el funcionamiento de las operaciones de I+D recorriendo las instalaciones y hablando con las personas clave.

«Commando» y «Venerable» contaban con múltiples centros de investigación e instalaciones para el desarrollo. Ambas tenían grupos en Estados Unidos, Europa y Asia. Decidimos concentrarnos en siete grandes instalaciones, dejando Asia y otras más pequeñas para más adelante. «Commando» estaba finalizando la construcción de una nueva instalación de I+D por un importe de doscientos millones de dólares en las afueras de Newark, Nueva Jersey, destinada a convertirse en el centro de I+D para todos los grupos de CoVen. El principal centro de «Venerable» eran los laboratorios que tenía en las afueras de Amsterdam. Marco quería que empezara por allí, ya que no conocía a nadie del personal de «Venerable» y necesitaba una rápida lectura de sus reacciones ante la fusión y ante su nombramiento. Si lograba hacerme una idea de quién podría quedarse, de quién se marcharía y de cuál era su área de experiencia y conocimientos, tanto mejor. Aunque no podían compartir conmigo ninguna información relativa a derechos de propiedad, sí podían hablar, en términos generales, de su respuesta ante la fusión y las esperanzas que depositaban en su futuro. Como ya he comentado antes, BCG ya había trabajado con «Venerable» en un proyecto anterior, de modo que yo había establecido allí algunas relaciones y conocía a la persona con la que primero quería hablar: la doctora Elena Margolis, jefa de la unidad de oncología.

—He dedicado cuatro años a crear la unidad de oncología —me dijo ella—. He puesto en ello mi corazón y mi alma, y deseo verla acabada. Pero tengo que decirle que abrigo ciertas dudas acerca de la fusión. No veo en ella ningún gran beneficio para mí ni para mis colegas. He mantenido tratos con «Commando» en el pasado. En mi opinión es una empresa de visión limitada. Toman siempre la decisión que más beneficia a Wall Street, o que así parece hacerlo a corto plazo. A mí, en cambio, me gusta pensar en términos más amplios y prolongados. No me preocupan el mañana ni el final del trimestre. Lo que me preocupa es la siguiente generación de seres humanos a los que podemos ayudar a evitar los horrores del cáncer de pulmón. Si la nueva dirección está de acuerdo, perfecto. En caso contrario..., bueno, ya veremos. Mientras tanto, he recibido unos informes bastante ambiguos acerca de Marco Trask y no he oído decir nada de los planes del equipo de integración de I+D. ¿Por qué quieren seguir manteniendo la incertidumbre? No somos niños y tenemos otras opciones. Pero, por el momento, nadie me ha dicho una sola palabra. Usted es la primera persona relacionada con la fusión que ha venido a verme. Eso, por sí solo, ya dice algo. ¿Acaso no somos importantes en esta nueva empresa?

En ese momento pensé: ignorar a la doctora Margolis sería un gran error. Ya está enfadada y dice que tiene otras opciones. Con lo famosa que es en todo el mundo podría encontrar otro trabajo mañana mismo o incluso poner en marcha una nueva empresa. Marco debe convencerla de que se quede y explicarle las limitaciones a las que se enfrenta. Durante una fusión, las apuestas son más altas, la intensidad mucho mayor y el periodo de incertidumbre se halla fuera del control de la dirección. Sería mejor que él tomara las decisiones correctas, pensé, si no quiere perder a algunas de las pocas personas que hicieron que esta fusión fuera atractiva para «Commando».

Después de reunirme con las principales personas de los laboratorios, unas veinte en total, y con las de otras instalaciones de I+D de «Venerable», informé a Marco de los resultados de mis conversaciones. Le dije que necesitábamos comparar las reacciones y preocupaciones en «Venerable» con las de «Commando», antes de dar por finalizado cualquier plan de acción. No podía establecer juicios muy buenos sin hablar antes con la gente de las distintas instalaciones de «Commando».

—No se preocupe ahora por eso —me dijo—. Conozco bien a esa gente. Sé que están conmigo y conozco sus habilidades y preferencias. Hábleme simplemente de la gente de «Venerable». Necesito saber si tenemos que buscar nuevos talentos en el exterior o si contamos con la gente que necesitamos. Esa es la primera tarea que hay que realizar. Más tarde ya podrá hablar con la gente de «Commando».

Argumenté que no podía estar seguro de que sus colegas de «Commando» se hubieran apuntado al carro.

—En momentos de ansiedad como estos a la gente le ocurren cosas extrañas —le dije—. No tiene la seguridad de que todos ellos vayan a quedarse y tampoco sabe si le apoyarán hasta que no se lo pregunte. Marco consideró mi comentario.

—Quizá tenga razón —asintió encogiendo los hombros—. Adelante, hable con la gente de «Commando». Pero antes cuénteme qué primeras impresiones ha sacado de los de «Venerable».

—Creo que tiene usted algunos problemas —le dije—. Naturalmente, la gente está preocupada por su futuro, pero también he oído comentarios acerca de la cultura de «Commando». No le conocen, ni a usted ni a los otros directivos. No conocen su estilo, lo que valora o lo que pretende destacar. Les preocupa que la ciencia sufra un retroceso en favor de lo comercial, lo que, en su opinión, sería terrible. Están resentidos por el hecho de que se llevara a cabo la venta, y también porque se considere que su empresa es un fracaso, ya que están convencidos de que es el mejor sitio para un científico o un médico. Están todos muy asentados en los laboratorios, así que les preocupa tener que trasladarse de Amsterdam a Newark. Si les pidieran algo así, probablemente abandonarían la empresa. Un par de sus científicos estrella no están muy seguros de que se sigan financiando sus proyectos, ni de que la nueva empresa los deje trabajar a su aire.

Marco me escuchó con atención.

—No puedo hacer nada respecto al hecho de que dejaran que su empresa se estancara, pero puedo ayudarles a alcanzar el éxito en la nueva. Creo que nuestro trabajo es hacerles comprender las realidades económicas. ¿Sabe usted quién podría marcharse?

— Yo prestaría mucha atención a la doctora Elena Margolis —le contesté—. Tiene convicciones muy fuertes y seguidores muy leales. Si la pierde, creo que otros la seguirán. Y entonces se perdería la unidad de oncología y un área de investigación prometedora.

—Hablaré con ella en cuanto pueda —dijo Marco.

Tal y como fueron las cosas, habló brevemente con ella antes de que se firmara el acuerdo y obtuvo su promesa de quedarse provisionalmente. De lo que yo ya no estaba tan segura es de que consiguiera su compromiso profundo y su apoyo real.

6

¿Está todo el mundo preparado?

Las emociones cambian sin cesar

En algún momento, durante la fase de preparación, cuando la tarea de conseguir la alineación y el compromiso dentro del equipo directivo ya haya avanzado lo suficiente, los líderes deben dirigir su atención hacia el resto de la organización y valorar su disposición para el cambio. No tienen por qué esperar a que se hayan resuelto todos los problemas y conflictos dentro del equipo ejecutivo. En realidad, alcanzar la alineación y el compromiso entre los líderes es un proceso que continúa a lo largo de todo el cambio. Es raro que todos los líderes estén unidos, plenamente comprometidos y llenos de energía al mismo tiempo, y que se mantengan así constantemente. Algunos se «animarán» sin previo aviso, mientras que otros se irán enfriando a medida que se desarrolle el proceso. Al igual que las fases de la curva del cambio, que son dinámicas, se solapan y suben y bajan sin parar, los individuos pueden sentirse muy animados en un momento y desanimados al siguiente. Experimentarán el cambio de modos diferentes e incoherentes. Es muy probable que sientan emociones múltiples, a menudo enfrentadas, en cualquier momento. Según le dije a Marco, a lo largo de cada una de las fases ocurren cosas extrañas e inesperadas y hay que permanecer alerta para asesorar e inspirar al equipo.

La unidad entre los líderes es muy importante, pero no hay que esperar a alcanzar una armonía y un acuerdo completos sin antes estudiar al conjunto de la organización para comprobar dónde está la gente y cómo se siente.

Herramienta de valoración: «preparado, deseoso y capacitado»

En BCG hemos desarrollado un instrumento para valorar la predisposición al cambio de una organización. Lo llamamos «preparado, deseoso y capacitado» (PDC). Se trata de una encuesta que puede hacerse por email, en grupos de contraste o en entrevistas personales, dependiendo del tamaño y del propósito de la muestra. Por regla general, la utilizamos como una especie de «prospección» rápida y amplia de la organización. Nos indica si hay problemas concretos o partes de la organización que necesitan una mayor atención. Aborda tres aspectos clave de la predisposición al cambio:

1. Preparación para cambiar. ¿Comprende la organización la necesidad del cambio y cree en ella? ¿Es consciente su gente de las presiones externas que sufre la empresa? ¿Comprenden los fallos en el rendimiento actual de la organización?
2. Deseo de cambio. ¿Se sienten lo suficientemente insatisfechos con el *status quo* y preocupados por el futuro como para mostrarse dispuestos a cambiar? ¿Saben lo que necesitan cambiar y qué capacidades deben desarrollar? ¿Tienen confianza en que los planes diseñados sean los correctos?
3. Capacidad para cambiar. ¿Están convencidos de que la organización posee las habilidades y herramientas necesarias para cambiar? ¿Están personalmente bien preparados para ello? ¿Creen que la organización cuenta con la voluntad y las habilidades necesarias para llevar a cabo el cambio?

La herramienta PDC se puede ajustar a las necesidades de cada empresa e incluye algunas preguntas fundamentales que permiten establecer comparaciones con otras compañías. Cuando la encuesta se adapta a las necesidades concretas de la empresa, los que la contestan se dan cuenta de que se ha elaborado específicamente para ellos y gana en relevancia. Esto también pone de manifiesto que los líderes están invirtiendo algún esfuerzo en dicha actividad, en vez de comprar una encuesta tipificada, y que realmente les preocupan los resultados. No queremos que los líderes parezcan unos cínicos, ni que pretendan hacerle creer a la gente que les interesa escuchar, cuando en realidad no les importa lo más mínimo lo que piensen. La información obtenida y las acciones de seguimiento serán básicas para crear credibilidad y convencimiento.

La PDC genera datos tanto cuantitativos como cualitativos. Los datos cuantitativos son importantes para calibrar la presencia, la localización y la extensión de una percepción determinada; las respuestas cualitativas ilustran las interpretaciones y la intensidad de los sentimientos. Ambos son necesarios. Habitualmente, la encuesta incluye entre treinta y cincuenta preguntas cuantitativas que exigen respuesta en una escala de uno a cinco, desde «muy en desacuerdo» hasta «muy de acuerdo». Las preguntas cualitativas exigen respuestas escritas, que a menudo producen un gran volumen de papeles. Los datos personales son muy limitados, para asegurar la confidencialidad.

A continuación incluyo algunos de los puntos más representativos del típico cuestionario PDC, preparado para «Frenesí Worldwide». (FWW Inc.), la empresa hiperactiva descrita en los capítulos tercero y cuarto.

Ejemplos de la disposición para cambiar

Durante los próximos cinco años nos enfrentamos a desafíos competitivos importantes.

Estoy convencido de que en FWW Inc. se necesita un cambio drástico si se quieren alcanzar los objetivos estratégicos para los próximos cinco años.

Nuestros competidores están consiguiendo avances significativos en sus productos/servicios.

Comprendo la estrategia de negocio de mi división.

Los cambios dentro de FWW Inc. se ven impulsados por las necesidades empresariales y no por planes ocultos.

Estoy de acuerdo en que hay que hacer cambios en mi puesto de trabajo.

La viabilidad de FWW Inc. exige que introduzcamos grandes cambios en nuestras operaciones.

FWW Inc. está preparada para emprender una gran iniciativa de cambio.

Ejemplos del deseo de cambio

Comprendo la visión de FWW Inc.

Esa visión es la correcta para FWW Inc.

Esa visión me motiva mucho.

Comprendo lo que puedo hacer desde mi puesto de trabajo para apoyar la visión de FWW Inc.

Si fuera mi empresa, perseguiría la iniciativa de cambio tal como la perfilan los ejecutivos de FWW Inc.

Comprendo en qué medida afectará esta visión a lo que hago y a cómo tomo decisiones acerca de mi trabajo.

Los objetivos empresariales de mi división están claramente establecidos por prioridades, de modo que sé lo que tengo que conseguir.

Poseo la voluntad para cambiar radicalmente mi papel y mis responsabilidades actuales para ayudar a FWW Inc. a competir con efectividad.

La persona a la que reporto directamente convierte el modelo de negocio de FWW Inc. en acciones para nuestro grupo.

Este modelo de negocio es el correcto para FWW Inc.

Ejemplos de la capacidad para cambiar

Los empleados de FWW Inc. tienen las habilidades que se necesitan para satisfacer los desafíos a los que se enfrenta la empresa.

Cuento con los líderes de mi división para que hagan lo que dicen que van a hacer y para que realicen un seguimiento de sus acciones.

Tengo confianza en que los altos ejecutivos de FWW Inc. tomarán las decisiones que mejor sirvan a los intereses de la empresa, por duras que sean.

Los altos ejecutivos de FWW Inc. tienen las habilidades necesarias para abordar los desafíos a los que se enfrenta la empresa.

Cuando se inicia un gran proyecto, FWW Inc. no para hasta su culminación.

Los departamentos de FWW Inc. no son territoriales; las comunicaciones y la cooperación entre los departamentos es abierta, franca y fácil.

FWW Inc. asignará los recursos adecuados a mi división, de modo que podamos alcanzar nuestras metas y objetivos.

FWW Inc. satisface sus compromisos a corto plazo sin comprometer su rendimiento a largo plazo.

Contamos con un buen historial de culminación de iniciativas de cambio.

Estoy seguro de que FWW Inc. alcanzará el éxito.

El truco para analizar y comprender los resultados de la encuesta consiste en valorar juntos ambos tipos de respuestas. Los datos cualitativos ofrecen una visión breve de las preocupaciones principales. Los textos escritos contienen mucho colorido, emoción, anécdotas y material inservible. También pueden ser difíciles de interpretar para las organizaciones con problemas; en ocasiones se critica abiertamente a grupos específicos o incluso a individuos concretos. Los líderes deberían estar preparados para ello.

Los resultados de la valoración se pueden mostrar de múltiples maneras. El gráfico tipo «araña» de la figura 6.1 ofrece una clara impresión visual de los tres aspectos. Cada «radio» de la araña se relaciona con una cuestión específica.

Cuanto más cerca se está del anillo exterior del círculo, tanto más positiva es la respuesta; cuanto más cerca se está del centro, tanto más negativa es. La figura 6.1 muestra que en FWW Inc. se sienten bastante preparados para el cambio. La «punta» del radio en el área del deseo de cambio indica que la mayoría de la gente de la empresa está de acuerdo en que esta se enfrentará a desafíos importantes en los próximos cinco años. La siguiente punta más positiva en esta área muestra que los empleados poseen la voluntad personal de «cambiar drásticamente» sus cometidos y responsabilidades. Lo malo es que los dos profundos ángulos internos del gráfico indican que la gente no tiene la

Figura 6.1. Los temas más importantes de la herramienta PDC para una agenda de cambio.

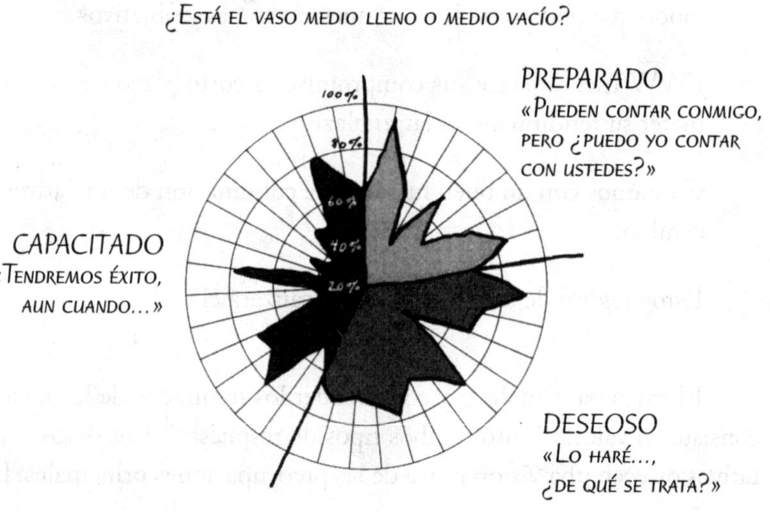

¿ESTÁ EL VASO MEDIO LLENO O MEDIO VACÍO?

PREPARADO
«PUEDEN CONTAR CONMIGO, PERO ¿PUEDO YO CONTAR CON USTEDES?»

CAPACITADO
«TENDREMOS ÉXITO, AUN CUANDO...»

DESEOSO
«LO HARÉ..., ¿DE QUÉ SE TRATA?»

sensación de que el conjunto de la empresa esté preparado para someterse al cambio y, lo que todavía es peor, que está convencida de que la iniciativa de cambio se basa en planes ocultos. Esta demostración de falta de confianza en la integridad de los directivos condujo a una afirmación que resumía lo que pasaba: «Pueden contar conmigo, pero ¿puedo yo contar con ustedes?».

El área del deseo indica que en la organización predomina un fuerte acuerdo con la visión y la voluntad de llevar a cabo el cambio. El gran punto de desencuentro es la falta de convicción de que el nuevo modelo empresarial sea el más adecuado para FWW Inc. Los comentarios escritos refuerzan la convicción de los empleados de que este modelo empresarial no creará éxito en el futuro y, de hecho, señalan que no han sincronizado con la nueva visión. La actitud general de la organización era el deseo de cambiar, junto con la fuerte voluntad de que se revisara el modelo empresarial.

Las respuestas del área de la capacidad muestran que la gente es muy escéptica acerca de la capacidad de la empresa para satisfacer sus compromisos a corto plazo sin abandonar el esfuerzo de cambio a largo plazo. Al personal le preocupa que no se asignen recursos suficientes para efectuar el cambio y no cree que los ejecutivos vean completados los cambios. Dejan bien claro que la empresa ha tenido hasta ahora una tasa de éxito baja cuando se ha tratado de poner en práctica un cambio fundamental. Pero, a pesar de todas las negativas, los dos picos tan marcados indican 1) que WWF tendrá éxito y 2) que los empleados poseen lo que se necesita para que los cambios funcionen.

Los datos se pueden descomponer y dividir en una serie de formas. Suele ser útil examinar los resultados en cada ámbito funcional, disciplina o región, para identificar cualquier gran diferencia por subgrupos. En otras palabras, si la organización de ventas tiene un conjunto de percepciones y la de ingeniería, otro, es importante saberlo para poder emprender las acciones apropiadas para cada grupo. En el caso de FWW Inc., los datos pusieron de manifiesto que las respuestas eran muy similares en todas las funciones de la organización y que las mayores diferencias se daban entre distintos niveles de la dirección y, específicamente, entre el nivel de los vicepresidentes y el de los directores. Este conflicto, que constituyó toda una sorpresa para los líderes, reveló una alarmante zona de discrepancia y desconfianza. Los líderes se dieron cuenta inmediatamente de que tenían que prestar más atención a las líneas verticales de comunicación y ser mucho más proactivos en la comunicación personal con los directores para conseguir convencerlos.

Veamos ahora el PDC de «Tedio Internacional», la empresa deprimida de la que hablamos en el tercer capítulo. Las figuras 6.2 y 6.3 muestran las respuestas de las divisiones en dos países, Brasil y Francia. La figura 6.4 indica la respuesta de los sectores corporativos. La organización brasileña está preparada y deseosa para abordar un cambio fundamental, y los comentarios de las preguntas cualitativas apoyan el anhelo por iniciarlo. La organización francesa, por su parte, no cree que sea necesario el cambio y, en consecuencia, no tiene el deseo de participar en ninguna gran iniciativa de este tipo. Lo único que tienen en común estas dos divisiones es que ninguna de ellas cree disponer de las capacidades necesarias para poner en práctica y mantener un cambio sustancial.

Figura 6.2. Resultados de la encuesta PDC en Brasil.

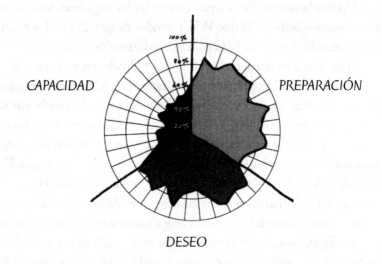

Figura 6.3. Resultados de la encuesta PDC en Francia.

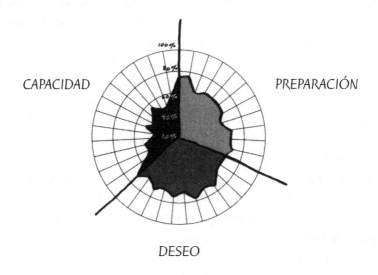

Figura 6.4. Resultado de la encuesta PDC para sectores corporativos.

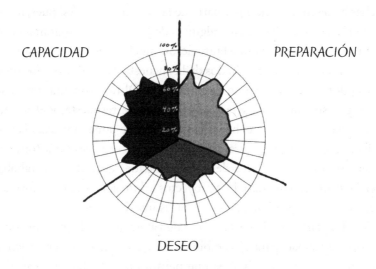

Los sectores corporativos muestran una tercera opinión que contrasta con la de los países. Admiten que se necesita el cambio (preparación), pero están convencidos de que el plan presentado no es la manera adecuada de abordarlo (deseo), por lo que no están dispuestos a apoyarlo. Además, se consideran a sí mismos muy capaces de ponerlo en práctica, siempre y cuando se proponga el plan adecuado.

Estos resultados de las encuestas PDC demostraron a los líderes de «Tedio Internacional» que debían retocar su estrategia para progresar, adecuándola a grupos específicos. Sólo después de ver estos datos, el equipo directivo de Francia reconoció que su timidez a la hora de comunicar las malas noticias les había salido bastante cara. No comunicar la urgencia y gravedad de la amenaza competitiva había inducido a la organización a creer que no había problema alguno, y eso no había hecho más que reforzar la resistencia al cambio por parte de los empleados. Como resultado, a la hora de prepararse para la fase de la implantación, los líderes franceses tendrían que aumentar mucho sus esfuerzos por educar al personal y explicar por qué se necesitaba el cambio; luego, tendrían que generar una predisposición positiva ante él.

Por su parte, en Brasil, los líderes estaban deseosos de demostrar su capacidad de respuesta ante los resultados de la encuesta y aprovechar el deseo de acción por parte de la organización. Así pues, decidieron iniciar inmediatamente algunos de los cambios programados para la fase de implantación. Mantuvieron muchas reuniones en sitios distintos, revisaron los resultados de la encuesta y anunciaron dos proyectos piloto que empezarían de inmediato. Obtuvieron altas puntuaciones por su sinceridad y por su velocidad de respuesta, y el hecho de empezar pronto tuvo el beneficio añadido de poner a prueba la verdadera capacidad para el cambio. Sabían que se necesitaría formación, pero no estaban seguros de qué habilidades específicas le faltaban a cada grupo en concreto. Los proyectos piloto aclararían qué formación específica se necesitaba en las diversas instalaciones.

La ventaja de la herramienta de valoración de la preparación, deseo y capacidad para el cambio (o de cualquier otra herramienta de diagnóstico organizativo) es que permite que los líderes vean dónde están los puntos conflictivos o dónde es más probable que se puedan formar, y que proporciona al equipo directivo la oportunidad de gestionarlos proactivamente. Armados con esta información, los líderes enfocan sus comunicaciones e intervenciones para obtener los mayores beneficios posibles de sus esfuerzos.

7

Crear el anhelo por el cambio

Pasar a la acción productiva

¡Menos mal que nos queda Mississippi!

Cuando era pequeña y vivía en Alabama, parecía que mi estado natal siempre ocupaba el último puesto en las listas nacionales. Todavía recuerdo cómo me entusiasmé el día que oí decir que Alabama se hallaba a la cabeza del país, hasta que me enteré de que se referían a casos de tiña. Se me cayó el alma a los pies. Estábamos tan hartos de escuchar noticias negativas que nos acostumbramos a decir: «¡Menos mal que nos queda Mississippi!», ya que los habitantes de ese estado solían estar peor que nosotros (con los debidos respetos para estos). La lección que de ello se desprende es que, cuando la gente se siente consumida por actitudes defensivas o de vergüenza, les resulta prácticamente imposible experimentar con nuevos comportamientos. Ponerse a la defensiva no genera un espíritu de seguridad en uno mismo, ni de aventura, ni de experimentación, todo lo cual se necesita en grandes cantidades a la hora de embarcarse en un gran proceso de cambio.

A menudo, la gente de una organización sabe que se necesita el cambio, aunque los líderes nunca lo han discutido públicamente ni lo han afirmado de manera explícita y mucho menos con vigor. Los líderes tienen que generar un grado de insatisfacción «saludable» hacia la situación actual. Y empleo el término «saludable» porque, como he dicho antes, un poco de ansiedad siempre es bueno e incluso revelador;

asustar a la gente hasta ponerla en un estado catatónico, no lo es. El objetivo no es que se avergüencen de su pasado, ni que experimenten pánico acerca de su futuro, sino impulsarlos a la acción productiva. La seguridad en uno mismo nace de recordar los éxitos. Recordar a los empleados lo que han sido capaces de conseguir en el pasado y desafiarlos a superar esos niveles en el futuro es una estrategia mucho más motivadora que denigrar el pasado o difamar a la dirección anterior.

La forma en que los líderes crearán anhelo por el cambio entre sus empleados dependerá de su punto de partida. Si la organización se halla sumida en el estancamiento, como lo estaba *Readers' Digest* cuando Thomas Ryder se convirtió en su presidente ejecutivo, en 1998, quizá se necesiten acciones radicales y simbólicas para despertar a la empresa de su letargo y señalar que, al menos, ha amanecido un nuevo día. Ryder, que tenía la misión de reconvertir la empresa, tomó esa decisión espectacular cuando vendió la colección de arte de la empresa por cien millones de dólares. Su valor no sólo se medía en dinero, sino que también poseía un alto sentido simbólico. Para los viejos empleados de *Readers' Digest*, la colección, que incluía obras de Picasso y Giacometti, era el orgullo de los fundadores y un recordatorio constante de su éxito y de su culto estilo de vida. Para Ryder, la colección de arte era un lujo, vestigios de una época pasada, que ya no se podía permitir una empresa cuyos beneficios descendían y que se había visto obligada a efectuar repetidos despidos. Vender la colección fue un acto espectacular (y traumático) que señaló «el final de la vida tal como la conocimos».

En las fusiones, los líderes prestan mucha atención a esa clase de movimientos simbólicos, desde abrir una nueva sede central para la nueva empresa en un lugar neutral, hasta cosas más sutiles como colgar los retratos de ambos fundadores en el vestíbulo. Los consultores de imagen basan su negocio en crear para las empresas nuevos nombres, identidades, temas, colores, etc. y en aplicarlo a todo, desde los formularios hasta los uniformes.

Micro Switch: compartir información
y utilizar símbolos

Cuando el equipo directivo de Micro Switch valoró el punto de partida de la organización, sus miembros estaban bastante seguros de que la gente no sabía que la empresa estuviera estancada. También eran conscientes de que si daban a conocer su visión y trataban de inducir entusiasmo por ella, el personal los miraría como si se hubiesen vuelto locos. Estaban seguros de que la gente diría: «¿Por qué tenemos que embarcarnos en la transformación total de una empresa que está ganando dinero y tiene mucho éxito?». La siguiente reacción se produciría cuando la plantilla oyera hablar de «reconversión», como una forma de encubrir más despidos. Micro Switch ya contaba con un largo historial de despidos en masa, despidos que se habían producido siempre que disminuían los beneficios.

Ahora bien, por malas que fuesen estas posibilidades, lo que les preocupaba aún más era lo que consideraban un resultado más insidioso de un anuncio prematuro. Si el personal participaba e incluso se comprometía con el cambio, al equipo le preocupaba que los empleados no fueran capaces de realizar o mantener las transformaciones necesarias para conseguir el éxito. Estaban muy mal preparados para el alcance y la profundidad de los cambios que se requerían, es decir: avanzar desde el punto donde se encontraban hasta conseguir crear una empresa lo suficientemente «competitiva para el siglo XXI». Un ejemplo bastará para comprender la escasa preparación de los trabajadores: aproximadamente el quince por ciento de las personas empleadas en la fábrica no sabía leer, sumar ni restar. ¿Cómo podrían entonces hacer funcionar una nueva maquinaria controlada por ordenadores? ¿Cómo podrían adaptar sus programas de producción si no eran capaces de leer las instrucciones impresas?

Tras estas consideraciones, Ray Álvarez y su equipo decidieron no anunciar su visión, y en lugar de eso iniciar un programa que contaría con dos pasos principales: 1) educar a los empleados de Micro Switch acerca de las realidades competitivas a las que se enfrentaban, y 2) crear habilidades básicas que preparasen a la gente para alcanzar un mayor nivel de éxito. Para conseguirlo, descartaron intencionadamente una de las reglas no escritas y mantenidas durante largo tiempo en la empresa y decidieron compartir con los empleados información confidencial sobre los clientes y la competencia.

La primera sesión de comunicación se mantuvo con un grupo bastante amplio de mandos intermedios. Joel Miller dice al respecto: «Aunque desde siempre habíamos ocultado deliberadamente las cifras reales, y no se las habíamos comunicado al equipo de mandos intermedios, ya que a nuestros competidores les hubiera encantado disponer de esa información, esta vez mostramos las cifras reales. Eso supuso una verdadera ruptura con el pasado. Le recordamos a la gente la necesidad de mantener y respetar la confidencialidad, no hicimos copias ni entregamos material en la presentación, y añadimos que confiábamos en que así lo harían. Pues bien, respetaron nuestra petición y la han seguido respetando desde entonces».

Así se consiguió que los mandos intermedios ayudaran en la tarea de dar a conocer al resto de los trabajadores la necesidad del cambio. En este sentido los líderes querían destacar tres puntos fundamentales:

1. La empresa corre peligro y tenemos que cambiar.
2. No es culpa vuestra; contamos con un gran personal que puede ayudar a Micro Switch a triunfar.
3. La empresa se preocupa por vosotros.

Aun reconociendo las diversas capacidades del personal, que contaba con científicos, inventores, ingenieros, directores, personal administrativo y mano de obra, era importante que los mensajes se pudieran comprender con facilidad, sin caer en la condescendencia. Ray y su equipo crearon dos símbolos para subrayar la necesidad del cambio. El primero de ellos («hay nubes de tormenta en el horizonte») era una metáfora familiar y tangible, dada la dispersión geográfica de las instalaciones de Micro Switch. Las gentes en Illinois, Texas y México estaban acostumbradas a observar cómo se formaban nubes de tormenta por el oeste, que luego avanzaban hacia ellos, a veces gradualmente, pero otras con alarmante velocidad, trayéndoles un mal tiempo que acababa por envolverlos a todos. Por lo que se refiere a esto, Ray dijo: «No queríamos provocar demasiada ansiedad entre el personal. Después de todo, no estábamos a punto de desaparecer. Diciendo que había nubes de tormenta que se acumulaban en el oeste, permitimos que todos supieran que existía una amenaza real que se dirigía hacia nosotros, y que teníamos que prepararnos haciendo las cosas de modo diferente». La meteorología es algo que preocupa a todo el mundo, independientemente del estatus o la riqueza de cada cual, así que la metáfora funcionó bien con todos los trabajadores de la empresa.

Pero el símbolo más sobrio e insólito fue el de la «espiral mortal», que Ray introdujo en un vídeo, en el que habló de cómo empresas florecientes pueden verse destruidas con celeridad si no son conscientes de las fuerzas exteriores que les afectan, como los cambios en la competencia, los clientes y las tecnologías y si no tienen capacidad de reacción. Habló después de las amenazas que se cernían sobre Micro Switch y resaltó que estas no habían surgido como consecuencia de la despreocupación de los trabajadores. Ray añadió: «Si no reconocemos y gestionamos adecuadamente nuestros problemas, podemos encontrarnos con que Micro Switch acaba metida en una espiral mortal en la que rápidamente las cosas empiezan a ir de mal en peor, y pronto nos habremos quedado fuera del negocio». Para resaltar ese punto, hizo grabar en el vídeo el exterior de unas instalaciones fabriles abandonadas, que en otro tiempo habían sido la planta principal de Rawleigh Foods. La mayoría de empleados de Illinois conocía muy bien Rawleigh Foods y abrigaba gratos recuerdos de los deliciosos aromas de cocina que se extendían por las calles de Freeport. Saber que aquello había constituido una parte fructífera y estable de sus vidas, que ahora ya no existía, contribuyó a aumentar el impacto del símbolo de la «espiral mortal».

Ray y su equipo utilizaron estos símbolos una y otra vez en los comunicados que diseminaron por toda la empresa. Judy Fox, una de las directoras de Micro Switch, nos dijo que dichos comunicados, al principio, inquietaron a la gente:

Yo había trabajado en otra división de Honeywell y luego la dejé por otra empresa de Los Ángeles. Cuando acepté el trabajo en Micro Switch me sentí muy animada. Pensé: «Ahora tengo una nueva ocupación en la vida; estoy en el Medio Oeste y vuelvo a trabajar para la Honeywell». Pero cuando llegué allí encontré que todo el mundo hablaba de «nubes de tormenta que se acumulaban en el oeste» y a Ray distribuyendo esos vídeos en los que hablaba de espirales mortales. Entonces pensé: «¡Vaya! Esta empresa no está en plena forma. ¡He firmado un contrato con una perdedora!». Me molestó que estuvieran contratando a gente nueva si la empresa iba tan mal. Eso me hizo temer por mi carrera, así que me dediqué a observar con mucha atención, y poco a poco comprendí que lo que Ray trataba de hacer era educar a la gente acerca del negocio, para que comprendiera las presiones competitivas a las que se enfrentaba Micro Switch, y para que todos se dieran cuenta de que teníamos que reconvertir la empresa. Al cabo de un tiempo dejé de preocuparme y empecé a buscar oportunidades para contribuir a dicho esfuerzo.

Comunicar los mismos mensajes una y otra vez, de formas diferentes

Durante cada fase de la curva del cambio, la comunicación es una parte vital del proceso y es imperativo que sus canales permanezcan abiertos durante la preparación. Se necesita tiempo para establecer dichos canales, encontrar el tono adecuado, y conseguir que todos los líderes se impliquen en el proceso de comunicación. Cuando se lanza la fase de implantación, el proceso de comunicación ya debe estar constituido para que la gente pueda hablar entre sí sin dificultad alguna.

Aunque todas las herramientas de comunicación son útiles y necesarias (textos impresos, vídeo, email, intranet, etcétera), la mayoría de la gente prefiere obtener la información de un ser humano en el que confíe, alguien que crea dispone de información interna. Para la mayoría de los empleados, esa persona es su director/supervisor inmediato. Por esa razón, Ray Álvarez mantuvo sesiones informativas mensuales con los directores y supervisores, preparándolos para las sesiones de comunicación que estos tendrían a su vez con su propia gente.

Para crear el anhelo del cambio se necesita tiempo, sobre todo tiempo de comunicación personal, y reiteración. Ningún comunicado bastará por sí mismo, ni siquiera un vídeo estelar. Además, los vídeos a menudo se reproducen en una cafetería o en una sala de conferencias medio vacía, por lo que nada tienen que ver con la comunicación personal, que es la más poderosa, sobre todo si la gente tiene la oportunidad de hacer preguntas y participar en el diálogo. Eso, evidentemente, consume tiempo y es incómodo para muchos ejecutivos, pero no existe ningún otro sustituto mejor y los beneficios de la comunicación personal son poderosos. En cualquier comunicación o esfuerzo de liderazgo es básico conocer a tu público.

También es igual de importante darnos a conocer. En una ocasión, trabajé con la presidenta ejecutiva de un gran fabricante de equipos de telecomunicaciones que se enfrentaba a un desalentador desafío. Su predecesor había sido enormemente popular, gracias, en parte, a que tuvo la buena suerte de disfrutar del momento perfecto, ya que llegó a la empresa justo después de que hubiera habido un despido en masa, disfrutó de los beneficios que eso generó, y se marchó antes de que los grandes cambios experimentados en la industria exigieran como respuesta la asunción de nuevos cambios espectaculares. Tenía carisma, y se sentía más a gusto delante de un grupo grande. Los empleados lo querían mucho y lo veían como una persona que se preocupaba por ellos y que mostraba una actitud animosa.

Mi clienta, Harriet Grindstone, accedió al puesto con poco reconocimiento, y aunque tenía fama de ser una directora capaz, se la consideraba distante y severa, y se decía que únicamente se dejaba guiar por las cifras. Ella sabía que hablar en público no era precisamente su punto fuerte; además, se enteró de que ya empezaban a correr por doquier rumores acerca de su persona. De una instalación a otra, circularon horrendas predicciones que la presentaban dirigiendo implacablemente la organización para enderezar las cifras, con el objetivo de quedar bien. Harriet sabía que tendría que hacer grandes cambios, no sólo en las operaciones y en la manera de colaborar entre la gente, sino también en sus convicciones básicas acerca del negocio y de cómo triunfar, tanto individual como colectivamente. «Aparte de haber llegado en un momento difícil, la organización ya me ha colgado el sambenito de "Malvada bruja del oeste". ¿Cómo voy a conseguir ahora que la gente trabaje conmigo, en lugar de contra mí?», se preguntó en voz alta. Aun así, decidió no dejarse intimidar por el legado de su predecesor; reconoció que debía ser audaz a su manera. Se comprometió consigo misma a entrevistarse con todos y cada uno de los empleados de la empresa y asegurarse su apoyo para los cambios que se avecinaban. Durante el primer año, visitó todas las instalaciones, hizo presentaciones formales con turnos de ruegos y preguntas, y mantuvo reuniones informales con grupos más reducidos. Escuchó atentamente a los empleados y procuró comprender realmente sus preocupaciones y aspiraciones. Aceptó toda clase de preguntas e hizo cuanto pudo por contestarlas lo mejor que supo.

Harriet también logró que el equipo directivo participara en el proceso de comunicación. Para explicar y «vender» la nueva estrategia, cada uno de sus miembros mantuvo múltiples reuniones, de dos a cuatro horas de duración, con grupos lo bastante pequeños como para que se hicieran preguntas y se entablara el diálogo (habitualmente de treinta a cincuenta personas). Las sesiones fueron una excelente ocasión para poner a prueba la nueva estrategia. Los empleados hacían sus preguntas directamente y ofrecían sus propias sugerencias. De este modo, reuniéndose con las diez mil personas que formaban la organización, los ejecutivos supieron lo que pensaba el personal de la empresa. Uno de ellos incluso llegó a decir: «Fue una de las mejores cosas que hemos hecho, ya que nos permitió llegar a conocer realmente la organización. Y jamás habríamos invertido ese tiempo si Harriet no nos hubiera obligado a ello». El tiempo y la energía utilizados en esas reuniones dieron grandes frutos cuando se inició la fase de implantación. Para entonces, todo el mundo sabía lo que se esperaba de ellos y por qué: había tenido tiempo de pensar en la situación y se sentía comprometido para superar los desafíos a los que se enfrentaba. La implantación fue mucho más suave que cualquier cambio que la organización hubiese experimentado antes. La calificación de Harriet como directora aumentó, no porque tuviera el carisma de su predecesor, sino porque hizo que el equipo de dirección y los empleados se sintieran importantes, capaces y necesarios.

Esta lección es muy relevante, ya que muchos ejecutivos piensan que, para comunicarse bien, tienen que convertirse en refinados oradores, una especie de mezcla entre Ronald Reagan y Winston Churchill.

«¡Y yo no soy así!», se apresuran a exclamar. Cuando les sugiero que asistan a un cursillo de oratoria, se resisten. «No necesito a un puñado de sutiles manipuladores que me digan cómo tengo que vestirme para salir en la televisión. Después de todo, no voy a salir en un programa de máxima audiencia». Ahora bien, la buena comunicación no se refiere a ser astuto, mostrar una buena imagen ante la cámara o saber utilizar un micrófono inalámbrico (aunque todo eso ayuda). Los aspectos más importantes son: creer de verdad que la comunicación es importante y preocuparse por el público. Después de eso, todo lo demás no son más que pequeños detalles.

El responsable de la comunicación se convierte, de hecho, en el configurador del cambio

A veces una persona de la que nadie se lo esperaba se convierte en un comunicador fuerte e influyente. Eso es lo que pasó en una empresa con el director de tecnología (DT). Después de cada reunión del comité ejecutivo o cualquier otra sesión importante, el DT enviaba a sus subordinados directos un mensaje telefónico en el que les comunicaba su interpretación de los acontecimientos, incluidos sus puntos de vista acerca de los debates y las decisiones que se habían tomado. A ellos les encantaba recibir esos comunicados, ya que les hacía sentir que mantenían un vínculo directo con el núcleo en el que se tomaban las decisiones. Entonces, ellos mismos, para demostrar su privilegiado estatus de «estar enterados», se apresuraban a transmitir a otros aquellos mensajes, y así sucesivamente, hasta que el setenta por ciento de toda la división los escuchaba. Además, como no eran oficiales (y como cada uno se sentía único por el hecho de haberlos recibido), los mensajes se convirtieron en los comunicados con mayor credibilidad de todos los que se difundían en la empresa.

Cuando informamos a los miembros del comité ejecutivo del fenómeno de los mensajes telefónicos, como parte del análisis que habíamos llevado a cabo sobre las comunicaciones dentro de la empresa, la mayoría de ellos se mostró asombrada. El DT, por su parte, fingió sorpresa, aunque estoy convencida de que había trabajado incansablemente para crearse a sus seguidores. Los mensajes (y otros similares), nunca llevaban ninguna indicación de que fuesen «privados» o de que hubiera cualquier restricción que impidiera transmitirlos. Aquel hombre no era sólo el director de tecnología, sino también el principal comunicador de la empresa. Fue una pena que él y el presidente ejecutivo no compartieran los mismos puntos de vista en muchos temas básicos.

El comunicador principal, sea quien sea, se convertirá a menudo en el verdadero configurador del cambio. En una fusión, por ejemplo, el equipo de cambio de la empresa adquirida puso en marcha un servicio telefónico de llamada gratuita que daba cada mañana y cada tarde un nuevo mensaje. También respondía a las preguntas que se planteaban con más frecuencia. La empresa compradora, por su parte, no se ocupó de poner en marcha un servicio semejante y sus comunicados escritos, aparte de ser poco frecuentes, no eran nada efectivos. No obstante, la noticia de la existencia del teléfono de llamada gratuita se difundió inmediatamente por ambas organizaciones y la gente empezó a bombardearlo con llamadas, por lo que se acabó considerándolo como la mejor fuente de información sobre la fusión. A raíz de aquello, la empresa adquirida pudo influir de forma significativa no sólo en los mensajes, sino también en las actitudes y convicciones de ambos conjuntos de empleados, e incluso en el curso de la propia fusión.

Un contenido completo no implica dar detalles interminables

Durante la fase de preparación, muchos líderes se muestran reacios a utilizar ampliamente los canales de comunicación de que disponen, ya que están convencidos de que no tienen ninguna «noticia nueva que dar». Ahora bien, a menudo lo que pasa es que los líderes o los miembros de un equipo encargados de una tarea concreta interpretan las noticias de un modo muy diferente a como lo hace el resto de la organización. Quizá, en lugar de concentrarse sólo en lo que se ha decidido, sería más fácil discutir el proceso que se utiliza, quién interviene, qué se ha aprendido o incluso qué ideas se han descartado. Es comprensible que los líderes y sus equipos prefieran hablar sólo cuando tienen mucho contenido que comunicar: decisiones específicas, detalles, información nueva. Pero si la valoración y la toma de decisiones se extienden a lo largo de varios meses, no es adecuado informar a la organización al inicio del esfuerzo, para luego dejarla en la ignorancia durante meses, mientras se elaboran todos los detalles y las decisiones. Es algo parecido al viejo chiste del hombre que el día de su boda le dice a su esposa: «Quiero decirte ahora que te amo. Si cambiara de opinión, te lo haría saber. Mientras tanto, no veo razón alguna para repetirme».

Ante la ausencia de buenos comunicados por parte de los líderes (o, sencillamente, de comunicado alguno), la única fuente que les quedará a los empleados para obtener noticias serán los medios de comunicación. Ahora bien, a la gente no le gusta enterarse por la prensa, la televisión, la radio o Internet de las grandes decisiones o desarrollos que se producen en una empresa. Lo que quiere es escuchar las noticias que le afectan en directo, y preferiblemente por boca de sus propios directores, antes de que lleguen a hacerse públicas. Además, ¿por qué motivo debe enterarse antes la prensa que la gente que se verá más afectada? ¿Por qué ha de conocer mi vecino algo que yo no sé, cuando soy yo el que trabaja allí? Claro que las grandes empresas no controlan los medios de información y muchas de las historias que se publican sobre ellas no proceden de sus propios responsables de comunicación, sino de especulaciones, rumores y del periodismo de investigación. Por lo tanto, siempre es mejor hablar directamente con la gente y, a ser posible, delante de los medios. La segunda mejor solución consiste en dar una explicación inmediata cada vez que en estos aparezca alguna noticia destacada.

Es importante decirle a la gente, sobre todo en momentos de incertidumbre, qué sabrán y cuándo lo sabrán. En CoVen, por ejemplo, la primera noticia que se les dio a los empleados fue que se prescindiría de siete mil quinientos puestos de trabajo, y que se facilitarían las jubilaciones anticipadas. En aquel momento no se les dijo nada sobre a quién se despediría o cómo se gestionaría el proceso de selección. Es muy útil explicar lo que se está haciendo, describir el proceso que se empleará para tomar las decisiones y calcular cuándo se les podrá decir a los empleados aquello que desean saber con mayor urgencia. La transparencia del proceso es fundamental para generar confianza y aliviar la ansiedad. Siempre hay que buscar el momento preciso; y si bien podemos adelantarnos y hablar de las acciones prometidas o de los anuncios que se van a hacer, nunca debemos llegar demasiado tarde. Si la gente no sabe cómo se toman las decisiones o estas se toman tarde, su desconfianza hacia la dirección aumentará al igual que su ansiedad.

Sin embargo, con demasiada frecuencia los líderes se encuentran tan atrapados en la gestión del negocio que no logran ver la importancia que tiene la comunicación. Cuando eso pasa, es poco lo que dicen y normalmente lo dicen demasiado tarde. Una de las cosas de las que se puede estar seguro es de que la gente relacionará unas cosas con otras del modo más paranoico posible y de que ante la ausencia de comunicación por parte de los líderes, la organización buscará información a través de otras fuentes, tanto si saben de lo que hablan como si no. El silencio de uno no detiene las conversaciones; únicamente significa que no participa en ellas.

CoVen: Marco inicia la gira

Conscientes de que esas conversaciones se desbocaban tanto en «Venerable» como en «Commando», le recomendamos a Marco que se comunicara con los casi tres mil ochocientos miembros de ambas organizaciones de investigación y desarrollo, antes de que se firmara el acuerdo de fusión. Su propósito sería explicar el proceso de diseño que se estaba llevando a cabo, así como el proceso de cambio que se iniciaría una vez que la nueva empresa fuese una realidad. Se resistió, esgrimiendo el argumento habitual de no disponer de información suficiente para decir nada. «Ni siquiera sabemos a cuánta gente habrá que despedir ni quiénes serán», argumentó. «Tampoco sabemos qué instalaciones se tendrán que cerrar. En realidad, no sabemos nada. Así que, ¿qué les voy a decir? No tengo la intención de ponerme delante de ellos y hablar de banalidades.» Marco necesitaba presentarse ante la organización. La gente sentía curiosidad por saber quién era y cómo era. Y aunque no pudiera especificar nada en cuanto a personas y fechas, argumentamos que había mucha información que podía y debía compartir. Podía explicar, por ejemplo, los objetivos y el impacto que se esperaba que la fusión tuviera sobre la investigación y el desarrollo, las diversas tareas que debía afrontar el equipo de cambio de I+D, incluido el establecimiento de criterios de éxito, el proceso y los plazos para los nombramientos y el diseño de la estructura organizativa. Además, podíamos ayudarle a educar a la gente acerca de las fases de la curva del cambio, permitiéndoles comprender mejor las dinámicas emocionales de la transformación que estaban a punto de experimentar y de lo que cabía esperar en cada fase.

Al final, Marco estuvo de acuerdo con nosotros y juntos preparamos un plan de comunicación para todos los grupos de investigación y desarrollo. Puesto que muchos empleados ni siquiera lo conocían, tendría que visitar personalmente las ocho instalaciones. Cada visita se coordinó con el equipo local de dirección y se efectuaron seguimientos empleando informes mensuales del progreso realizado. Para asegurar que las comunicaciones fuesen continuas, establecimos una página interactiva en la intranet, lo que proporcionó a los empleados un lugar en el que plantear preguntas. Por otro lado, en un boletín electrónico de noticias bimensual se podían hallar las respuestas a las preguntas más comunes, así como noticias relacionadas con la integración. También produjimos un vídeo para otros departamentos, por si acaso se planteaban preguntas acerca de lo que sucedía en I+D.

Las visitas de Marco a las instalaciones de I+D fueron bien recibidas. La gente se sintió aliviada al saber cómo se iban a tomar las decisiones y al contar con una fecha relativamente firme para conocer cuáles serían sus destinos. Aun así, las entrevistas y encuestas que se realizaron entre el personal de I+D justo después de la primera oleada de comunicaciones pusieron de manifiesto que la gente de ambas compañías abrigaba desconfianza y experimentaba una sensación subyacente de ansiedad. El personal de «Venerable» estaba muy decepcionado y se sentía traicionado por el hecho de que su consejo de directores hubiera decidido vender la empresa. A la mayoría le parecía que los problemas se podrían haber resuelto sin necesidad de una fusión. Y, para empeorar las cosas, muchos estaban convencidos de que «Venerable» había sido adquirida por una empresa inferior. Consideraban indigno de su confianza al nuevo equipo ejecutivo de CoVen y, como prueba de que la «fusión entre iguales» era una farsa, citaban el nombramiento de un elevado número de ejecutivos de «Commando» para ocupar los nuevos puestos superiores (en comparación con los pocos nombramientos de ejecutivos de «Venerable»). En cuanto a la gente de «Commando», aunque comprendía los nuevos nombramientos en I+D, se sentía sorprendida y molesta por tener que pasar también por eso. Como pertenecía a la empresa compradora, se había imaginado que sus puestos de trabajo estarían a salvo. Les costaba aceptar que pudieran perder su empleo a manos de gente de «Venerable». Y, lo más problemático de todo, encontramos pruebas de que los altos directivos de I+D estaban contribuyendo a crear un ambiente de confrontación («nosotros contra ellos»).

Lo único que hicieron esos descubrimientos fue demostrar que mucha gente de la organización abrigaba intensos sentimientos de preocupación y duda acerca de la intención de la fusión y el proceso de cambio. Marco y su equipo hablaron de estos temas, y él dijo:

—La fusión es un hecho. La gente no tiene más remedio que aceptarla y seguir adelante. Y si creían que no tendrían que competir por conservar sus puestos de trabajo, es que son unos ingenuos.

—Es posible —le repliqué—, pero eso no invalida el hecho de que algunos altos ejecutivos estén participando en esas sesiones de quejas, y esto haya favorecido bastante que los demás se muestren negativos y adopten actitudes difíciles. En lugar de ofrecerles liderazgo en momentos de emociones intensas, están contribuyendo a crear el problema.

Marco se sentía incómodo con estos temas «de sentimientos».

—Concentrémonos en las tareas operativas —dijo—. Una vez que todos sepan dónde se encuentran, todo esto desaparecerá.

Volví a presionar a Marco:

—Cada miembro de este equipo debe tratar directamente con sus directores. Necesitamos hablar con todos los directores acerca del proceso, contestar las preguntas que se pueden responder ahora y animarlos a tranquilizar a la gente para que siga haciendo su trabajo durante estos meses de incertidumbre. De lo contrario, la moral de la organización se continuará erosionando y finalmente nos encontraremos con directores que han perdido su credibilidad o que son incapaces de abordar temas delicados.

Marco estaba convencido de que éramos unos alarmistas. Se alejó de la mesa y dijo:

—Eso ya lo solucionaremos cuando pase, si es que pasa.

Pero yo seguía preocupada. Sabía que si los directores y supervisores directos no se frenaban a la hora de expresar públicamente su desacuerdo y escepticismo, la gente se sentiría menos inclinada a aceptar los desafíos y situaciones difíciles cuando llegara el momento de «vivir el cambio», en la fase de la implantación. Marco y los otros líderes de I+D tenían que hablar con ellos, tratar de entender sus preocupaciones e insistir en que todo el equipo de dirección abordaba los temas de una forma profesional y directa. Tenían que explicar el contexto y las justificaciones racionales, así como las motivaciones que había tras la fusión, haciendo hincapié en su potencial positivo. Debían asegurarse de que todos comprendieran bien los criterios de toma de decisiones, el proceso y su desarrollo en el tiempo, para que pudieran tranquilizar a sus empleados, sin añadir más leña al fuego.

Hablar con las personas más representativas

La campaña de comunicaciones se había diseñado para que alcanzara a todos los miembros de la organización de I+D y así se hizo, pero también necesitábamos conversar de una manera más profunda y detallada con un subgrupo importante: los trabajadores cualificados clave. Creo que esas personas eran muy representativas; se trataba de los médicos, doctores y especialistas que constituían los principales valores de CoVen y que eran muy respetados por la organización. Todos observaban atentamente cómo se les trataba y cuáles eran sus acciones y reacciones. Acordamos que Marco emprendería una campaña de comunicación personal con dichas personas de I+D. En esa categoría entraban alrededor de treinta médicos y científicos, que no se hallaban incluidos en el equipo de integración funcional de Marco (EIF).

La tarea no fue fácil. Se trataba de profesionales muy cultos, muy especializados y bien pagados que disponían de mucha autonomía y que estaban acostumbrados a controlar sus propios destinos. Además, en su mayor parte eran más fieles a su disciplina académica y a sus proyectos que a la propia empresa. Las conversaciones que Marco mantuvo con ellos fueron intensas y, a menudo, espinosas. Los temas abarcaron desde cuestiones prácticas, como selección y financiación de un proyecto, , hasta temas estratégicos y filosóficos: ¿Cuál sería el papel de I+D en esta nueva empresa? ¿Qué ámbitos terapéuticos se elegirían? ¿Qué deseaba conseguir cada científico?

Marco lo hizo bien: los científicos acordaron apoyar la integración y quedarse en CoVen si eran elegidos para ocupar los nuevos puestos. Me sentí particularmente impresionada al comprobar que había podido conectar con la doctora Margolis, convenciéndola de que asumiera un compromiso más explícito con la empresa. Ella prometió no hablar con ningún cazatalentos; primero se pondría en contacto con él cada vez que algo la preocupara. No obstante, sospechaba que aún no se había resuelto el tema fundamental de los valores. Sabía por experiencia que el choque de valores crea una situación muy complicada en la que, a menudo, lo mejor que se puede conseguir es una coexistencia pacífica, antes que una plena conversión de los que no están convencidos. Me pareció posible que Marco hubiera persuadido lo suficiente a la doctora Margolis en lo que respectaba a «esperar a ver» cómo se desarrollaban las cosas, pero pensé que, en el fondo, seguía existiendo la posibilidad de que decidiera marcharse. Marco, en cambio, lo veía de modo diferente:

—Es una profesional. Ha hecho un trato y si es tan íntegra como usted asegura, lo cumplirá. Además, se va a convertir en una estrella. ¿Por qué habría de marcharse?

Pasar a la implantación

En términos generales, el final de la fase de preparación no se produce en un momento claro y definitivo, ya que eso no sucede en ningún momento a lo largo del proceso de transformación, pero hay hitos que pueden servir para señalar cuándo una fase se acerca a su fin y cuándo comienza la siguiente a adquirir impulso. En las fusiones y adquisiciones, el acuerdo empresarial es el que inicia en serio la fase de preparación y el cierre de dicho acuerdo señala el inicio «oficial» de la fase de implantación. De hecho, eso puede estar claro o no, dependiendo de la aprobación de los organismos reguladores oficiales o de los retrasos. Es posible que dos organizaciones que se encuentran en esa situación se mantengan en sus respectivos estados, a la espera, preguntándose cuándo empezarán a suceder cosas, mientras que los líderes se esfuerzan por responder a las exigencias planteadas por los organismos reguladores. En otro tipo de cambios, la fase de implantación se puede iniciar suavemente, en cuanto se nombra al primer equipo piloto y este empieza a realizar su trabajo, o quizá se inicie de una forma espectacular y pública, con un gran acto de lanzamiento que incluya discursos en los que se expliquen los planes, los nuevos nombramientos, se dé cuenta de las sesiones de formación y se esbocen los primeros intentos de creación de equipos.

Al margen de cómo empiece esta fase, su inicio no siempre garantiza un final feliz. Más de una iniciativa de cambio ha zozobrado al principio de la fase de implantación, normalmente porque no se han afrontado debidamente dos desafíos clave de la fase de preparación:

1. Los líderes no han logrado la alineación, y las incoherencias resultantes entre las tareas que hay que realizar, las filosofías empresariales y las prioridades, pueden provocar una tremenda confusión y conflictos entre los equipos y los grupos. En esos momentos la gente se siente frustrada y desilusionada y la organización termina por retroceder ante el cambio. El equipo de dirección se enzarza en peleas internas o cae en el aislamiento y es posible que los mejores directores abandonen la empresa.
2. La gente no cree lo suficiente en la necesidad de cambio o no apoya el plan. En cualquier caso, cuando llegue el momento de configurar los equipos y pedir ayuda a toda la organización, es posible que los empleados no estén dispuestos a apoyarlo.

La lección que se desprende de todo esto es que al principio hay que ir lentos, para cobrar velocidad más tarde. Hay que tomarse el tiempo que se necesite a fin de preparar a la organización para el cambio. Es preciso resistirse a la tentación de «hacerlo ya», puesto que de lo contrario será más duro de lo necesario. Hay que disfrutar del periodo de ansiedad esperanzada, ya que será una fuente de energía durante el cambio inminente.

Cuarta parte

La implantación

El monstruo sale de su escondite

8

Lanzarse de cabeza

Pasar de las palabras a los hechos

¡Ha llegado el momento de entrar en acción! La fase de implantación suele ser bien recibida, sobre todo por los que se sentían impacientes por «hacer algo» y los que temían que la «parálisis del análisis», durante la fase de preparación, mantuviera petrificada a la empresa. Del mismo modo que los altos ejecutivos han tenido que reclutar, alinear y hacer participar a su equipo de liderazgo para poner en marcha la iniciativa del cambio, los niveles sucesivos de la dirección tienen que involucrar ahora al resto de la organización en cuanto se empieza a poner en práctica el cambio.

En esta fase, como en todas las demás de la curva del cambio, los líderes tienen que gestionar las expectativas, la energía y la experiencia de la organización. Durante el estancamiento, tuvieron que intensificar el anhelo por el cambio. Durante la preparación, convencer al personal de lo que podría llegar a ser. Ahora, durante la implantación, ha llegado el momento de poner a trabajar toda esa ansiedad acumulada, para animar a la nueva organización. En estos momentos se espera que la gente haga algo más que escuchar y plantear preguntas: tienen que actuar y participar. Ha llegado la hora de poner en práctica todo lo que se ha dicho.

Y esa no es una tarea fácil. Según decía mi madre (más de una vez), «cuando la fantasía y la realidad compiten, la fantasía siempre gana». No es de extrañar, ya que la fantasía no conoce limitaciones ni sudores ni consecuencias negativas. No hace sino encumbrarse en nuestra imaginación. Cuando llega el momento de poner en práctica los planes, la gente descubre a menudo que la realidad de lo que se necesita para llegar hasta allí suele ser radicalmente distinta a lo que indicaban sus fantasías sobre el proceso. La implantación es la parte más dura, ya que aquí se trata de realidades y, como dice el título de una película: «La realidad muerde»*.

De adolescente a menudo pensaba en ser madre. Me imaginaba acudiendo al hospital para tener el bebé. En mi fantasía, llegaba gorda, ligeramente torpe y sintiéndome un poco incómoda. En la siguiente escena me veía en la cama, con un hermoso bebé envuelto en una manta de color azul o rosa. Todo era dulce, limpio, muy romántico. Luego, un día, le pregunté a mi madre si tener un bebé dolía. Me contestó: «¡Sí!». Quedé conmocionada y pensé: «No deberías habérmelo dicho. Aunque sea cierto, no deberías habérmelo dicho». Pues bien, en este caso tengo que decirlo: crear un cambio radical en una organización es algo que duele y, como sucede en un parto, es confuso y doloroso, aunque también es cierto que, en último término, resulta gratificante.

Durante esta fase, los líderes, junto con el resto de la organización, experimentarán dolor, sobre todo si uno de ellos desea crear un cambio significativo y al mismo tiempo ser universalmente querido. Cuando una persona (el líder) le dice a otra (el empleado) que tiene que cambiar, raras veces inspira amor; lo más habitual es que se produzca tensión, situaciones embarazosas e, incluso, resentimiento. Algunas personas montan en cólera al enterarse de las nuevas exigencias; luego se calman y, después de haber tenido tiempo para reflexionar, hasta es posible que se muestren de acuerdo con la valoración del líder, lo cual no significa que les agrade. Unos pocos responderán como atletas serios ante un buen entrenador: se interesarán, se mostrarán atentos y estarán dispuestos a cumplir las órdenes, mientras otros exhibirán extraordinarios poderes de negación y sabotaje.

Esas mismas pautas también se dan en el conjunto de una organización. Como dice una colega mía: «Cabe esperar que se cumpla la regla de los tercios: un tercio considerará que los cambios son irrelevantes para ellos, otro tercio los asumirá con diversos grados de entu-

---

* Película estrenada en 1994 con el título original de *Reality Bites,* que en España se tradujo por *Bocados de realidad. (N. del T.)*

siasmo, y el último tercio estará en desacuerdo y se resistirá, ya sea abiertamente o en secreto». Hay que educar al primer grupo, reforzar al segundo y dirigirse al tercero con la esperanza de convertirlos. Una de las primeras preguntas que deben plantearse es: «¿Habrá grupos que no se vean afectados por el cambio?». En tal caso, es importante comunicárselo. Aun así, los que consideran la iniciativa irrelevante para ellos lo hacen porque no han entendido los efectos de segundo y tercer orden del cambio. Por lo tanto, necesitan que alguien que comprenda estas dinámicas les eduque.

En todos los sectores de una organización (entre los ejecutivos, los mandos intermedios o los colaboradores individuales), siempre habrá algunas personas que no querrán ver las implicaciones, bien sea porque se disponen a marcharse, porque se han instalado cómodamente, porque no les importa, o porque están en desacuerdo o distraídos. Otros tendrán el hábito de limitarse a seguir la corriente, de hacer únicamente lo que se les pide, pero sin implicarse profundamente. En tales casos, el hecho de pasar a la acción (sobre todo en un cambio que afecta al conjunto de la organización) termina por sacudir los fundamentos de su mundo laboral con la fuerza de un terremoto. Sin embargo, para todos aquellos que experimentan una saludable insatisfacción con el *status quo*, pasar a la acción debería ser algo estimulante y, por lo tanto, habrían de recibirlo bien. Aun así, los líderes del cambio llevado a cabo con éxito son respetados y admirados, pero no amados.

El momento propiamente dicho de pasar de la preparación a la implantación varía, dependiendo del tipo de cambio de que se trate. En una fusión, es el momento en que esta ha sido aprobada por los organismos reguladores oficiales y la han firmado los líderes de las respectivas empresas. A partir de ese momento se puede empezar a utilizar el nuevo logotipo y eslogan en la publicidad. Se empiezan a colocar los nuevos carteles en los edificios, a crear la nueva organización, y el nuevo equipo directivo se hace cargo de sus responsabilidades.

En una transformación interna, la implantación suele iniciarse cuando el plan ya se ha dotado del suficiente contenido, y ha sido lo suficientemente detallado como para empezar a distribuir tareas. Si la dirección ha planteado bien la necesidad de llevar a cabo un gran cambio, la gente de la organización estará de acuerdo o se sentirá entusiasmada o ansiosa, aunque todo seguirá siendo pura teoría mientras no sepan qué se supone que deben hacer de modo diferente. A mediados de la década de 1980, cuando se popularizaron las declaraciones sobre la visión de lo que había de ser una empresa, no era extrañó que un equipo directivo comunicara lo que considero una «visión descarnada», una declaración agresiva de aspiraciones, sin ningún plan específico para alcanzarlas. Mi ejemplo preferido en este sentido es el de un cliente que intentó animar al personal diciéndole: «Vamos a ser grandes entre los grandes». Aunque esta declaración sea inteligible, es posible que lo único que se les esté comunicando a los empleados sea aquello que la dirección desea para la empresa y no lo que desea que hagan ellos. Uno de mis colegas dice: «Sé que todavía estamos en la fase de preparación cuando veo que el plan tiene más agujeros que queso. No estaremos preparados para la implantación hasta que podamos decirle a la gente lo que queremos que haga el lunes por la mañana».

El inicio de la implantación quizá no sea claro o coherente en toda la organización. Puede comenzar de formas muy distintas, dependiendo de la situación concreta, el estilo de los líderes y la naturaleza del cambio deseado. Normalmente, no es necesario ni ventajoso disponer de líneas de demarcación claras entre las fases. Lo importante es adaptar el proceso de cambio para que encaje con los detalles particulares de la organización.

Opciones para iniciar la implantación

Hay muchas maneras de iniciar la implantación; lo verdaderamente importante es elegir activamente qué, cuándo y por dónde empezar, de modo que se tengan las máximas posibilidades de alcanzar el éxito dentro del tiempo previsto. En algunas implantaciones se utilizarán todos los métodos. En otras, bastará con uno para conseguir el propósito deseado. A continuación, indico algunas de las opciones.

Probar y luego desarrollar. Escalonar el inicio de la implantación introduciendo uno o más programas piloto para probar el diseño antes de aplicarlo a toda la organización. Esto funciona mejor cuando la transformación implica un proceso nuevo que se tiene que probar (y perfeccionar) a pequeña escala, separado del resto de la organización o en paralelo con esta. Ejemplos: un nuevo enfoque de equipo respecto del servicio al cliente, que se pueda aplicar sólo a una marca o línea de productos, o un nuevo proceso de fabricación que se pueda probar con pequeñas tiradas de un producto nuevo.

Crear primero el comportamiento. Para demostrar que la organización puede alcanzar el éxito, hay que concentrarse en un solo objetivo que afecte a toda la gente. Eso es lo contrario de lo que dice el entrenador: «¡Debéis tener una actitud de ganadores!». El método de «primero el comportamiento» funciona mejor cuando el oprimido dice: «Tú me ayudas a ganar y ya verás cómo te asombra mi actitud». Este enfoque es útil en organizaciones donde se cree que el cambio es imposible. Cuando Ray Álvarez se hizo cargo de Micro Switch, primero concentró la atención de su equipo de dirección en un objetivo importante: la entrega a tiempo de los productos.

Contratar a una nueva estrella o escenificar una ejecución pública. Asigne o contrate a alguien desacado (buscando alta credibilidad e impacto) para encabezar el esfuerzo de cambio, o despida a un ejecutivo recalcitrante que no dirija el cambio. Cualquiera de estas dos acciones demuestra la seriedad del compromiso con el cambio. Nada llama más rápidamente la atención de la gente que contratar a alguien nuevo o formalizar un despido. Estas medidas son particularmente efectivas cuando la «vieja guardia» ostenta el poder desde hace algún tiempo y todo el mundo supone que es inamovible.

Captar por atracción. Se trata de trabajar para implantar los cambios en una división, planta o unidad de negocio, y utilizar los éxitos que se produzcan en ella como modelo para otras. Es un buen enfoque cuando las unidades se conciben a sí mismas como similares y están dispuestas a aprender unas de otras. Resulta un poco más duro cuando las diversas partes de la organización se caracterizan por «rivalidades entre hermanos», fuertes diferencias culturales o una autonomía celosamente protegida.

Multiplicación planificada. Inicie el proceso de cambio sólo en unos pocos lugares, y recoja las semillas con los líderes que dirigirán la siguiente oleada de la implantación. Hágalo explícitamente y concédales tiempo para que compartan sus mejores prácticas a medida que avanzan. Saber que tendrán que poner en práctica ese mismo proceso en su propia organización les predispondrá a desarrollar un plan contrastado experimentalmente y muy mejorado para la siguiente ronda. Procure que la observación, reflexión y documentación del aprendizaje formen parte de sus exigencias, ya que contribuirá a crear capacidad para el cambio. Este enfoque es particularmente útil cuando el cambio implica la reproducción de un sistema o procedimiento que sea razonablemente mecánico y cuantificable, como, por ejemplo, la utilización de una nueva herramienta de software en una red de sucursales bancarias.

La implantación es, por definición, una fase operativa. Se trata de definir y gestionar la ejecución de nuevas estructuras organizativas, de puestos de trabajo, de procesos y de interconexiones. La existencia de excelentes capacidades para gestionar proyectos contribuirá mucho a tranquilizar a la organización. Cuando la gente tiene clara su tarea y sabe lo que se espera de ella, así como los procesos y mediciones del rendimiento que se utilizarán, experimenta una mayor sensación de control y se muestra más optimista acerca del éxito. Dado que muchas empresas cuentan con directores de proyectos cualificados, asumiré que los lectores poseen buenas habilidades para gestionar proyectos o saben dónde conseguirlas.

¿Qué distingue al esfuerzo de cambio de la metodología establecida para la gestión de los proyectos? El alcance y los plazos. Aquí se pueden aplicar muchas de las prácticas más habituales, aunque gestionar la creación de un nuevo producto es algo que está a años luz de crear una nueva organización. Esto no sólo es cierto en el caso de las fusiones, sino también en la creación de nuevas empresas para el comercio electrónico. En las fusiones, la escala y la complejidad son los principales factores, y el tiempo puede ser en ocasiones un elemento significativo. En la creación de empresas para el comercio electrónico, la velocidad impulsa la toma de decisiones y la implantación de forma inusitada no experimentada anteriormente por la mayoría de hombres y mujeres de negocios. En ambas situaciones es básica la gestión de los aspectos emocionales.

Las dinámicas humanas pueden echar por tierra una buena ejecución

Hasta las mejores ejecuciones pueden fracasar debido a factores y dinámicas humanas, bastante comunes en la fase de la implantación. Es un engaño creer que lanzarse a la acción resolverá los conflictos subyacentes y erradicará las dudas que aún persisten. No suponga, por ejemplo, que una persona que ya sabe que tiene un puesto de trabajo y cuál es su función vaya a mostrarse plenamente comprometida y a ser del todo leal a la nueva organización. No suponga, tampoco, que por el simple hecho de que esa persona tenga «un buen trabajo», disculpará y olvidará cualquier decepción que haya experimentado hasta ese momento.

Otras suposiciones erróneas son: un equipo recién nombrado funcionará y alcanzará los resultados deseados, o una organización recién diseñada se situará rápidamente en el lugar que le corresponde. ¡Ojalá fuera cierto!

Una vez trabajé con un joven que dirigía un equipo encargado de instalar un nuevo sistema informático, una tarea plagada de complicaciones, de giros inesperados, de sorpresas. A medida que se desarrollaba el trabajo, se fue multiplicando el número de peticiones presentadas por los usuarios, incluso mientras el equipo se esforzaba por completar las tareas ya asignadas. Un empleado de sistemas se quejó: «Quieren la luna y las estrellas, pero no piensan concedernos ni siquiera un solo minuto de su valioso tiempo». Empezaron los retrasos y aumentó la irritación. El director del proyecto reconoció la frustración que todos sentían y decidió que era importante expresarla abiertamente. Para ello, instituyó reuniones dos veces a la semana en las que participarían el equipo del proyecto y sus principales usuarios.

En la primera de ellas, dijo: «Iniciaremos cada reunión exponiendo durante quince minutos nuestras quejas. Cualquiera podrá hablar de sus problemas o desilusiones. En estas sesiones, visitaremos el valle de lágrimas, pero no lo abandonaremos». Entonces, uno de los participantes intervino para decir: «Será el momento para decirnos unos a otros: "¿Verdad que es terrible?" y "Pobre, lo que le ha tocado". A veces nos ponemos furiosos, pero otras nos hace gracia o exageramos muchísimo. Eso alivia el estrés». Así que, dos veces a la semana, visitaron el valle de lágrimas, aunque sólo durante los quince minutos de rigor. A continuación venía una sesión laudatoria, también de quince minutos de duración, en la que la gente hablaba de pequeñas victorias, de los problemas que habían podido resolver y de los clientes que habían quedado satisfechos. El resto del tiempo se dedicaba a resolver los problemas reales y a decidir qué hacer a continuación. Durante los diez meses en que se desarrolló el proyecto, estas reuniones contribuyeron a fomentar la camaradería y la confianza entre los miembros del equipo y sus usuarios, y también a eliminar la tensión, desarrollar habilidades para solucionar problemas y ayudar a todos a tomar conciencia de que trabajaban juntos para alcanzar los mismos objetivos.

Micro Switch: crear convicción

En la fase de la implantación, Ray Álvarez eligió el enfoque de «crear primero el comportamiento». Quería aumentar la sensación de urgencia dentro de la organización, y estimular a la gente para conseguir que se moviera con mayor rapidez en las cuestiones esenciales. En este sentido, decidió concentrarse en un solo tema; un tema que fuera de importancia capital para el cliente y que marcara un antes y un después, tanto para ellos como para Micro Switch. Las investigaciones llevadas a cabo por Ray habían puesto de manifiesto que lo que más les importaba a los clientes era la entrega a tiempo que, actualmente, en Micro Switch se mantenía en una tasa de éxito del ochenta y dos por ciento. La insatisfacción del cliente aumentaba peligrosamente, por lo que era necesario mejorar la tasa de entrega a tiempo.

Desde el mismo momento en que llegó a Freeport, Ray había hablado con su personal sobre la necesidad de mejorar el rendimiento de la división que se encargaba de entregar a tiempo los pedidos. Uno de los directores recuerda: «Ray quería saber si contaba con gente inteligente, capaz de comprender lo que se necesitaba hacer y de hacerlo». Ahora bien, a pesar de haber dicho que mejorar el rendimiento en las entregas era una de las prioridades fundamentales de la empresa, no había cambiado casi nada. Basándose en la teoría de que, «la gente vigila lo que ve que se vigila», decidió convertir la entrega a tiempo en el modelo para crear comportamiento. Controlaría personalmente y sin perderlos de vista el comportamiento de los directores y pediría a sus subordinados directos que hiciesen lo mismo. Estableció una reunión semanal, que se celebraba cada lunes al mediodía (no se servía almuerzo), para discutir única y exclusivamente un tema: la mejora en el rendimiento de la entrega a tiempo, e impuso el objetivo de alcanzar un noventa y seis por ciento de éxito en la misma. Les comunicó a los asistentes que las reuniones se mantendrían hasta que se consiguiera ese objetivo. A las reuniones asistían unos veinticinco empleados, entre ellos algunos altos directivos y varias personas estrechamente relacionadas con el problema. El grupo funcionó como una especie de comité de seguimiento y como un equipo de proyecto.

Ray se negó a decirles cómo había que aumentar el éxito de la entrega a tiempo, y de hecho, quizá ni él mismo lo sabía. En lugar de eso, los desafió a desarrollar sus propios planes, a crear sus propios y pequeños equipos y a hacer todo lo que fuese necesario para mejorar el rendimiento en las entregas. Cada semana, les hacía las mismas preguntas: ¿Qué estamos haciendo para mejorar la entrega a tiempo? ¿Qué hicimos la semana pasada? ¿Qué planeamos hacer esta semana? ¿Qué más podemos hacer para alcanzar nuestro objetivo?

Para los miembros de este grupo, ese examen semanal delante de sus compañeros fue una experiencia nueva e incómoda. Uno de los participantes recordó: «Esencialmente nos dijo: "no quiero oír excusas. Voy a estar encima de vosotros en este asunto y os voy a considerar responsables"». En una de las primeras reuniones, Ray anunció que tenía la intención de visitar a una serie de proveedores para pedirles su apoyo en la iniciativa de la entrega a tiempo. El jefe de compras se resistió a la idea. «Todos nuestros proveedores trabajan con contrato —argumentó—, y no podemos hacer ningún cambio con ellos hasta que llegue el momento de renovárselo. Es una pérdida de tiempo intentar cambiar nuestros acuerdos antes de entonces.» El debate se acaloró, pero el jefe de compras no quiso dar su brazo a torcer.

Poco después de la reunión, Ray decidió utilizar otra de las opciones estándar de la implantación: la ejecución pública, y le comunicó al jefe de compras que sería prudente por su parte que empezara a buscarse otro trabajo. El director no perdió el tiempo en encontrar otra tarea en una división diferente. Su marcha, precipitada por Ray, algo de lo que todo el mundo era consciente, subrayó la importancia del tema de la entrega y demostró hasta dónde estaba dispuesto a llegar con tal de conseguir el objetivo.

Tras la marcha del jefe de compras, las reuniones se volvieron angustiosas e inquietantes. Uno de los participantes dijo: «La mayoría de nosotros pensaba: "¿Sobreviviré a esto?". Realmente no sabíamos qué hacer para mejorar la calidad en nuestro servicio de reparto». No obstante, el ambiente de las reuniones poco a poco fue pasando de la tensión a la colaboración y la productividad. Un tiempo después, ese mismo miembro del equipo comentó: «Lo más intrigante de todo fue que no desarrollamos ninguna herramienta nueva, ni emprendimos ninguna acción radical. Empezamos a prestarle atención a la entrega a tiempo porque Ray se la prestaba. Y así, gradualmente, nuestro rendimiento en la entrega mejoró. El cambio nació básicamente de estar atentos y de no desfallecer. A partir de esta iniciativa, todos aprendimos que si nos centrábamos juntos en la solución de un problema, podíamos encontrar una forma de solucionarlo».

Una de las acciones realizadas para mejorar la OTD fue una actividad bastante simple y nada espectacular: «Durante años, hemos utilizado un número de doce dígitos para identificar a nuestros clientes, en lugar de su nombre —dijo Ray—. Ese número no tenía significado alguno para los empleados que fabricaban el producto. Una de las ideas del equipo de la entrega a tiempo consistió en imprimir el nombre del cliente en toda la documentación del pedido, junto con el número de doce dígitos. Aquello implicó un cambio radical para la gente de la cadena de montaje. De repente, comprendieron la relación entre su trabajo y el de otro ser humano, el cliente. Esto les proporcionó un mayor conocimiento del cliente y aumentó su compromiso para entregar los pedidos a tiempo».

Otra idea bastante sencilla generada por el equipo fue crear el informe diario de «incumplimientos», que no sólo mostraba el rendimiento de la empresa en las entregas de ese día, sino también los incumplimientos. El informe comparaba el rendimiento cotidiano con las cifras del día y la semana anteriores, e identificaba las causas de los retrasos y las acumulaciones puntuales de trabajo.

Los líderes dijeron que la prohibición de hacer horas extras era uno de los factores que incidía sobre el rendimiento deficiente en las entregas, y permitieron hacerlas. De ese modo, los supervisores pudieron autorizar el trabajo extra siempre que se necesitara para satisfacer las fechas de entrega a un cliente.

Una vez puestos en marcha estos y otros cambios, Micro Switch se sintió lo bastante segura para poder ofrecerles a sus clientes una garantía: «Si nos retrasamos en la entrega, pagaremos los portes». Esta señal, tan sencilla como tangible, transmitió al mundo exterior que las cosas estaban cambiando, ya que la empresa realizaba un gran esfuerzo para servir a sus clientes y estaba dispuesta a asumir las consecuencias si no entregaba los pedidos a tiempo.

Micro Switch alcanzó el objetivo previsto del noventa y seis por ciento de entregas a tiempo en seis meses. «Ese fue nuestro primer éxito —dijo Ray—. Quería demostrar a la organización que podíamos abordar un problema y resolverlo. Todo el mundo estuvo a la altura del desafío. Teníamos que mostrar un comportamiento ganador antes de que nos pudiéramos creer capaces de ganar. Y eso funcionó como un hechizo.»

En cuanto la iniciativa de la entrega empezó a dar señales de éxito, Ray identificó la siguiente acción: limpiar las fábricas. Empezó hablando de la importancia que tenía mantener la casa limpia y también abordó el tema de la seguridad en las fábricas de Micro Switch, lo que le llevó a inspeccionar regularmente las instalaciones sin previo aviso. A raíz de esto, los directores de las fábricas impusieron exigencias más estrictas sobre la limpieza y pidieron capital para comprar nuevos bastidores para las máquinas, protectores contra las salpicaduras y para mejorar la iluminación. Ray dio su aprobación a todo, pero también desafió a los directores de las fábricas a que le presentaran un plan para mejorar la productividad y los beneficios. Estos lo aceptaron y trabajaron duro para presentar un plan de reconversión propio. Una parte de dicho plan incluía un programa a largo plazo para sustituir la maquinaria anticuada por equipo nuevo y avanzado. Una vez que cumplieron sus objetivos a corto plazo y demostraron que seguían el camino adecuado para cumplir los objetivos a largo plazo, Ray aprobó la compra de nuevas máquinas. La llegada de las primeras tuvo un impacto y un significado espectacular e intenso para los obreros. Uno de ellos dijo: «Hacía mucho tiempo que no veíamos equipo nuevo. La mayoría de las máquinas ya estaban aquí mucho antes de que empezáramos a trabajar para Micro Switch, y eso que muchos de nosotros llevábamos en la empresa de quince a veinte años, así que, para nosotros, fue algo realmente especial ver todas aquellas máquinas nuevas. Fue muy agradable tener la sensación de que a los directivos les preocupaba el funcionamiento de la fábrica y la gente que trabajaba en ella. Nos sentimos realmente orgullosos y muy animados».

Uno de los objetivos perfilados por Ray durante la fase de preparación fue: «Ganarse el derecho a pedir a los empleados que asumieran nuevos cambios, demostrándoles que la empresa se preocupaba por ellos». Un supervisor de fábrica observó: «Tengo que admitir que cuando Ray empezó a martillearnos con la entrega a tiempo, la limpieza y la seguridad, era bastante escéptico, pero no cabe la menor duda de que "invirtió un dinero que corroboraba sus palabras", y mi escepticismo quedó atrás. Además, es un tipo con mucha energía y si él hace tanto yo no quiero quedar como un vago». Todas estas acciones, relativamente pequeñas, como las reuniones periódicas, despedir a un directivo recalcitrante, mejorar las entregas y conseguir que las fábricas estuviesen más limpias, no hicieron en sí mismas que Micro Switch se volviera más «competitiva para el siglo XXI» de la noche a la mañana, pero sí que contribuyeron a preparar el terreno para la transformación. Sinteticemos sus efectos:

- Demostraron que Ray iba en serio cuando hablaba de introducir cambios y que era capaz de lograr que su equipo directivo también se lo tomara en serio. La organización comprendió que utilizaría su autoridad e influencia para obligar a otros a actuar.
- Las medidas afectaron a una amplia variedad de personas en todos los niveles de la organización. Esta involucración general demostró ser extremadamente importante, ya que ratificaba el papel tan esencial que todos cumplían en la reconversión de la empresa y le daba a un gran número de personas la posibilidad de probar las dificultades y recompensas que se derivaban de cambiar las cosas.

- Demostraron que Ray estaba dispuesto a utilizar su autoridad sobre el gasto, siempre que este estuviera bien pensado y planteado, y que ayudaría a la organización a alcanzar sus objetivos. Ese respeto y reciprocidad ayudaron a generar confianza.
- Establecieron nuevos niveles de involucración y energía. Ray demostró que estaba dispuesto a trabajar personalmente con diligencia y concentración, y esperaba que los demás hicieran lo mismo. La energía engendra energía. La gente responde a sus modelos.
- Fueron medidas concretas y perceptibles. Los niveles de entrega a tiempo se podían expresar en cifras. La satisfacción de los clientes se medía mensualmente. La nueva maquinaria era algo que todos podían ver y tocar. Estas reacciones positivas y tangibles produjeron a su vez acciones intangibles: sensaciones de logro, colaboración y esperanza. Un nuevo espíritu de renovación pareció difundirse por toda la organización.

Por aquella época, uno de los directivos comentó: «Percibo por aquí un nuevo y estimulante atisbo de animación que me recuerda el inicio de la primavera en Minnesota, cuando se disfruta de esos primeros días cálidos en los que todavía queda nieve, pero uno sabe que lo peor del invierno ya ha pasado y que está a punto de llegar el calor».

CoVen: ¿desarrollo bien planificado o simulacros de incendios?

Cuando finalmente se firmó la documentación del acuerdo de fusión, cada miembro del equipo ejecutivo de integración de CoVen (EEI) recibió luz verde para empezar a poner en práctica todo el proceso de selección y de gestión de las nuevas organizaciones. I+D había creado subequipos responsables del desarrollo de todos los detalles de la nueva estructura organizativa: qué capacidades se necesitarían en cada ámbito de actuación, dónde se situaría a la gente, cuáles serían los salarios y las nuevas descripciones de los puestos de trabajo, a cuánta gente habría que despedir, y qué servicios de indemnizaciones se ofrecerían y a quién. También se crearon otros equipos para diseñar procesos fundamentales, revisar la existencia de productos en desarrollo e identificar oportunidades para reducir costes.

Durante la fase de preparación pareció que sólo participaba en ella un grupo pequeño, exclusivo y reservado. Ahora, en cambio, Co-Ven se convirtió en un hervidero de actividad. Se iniciaron los traslados de gente y de funciones, el proceso de nuevos nombramientos era muy intenso, las salas de conferencias estaban continuamente reservadas para grupos que finalmente empezaban a trabajar juntos, se entrevistaba a la gente, se organizaban visitas a las fábricas para personas hasta entonces ajenas a las misma y los intercambios de documentación ponían a prueba la capacidad del sistema de intranet. Como dijo un director: «Espero que toda esta planificación valga la pena ya que, en estos momentos, más bien parece un simulacro de incendios un tanto caótico, que un desarrollo bien planificado».

Aproximadamente un mes después del nombramiento de Marco Trask, iniciamos nuestra tarea de control del estado de ánimo colectivo y el nivel de confianza de la organización de I+D, y lo seguimos haciendo a medida que se ponía en marcha la integración. Después de cada gran anuncio, obteníamos información a través de entrevistas personales, encuestas por escrito y grupos de contraste, que afectaban aproximadamente al veinte por ciento del personal, y que nos ayudaban a valorar y calibrar percepciones, preocupaciones y expectativas a lo largo de todo el proceso. Esos datos fueron fundamentales a la hora de guiar las comunicaciones, afrontar cualquier punto conflictivo antes de que estallara, ayudar a comprender cómo cambiaban o no las actitudes, identificar los acontecimientos que desencadenaban reacciones entre grupos concretos y medir su intensidad. Sabíamos que, muy probablemente, nos encontraríamos con periodos de muy baja productividad, confusión, protesta, entusiasmo o cólera y queríamos estar lo mejor preparados posible. Y éramos conscientes de que mirar para otro lado no haría sino empeorar las cosas.

Nuestros «controles de temperatura» pusieron de manifiesto lo que ya esperábamos: la gente sentía un abrumador anhelo de obtener más información. Sin embargo, también descubrimos algo que no nos esperábamos: cuando un grupo concreto no aparecía mencionado en un gran comunicado, la ansiedad de la gente que lo componía aumentaba. Estas personas creían entender toda clase de mensajes por omisión y entonces se disparaban los rumores. La verdad es que la primera vez que esto sucedió, nos sorprendió, pero reaccionamos con rapidez preparando paquetes de información actualizada para los directivos de los grupos «omitidos», de modo que estos pudieran explicar por qué su oficina o departamento no había quedado incluido en el comunicado que se tratara y cuándo podrían recibir una información más concreta acerca de su grupo. Después de este incidente, preparamos paquetes de información actualizada para todos los departamentos, que entregábamos a los jefes de cada uno la noche antes de que se hiciera cualquier anuncio o comunicado importante. Según comentó uno de los miembros de nuestro equipo: «La planificación funciona mejor cuando se produce antes del acontecimiento».

Durante las primeras semanas de la fase de implantación hicimos otro descubrimiento clave al observar que los miembros de la dirección se sentían preocupados, e incluso alarmados, sobre todo después de que se desvelara la estructura organizativa general. El abandono es bastante común entre los niveles altos de una estructura organizativa piramidal, pero se intensifica cuando se combinan dos pirámides. Sencillamente, no había suficientes puestos directivos importantes como para acomodar a todos los que hasta entonces habían detentado puestos de liderazgo en «Venerable» y en «Commando». Las direcciones de recursos humanos, comunicaciones y cambio trabajaron juntas para encontrar formas de evitar la huida de talentos y gestionar los problemas derivados de la pérdida de «personas importantes» de cada organización.

Al principio de la fase de implantación sólo se nombró a los subordinados directos de Marco; en cambio, ahora, su equipo empezó a elegir a gente para que ocupara todo tipo de puestos de dirección en I+D. Marco había decidido que todos tendrían que solicitar un puesto de trabajo, dejándose guiar por la teoría de que el proceso daría a la gente de ambas empresas una visión justa de los nuevos puestos que había que cubrir y ayudaría a generar convencimiento entre el nuevo equipo directivo, una vez que se hubiese elegido a sus miembros. El departamento de recursos humanos, bajo la dirección del equipo funcional de integración de I+D (EIF), desarrolló una descripción de cada puesto de trabajo y de su jerarquía, así como de los criterios de selección, del periodo para aceptar las solicitudes y realizar las entrevistas, un cálculo del tiempo previsible que duraría el proceso de evaluación y del momento aproximado en que se anunciaría quiénes eran los candidatos elegidos.

No obstante, a ningún equipo se le encargó el desarrollo de una visión o estrategia para la I+D de CoVen. Marco había decidido que sólo más tarde se abordarían la visión y la estrategia, valores fundamentales, así como la cultura deseada, junto con la aclaración de los ámbitos terapéuticos y proyectos que se desarrollarían o se abandonarían. «Ya abordaremos esa cuestión cuando nos hayamos ocupado de la prioridad más urgente: decidir quién ocupa qué puesto de trabajo. No estoy de acuerdo con el argumento de que podríamos elegir a la gente de un modo diferente si contáramos previamente con una visión, una estrategia o una cultura definidas. Por el momento, necesitamos concentrarnos en las titulaciones científicas; lo demás puede esperar.»

No le sorprendió a nadie que la gente respondiera con notable rapidez una vez que se puso en marcha el proceso de selección. El equipo ejecutivo empezó a aceptar y rechazar solicitudes en el término de pocos días. Algunas de las decisiones de selección produjeron verdaderas conmociones en toda la organización. Varios médicos y científicos de gran experiencia se encontraron sin puesto de trabajo. Es más, algunas de las personas rechazadas fueron precisamente de «Commando». Los empleados de «Commando» habían sido lentos a la hora de comprender que también estaban en juego sus puestos de trabajo, lo mismo que los de «Venerable». Hubo un cambio de actitudes con respecto al EIF de I+D: sentimientos de desconfianza y decepción, mezclados con otros de exaltación y con flecos de hiperactividad. La gente gruñía y se quejaba, y llevaba la cuenta de quién conseguía qué puesto de trabajo de qué empresa. En las paredes de los despachos y en los espacios públicos empezaron a aparecer tiras cómicas con chistes bastante cínicos. Los elegidos se encerraron en sus despachos y trataron de ocultar su sensación de alivio y optimismo. Nadie se mostró indiferente.

9

Ampliar la involucración

Crear fortaleza y liderazgo

Micro Switch: crear fortaleza y liderazgo

Para implicar a las personas de los niveles inferiores de la organización, Ray Álvarez lanzó un proceso que llamó «planificación estratégica incluyente». Pidió a cada departamento que desarrollara un plan estratégico, que sería revisado por el equipo directivo. La idea consistía en propiciar el debate y obligar a la gente a concentrarse en definir la estrategia de su departamento y lo que necesitaban aprender y hacer para alcanzar sus objetivos. Un beneficio adicional de ese proceso fue que permitió valorar el talento de los directivos en toda la división. Ray pidió a algunos de sus más altos ejecutivos que participaran en las revisiones e incluyeran a quienes presentaran los planes en uno de estos tres grupos: 1) aquellos que ya dirigían de forma que apoyaban la visión, 2) los que podrían llegar a hacerlo si contaran con ayuda, y 3) los que no era probable que llegaran con éxito al final del viaje. Uno de los ejecutivos involucrados en las revisiones comentó lo siguiente: «Cuando los equipos se presentaron, hubiera querido reír y llorar a la vez. Reír porque, por primera vez, comprobaba lo lejos que habían llegado en las pocas semanas que llevaban trabajando, y llorar, porque sabía el largo camino que aún les faltaba por recorrer».

Ray se fijó sobre todo en Rick Rowe, un joven director de producción que trabajaba en el departamento de electrónica. Su predecesor se lo había descrito como un inconformista con el que resultaba difícil trabajar. Ray, en cambio, vio en él cualidades muy diferentes: «En la primera sesión de planificación estratégica que tuvimos, Rick se levantó y habló ante unas doscientas personas. Llevaba puesta una camisa de flores, pantalones cortos, gafas de sol y un sombrero de paja. Empezó diciendo que si realmente queríamos atacar el mercado del sudeste asiático, debíamos trasladar la sede central a Hawai, y se ofreció voluntario para ir allí. Su comportamiento rompía del todo con lo que aquel grupo de gente estaba acostumbrado a ver en cualquier reunión de dirección, sobre todo delante de los más altos ejecutivos. Estaban seguros de que después de aquello no saldría bien parado. Yo, en cambio, no dejaba de pensar: "Esta es la clase de persona que necesito". Es inteligente, sabe lo que quiere y tiene el valor de hacer algo fuera de lo común. Rick no tardó mucho tiempo en obtener su primer ascenso.»

Ray decidió emplear buena parte de su tiempo en desarrollar un cuadro de líderes muy enérgicos, capaces de poner en práctica la transformación. Identificó a cincuenta personas —lo que supuso aproximadamente el cincuenta por ciento de los directores y supervisores de la empresa— que, en su opinión, podían contribuir en mayor medida al esfuerzo de cambio, bien porque ya se habían comprometido con él, bien porque su actual estilo de dirección y sus capacidades coincidían con lo que él buscaba. Entre ellos estaba Rick Rowe.

Acto seguido, convocó a esas cincuenta personas a un acto especial que se celebró en Eagle Ridge, un complejo turístico situado en la cercana Galena, en el Estado de Illinois. Cuando se recibieron las invitaciones, se desataron toda clase de rumores. Algunas personas que esperaban ser invitadas no lo fueron, y otras, que ocupaban cargos de menor importancia, sí. En algunos casos, los menos, se llegó a invitar al subordinado y no al jefe. Aun así, los convocados se sintieron honrados y entusiasmados, mientras que los que esperaban haber sido invitados y no lo fueron empezaron a preguntarse qué estaban haciendo mal.

Durante la primera noche, después de la cena, Ray desveló ante el grupo la nueva visión de Micro Switch y manifestó cuál era su misión. Dijo: «Lo que hemos hecho hasta ahora pone de manifiesto que podemos alcanzar resultados milagrosos empleando descargas concentradas de energía. Hemos mejorado nuestro rendimiento en las entregas en tan sólo seis meses. Ahora bien, lo que buscamos en estos momentos es un rendimiento óptimo sostenible. Por lo tanto, les voy a pedir a cada uno de ustedes que se comprometa a dirigir y completar esa tarea de revitalizar Micro Switch».

Durante los dos días que siguieron, Ray y su equipo hablaron al grupo de la visión, la misión, las acciones emprendidas hasta esos momentos y los factores clave del éxito futuro. El objetivo era compartir el pensamiento de la dirección de la manera más completa posible. Esto significaba estimular el debate, poner a prueba las ideas, completarlas y, en último término, crear la convicción necesaria para lograr el compromiso y la participación de aquellos importantes cincuenta asistentes.

En una de las sesiones, presenté la idea de la curva del cambio y les pregunté a los asistentes en qué fase creían que se encontraba Micro Switch. Muchos estaban convencidos de que aún se hallaba en la de preparación. Otros argumentaron que había pasado a la de implantación. Unos cuantos tenían la sensación de que todavía quedaban bolsas importantes de estancamiento. En definitiva, está claro que cada cual experimenta y ve el esfuerzo de cambio a su manera. Un ejecutivo afirmó: «Es muy difícil orquestar el esfuerzo de cambio, sobre todo ahora que tenemos a gente diseminada por todo el camino. Hay partes de la organización en la vanguardia y otras que todavía no han experimentado un descontento saludable».

Pero Ray consiguió los objetivos que se había propuesto con las reuniones de Eagle Ridge, ya que los participantes acordaron que actuarían como «misioneros» y «traductores». Su tarea, tal como la concebían, sería la de ayudar a otros directores y empleados a comprender y aceptar plenamente la visión y a trabajar con diligencia para verla hecha realidad. Dirigirían, se expresarían y actuarían de manera que demostraran a toda la organización que ellos creían en la visión y que estaban alineados en cuanto a cómo alcanzarla. En la última sesión, antes de abandonar el complejo turístico, Ray calificó a los participantes de «visionarios de Eagle» y les prometió que se reunirían en lugares como aquel dos veces al año. Sabía que necesitaba a ese grupo y era consciente de que ellos necesitarían a su vez sentirse realimentados y refrescados.

Cuando regresaron al trabajo, todos los miembros del grupo estaban entusiasmados. Rick Rowe aún se acuerda de aquello: «Unos meses antes se me había encomendado la tarea de transformar mi parte de la organización, convirtiéndola en una unidad puntera, sin proporcionarme una definición muy clara de lo que esto era ni la formación o herramientas precisas para realizar el trabajo. Sin embargo, en Eagle Ridge tuve por primera vez la sensación de que había algún método en medio de toda aquella locura. Las reuniones generaron camaradería y confianza. Después de celebrarlas mejoró sustancialmente el grado de cooperación entre los sectores en los niveles directivos. De hecho, fue lo mejor que me había sucedido en todos los años que llevaba trabajando en Micro Switch».

Lo que hizo Ray compartiendo sus sentimientos y la información de que disponía con aquel grupo fundamental fue conseguir que todos ellos se sintieran respetados y valorados, por lo que después, cuando les pidió su ayuda en las tareas tangibles de la implantación, se convirtieron en una poderosa fuerza para el cambio. A partir de ahí supo que ya no contaba únicamente con cincuenta nuevos aliados (evidentemente con distintos grados de compromiso y comprensión), sino también, y a través de ellos, con el resto de la organización.

Presentar una oferta que se puede rechazar o no

Mientras disfrutaba del éxito alcanzado en Eagle Ridge, Ray comprendió que había llegado el momento de concentrarse en un aspecto colateral del desarrollo de la tarea de dirección: ajustar su equipo de dirección. Una vez terminadas las sesiones de planificación estratégica, su equipo estuvo de acuerdo en que había unas cuantas personas que necesitarían mucha ayuda y que algunas, seguramente, no estarían a la altura de las circunstancias, por más apoyo que recibieran. Pero Ray se mostraba reacio a trasladar o despedir a esos directivos. Después de todo, en el pasado habían cumplido con las expectativas de rendimiento de la división y tenía la sensación de que Honeywell les debía, como mínimo, la oportunidad de alcanzar el éxito. Convocó una reunión de todos los directivos y supervisores y explicó cómo quería que se dirigiese la empresa y en qué medida la visión alteraría sus papeles y responsabilidades. «Por ejemplo —explicó—. Espero que todos ustedes sean responsables de comunicarse con sus grupos de trabajo respectivos. Quiero que comprueben que su gente comprende la información crítica, así como las necesidades de los clientes y las amenazas de la competencia.» Ray concluyó la reunión invitando a todos aquellos que no se sintieran capaces o que no estuvieran dispuestos a hacer el trabajo tal como se esperaba a que se entrevistaran con él en privado. «Si acuden a mí ahora, me ocuparé de que consigan otro puesto de trabajo en Micro Switch o en cualquier otra división de Honeywell —les prometió, y después añadió—: Pero si no se reúnen conmigo y descubro que no están realizando el trabajo tal como lo he perfilado, no podré garantizarles nada.»

Fue un momento crítico y una oferta justa. Durante los días que siguieron, varios directores, incluidos algunos del más alto nivel, se reunieron con Ray para solicitarle un nuevo puesto de trabajo. «Teníamos algunas personas, pocas, incapaces de articular sus ideas. No poseían el enfoque estratégico o la capacidad para desarrollar una estrategia. No podíamos permitir que dirigieran a nuestros equipos. Sus carreras profesionales cambiaron. Muchas de ellas siguen con nosotros, y realizan un buen trabajo, pero no como directores o vicepresidentes.»

Un año después, más o menos, Ray volvió a hablar con el grupo y repitió su oferta. «Llevamos trabajando duro desde hace un año para poner en práctica los cambios necesarios y lograr así la transformación de Micro Switch. Ahora que ya saben de primera mano lo que se espera de ustedes, quisiera reiterarles mi oferta. Si tienen dificultades para cumplir con las exigencias que les planteamos, sean cuales fueren las razones, vengan a hablar conmigo personalmente.» En esta ocasión, el número de directores y supervisores que aceptaron su oferta fue mayor, y se les reasignó a otras tareas. A raíz de aquello, Ray redujo sus filas directivas en aproximadamente un treinta y cinco por ciento, en un periodo de dos años, y sin tener que despedir a nadie. Ese reajuste trajo consigo varios beneficios:

1. Apartó de sus puestos a las personas que podrían haber ralentizado el proceso de cambio e incluso obstruirlo, y lo hizo con elegancia y seguridad.
2. Todo aquello se realizó de manera muy visible. El resto de la organización tuvo ocasión de observar que se trasladaba a algunas personas o se les asignaba un nuevo trabajo, por lo que a los que se habían opuesto a los cambios no les quedó más remedio que replantearse su postura.
3. Consiguió que el sesenta y cinco por ciento restante se sintiera más expuesto, pero también más valorado. Se dieron cuenta de que se esperaba de ellos que aceptaran y, probablemente, asumieran una mayor responsabilidad de liderazgo que antes. Y tuvieron la impresión de encontrarse entre los «elegidos».

Apuesta por el amor, pero exige comportamiento

A veces, durante la fase de implantación hay que recurrir a la acción para obtener entendimiento y compromiso, en vez de partir del entendimiento y esperar que este conduzca a la voluntad de actuar en consecuencia.

Esto fue precisamente lo que quedó patente cuando trabajamos con una empresa de equipos industriales, HeavyDuty Industries. Nos contrataron para que ayudáramos a mejorar de manera espectacular su proceso de ejecución de pedidos y reducir el tiempo que transcurría entre la recepción del pedido y la entrega. Querían que, concretamente, acelerásemos la producción y entrega de pedidos especiales, ya que tenían la intención de cobrar una buena prima por la entrega rápida de pedidos a medida. Si se tenía en cuenta que la HeavyDuty fabricaba componentes muy caros (cada uno podía llegar a costar cientos de miles de dólares), las primas tendrían un impacto importante y positivo sobre la cuenta de resultados.

El cambio no suponía la transformación total de la empresa, pero los empleados de los grupos de marketing y de ventas debían comprender los nuevos procedimientos y el importe de las primas, y los de compras, fabricación, logística y sistemas debían realizar su trabajo de una forma totalmente diferente. Habíamos trabajado con equipos de clientes para desarrollar el nuevo proceso de los pedidos especiales, y también para completar el trabajo que se necesitaba para apoyar el proceso en las fábricas, almacenes y sistemas. También nos habíamos adentrado bastante en la fase de implantación, pero no conseguíamos los resultados que deseábamos y esperábamos. Para descubrir el porqué, decidimos hablar con los empleados que recibían los pedidos, y en cuanto lo hicimos, descubrimos enseguida que no se habían comprometido con el cambio. De hecho, no nos habíamos ocupado de cambiar sus convicciones, que pronto podrían dar al traste con los esfuerzos de implantación. En concreto, supimos que aquellos empleados sospechaban de que el verdadero propósito del proceso de respuesta rápida era eliminar sus puestos de trabajo. Esto nos sorprendió, porque en ningún momento se había previsto despedir a nadie como parte del plan. Les preguntamos a qué se debía su actitud, y una de las trabajadoras lo resumió con toda franqueza: «Cuanto más retraso se produzca en servir los pedidos, tanto más trabajo tendremos para programar, controlar y mantener informados a la fábrica y a los clientes. Si los pedidos se entregan a tiempo, no tendremos nada que hacer». Esto provocó una acalorada discusión sobre la seguridad del puesto de trabajo. Entonces intervine yo y les dije: «Sus puestos de trabajo sólo estarán seguros si satisfacen las necesidades de sus clientes. Cuanto más rápido lo hagan, tanto más seguros estarán. Y la prueba de que satisfacen las necesidades de sus clientes es que no se produzca ningún retraso». Sin embargo, ellos no se lo creían. Era evidente que a nosotros, los consultores, nos consideraban sus enemigos. ¿Por qué no les habían informado de todo esto sus propios supervisores? ¿Por qué no nos habíamos enterado nosotros de cuáles eran sus preocupaciones? Evidentemente, la comunicación acerca del plan no había sido muy efectiva.

Pasamos a hablar del volumen de los pedidos especiales, que no había aumentado a pesar de que ya se hallaba instituido el proceso de aceptarlos. ¿Por qué? La portavoz oficiosa del grupo volvió a dar en el clavo: «La fábrica nos ha estado diciendo durante años que no aceptemos pedidos especiales. Hacerlo complica su programación. Y no queremos que la fábrica se nos eche encima». Les explicamos de nuevo que en la fábrica se habían introducido cambios para solucionar el problema de la programación y que ahora era capaz de manejar los pedidos especiales con facilidad. De hecho, en aquellos momentos necesitaban más pedidos especiales para funcionar a pleno rendimiento y al máximo de su productividad. Los empleados seguían sin creérselo. ¿Quiénes éramos nosotros para decirles que la fábrica había cambiado? No tenían ninguna prueba de ello.

El siguiente tema que tocamos fue el aumento de precio por servir pedidos especiales. Ante esto, los empleados se burlaron y expresaron su escepticismo. Conocían bien a sus clientes y todas las quejas e incordios que les causaban, debido precisamente a los costes. Les explicamos que, en nuestra opinión, los clientes estarían dispuestos a pagar un poco más si recibían sus pedidos con mayor rapidez, ya que cuanto antes dispusieran de su equipo, tanto más valioso sería para ellos. Una vez más, los empleados no aceptaron nuestros argumentos. Mientras el resto de la organización avanzaba bien en la fase de implantación del plan, este pequeño puñado de resistentes se hallaba en su propia fase de determinación y tenía el potencial para echar por tierra todo el esfuerzo. ¿Podríamos romper de algún modo la resistencia o se atrincherarían y se negarían a utilizar las nuevas normas?

Al final, uno de mis colegas adoptó una nueva postura. «Permítanme que les haga una pregunta. Cuando piden una pizza, ¿prefieren que se la entreguen inmediatamente o no les importa esperar un rato?» Todos lo miraron, como si la pregunta fuese irrelevante y la respuesta de una obviedad total. Mi colega siguió diciendo: «¿Han pedido alguna vez una pizza y les han dicho que se la servirían en media hora o menos?». Un par de empleados asintieron, admitiéndolo. «Entonces, ¿qué sucede si no llega en los treinta minutos prometidos?» «Que me enfado mucho», dijo uno de ellos. «Que tomo algo para matar el hambre y pierdo el apetito», contestó otro. Mi colega asintió y siguió diciendo: «De modo que al final la pizza llega una hora más tarde. Y, cuando lo hace, uno está enfadado y ya no tiene apetito. Además, está fría». A esas alturas del relato, todos estaban atentos y se imaginaban la situación, y hasta estaban un poco enojados con esa persona imaginaria que les entregaba la pizza. «Muy bien. Ahora tengamos en cuenta la posibilidad de llamar a la pizzería y que allí les ofrecieran varias opciones de entrega: 1) se la harían llegar en el término de una hora con un descuento sobre el precio, 2) se la entregarían en cuarenta y cinco minutos al precio habitual, o 3) podrían elegir su nuevo servicio de entrega rápida, con la garantía de que les llegaría en menos de veinte minutos y con la pizza envuelta en un nuevo recipiente ultraaislante que la mantuviera caliente. Por ese servicio tendrían que pagar un dólar más. Además, se les garantizaría que si la pizza tardaba más de veinte minutos en llegar, se la regalarían.» Todos los presentes empezaron a asentir, quizá con el deseo de que ese servicio existiera ya en la zona donde residían. «Pues bien, si admiten que pagarían un dólar más por una pizza que cuesta diez dólares, con tal de recibirla en el momento en que realmente la deseen, ¿no creen que sus clientes estarían dispuestos a pagar más si se les garantizara que iban a entregarles un equipo que cuesta varios centenares de miles de dólares cuando realmente lo necesitan? ¡Cada día de retraso les cuesta dinero!»

Los empleados empezaron a reconocer la posibilidad de que aquello pudiera ser cierto. A pesar de todo, no podíamos confiar en cambiar en una hora unas convicciones y actitudes que se habían desarrollado a lo largo de varios años. Les preguntamos si estarían dispuestos a probar un experimento durante un breve periodo de tiempo, para comprobar si funcionaba o no el nuevo proceso de pedidos especiales. Si funcionaba, sabíamos que eso cambiaría sus convicciones. Al final, aceptaron. Pondrían en práctica el nuevo enfoque para pedidos especiales durante un periodo de prueba de tres meses. Seis semanas más tarde, comprobamos la situación. «A los clientes les encanta nuestro servicio de pedidos especiales —confesó la portavoz oficiosa—. Y, lo que es más importante, no les importa pagar la prima. Dicen que ya iba siendo hora de que nos preocupásemos más por sus problemas que por nuestra fábrica.» La dirección también quedó complacida. Además, al final del trimestre los beneficios se habían incrementado en un veintiséis por ciento para el mismo volumen de ventas. Entonces, para recompensar sus esfuerzos, los empleados recibieron una prima de porcentaje por el nuevo servicio de entregas especiales. De ese modo, todo el mundo salió ganando.

En este caso, los empleados pasaron por la curva del cambio siguiendo su propia programación, al margen del resto de la organización. Cuando nos reunimos con ellos por primera vez, estaban estancados. Habían comprendido la necesidad de cambiar, tal como se les explicó durante la fase de estancamiento, y sabían que se iban a llevar a cabo algunos cambios. Pero nadie tradujo el mensaje general de cambio en lo que eso significaría realmente para sus tareas específicas. Por lo tanto, durante la fase de implantación sólo introdujeron unos pequeños cambios, que no asumieron con entusiasmo. En el momento de nuestra reunión (cuando mi colega les puso el ejemplo de la pizza), se hallaban en la fase de la determinación. Tras experimentar con los nuevos procedimientos y tener éxito, tanto internamente como entre los clientes, se situaron en la fase de la consecución.

El aspecto más importante de la anécdota de HeavyDuty es que muchas personas de la organización no pasarán a formar parte del cambio hasta que comprendan realmente lo que se les pide, por qué se les pide y cómo ganarán siguiendo las nuevas reglas. Su resistencia puede proceder de una falta de comprensión o de la existencia de convicciones que entran en conflicto con las nuevas reglas. (Los empleados creían estar protegiendo sus puestos de trabajo y apoyando a la fábrica al no adoptar los nuevos procedimientos.) Es bastante frecuente que nadie trabaje con subgrupos específicos para avanzar con ellos mientras realizan las acciones deseadas, haciéndoles preguntas y ayudándoles a afrontar directamente sus preocupaciones. Cuando se hace así, la resistencia a menudo se diluye o bien se introducen adaptaciones útiles. En otras ocasiones, primero se atrae a la gente a la acción o se la empuja; luego, sus convicciones y actitudes cambian, una vez que han experimentado el éxito. Deseamos que la gente se anime y se entusiasme, y cuanto antes lo haga, tanto mejor. No obstante, en ocasiones, las actitudes cambian y el entusiasmo aparece únicamente después de haber hecho lo que se necesita hacer, y de haber comprobado que funciona.

Cuando el Nuevo Mundo es realmente nuevo: lanzarse al comercio electrónico desde una empresa tradicional

Cuando la transformación implica lanzarse a un negocio totalmente nuevo, como iniciar actividades de comercio electrónico en una empresa tradicional, es posible que el cambio exija introducir ajustes profundos. Las nuevas formas de pensar y la velocidad en la toma de decisiones y en las actuaciones son los dos cambios más típicos.

La velocidad a la que tienen que moverse las iniciativas en el comercio electrónico es abrumadora y la cantidad de energía y estímulo necesarios, asombrosa. En lugar de disponer de meses para el análisis y la creación de la estrategia, ambas cosas se tienen que hacer en cuestión de semanas. La formación de la organización tiene que estar completada en meses. Cuando se forman consorcios, la nueva entidad obtiene capital, contrata a su personal y empieza a operar en menos de un año. Un ejecutivo a cargo de la introducción de las ventas por Internet en una empresa de la vieja economía dijo: «La simple urgencia no basta; ahora necesitamos pensar en situaciones de emergencia. Si no nos transformamos, y si no lo hacemos con rapidez, no sobreviviremos. Mientras tanto, el mundo que queremos crear será habitado por otros». Esto significa que todas las fases de la curva del cambio se condensan y superponen más que en otros tipos de transformaciones.

Dos de mis colegas de BCG, Grant Freeland y Scott Stirton, han estudiado atentamente la cultura y el perfil directivo que se necesitan para alcanzar el éxito en el comercio electrónico. Al analizar un intento fallido a la hora de crear un negocio electrónico desde una empresa tradicional llegaron a la conclusión de que «a la empresa le faltaba la predisposición para la acción y la voluntad para asumir riesgos, esenciales en el entorno del comercio electrónico. Y, lo que es más importante, la cultura y los procesos del nuevo negocio no hicieron sino replicar los procesos de dirección tradicionales: opción de compra de acciones mínima, procesos de gestión tradicionales y, como dijo un directivo : "una cultura demasiado similar a la de la matriz". A consecuencia de ello, el negocio no ha tomado impulso».

A medida que aumenta el número de empresas que intervienen en el comercio electrónico, cada vez adquiere mayor importancia la capacidad para aprovechar los activos de la organización existente a través de los nuevos canales. En tales casos, será tan difícil conseguir que los miembros de la organización de comercio electrónico adapten su comportamiento a las formas de la empresa tradicional como lo fue a la inversa. Debe establecerse un nexo entre las dos empresas, y esta tarea debe recaer sobre personas capaces de adoptar ambas culturas. Mis colegas, en su artículo «Organización para el comercio electrónico», los llaman «guerrilleros de la red», personas que saben cómo funciona el negocio tradicional, tienen una red para conseguir que sucedan cosas y comprenden la necesidad y los métodos del comercio electrónico. Así describen la situación de Chapters, una gran librería canadiense:

> Un componente fundamental de la estrategia de aprovechamiento es hacer que los vendedores dirijan a los clientes hacia terminales instalados en la tienda desde los que puedan buscar online libros descatalogados. La empresa puso al frente de las ventas en esta aventura online a una veterana vendedora. Su conocimiento del negocio tradicional y su relación personal con individuos clave (del negocio tradicional), le permitió comunicar el valor potencial de esta nueva oferta online al personal de la librería, obteniendo así un apoyo activo para la estrategia online.

Aunque la velocidad y la novedad de este cambio fueron mayores, el método es muy similar al utilizado por Ray Álvarez con sus cincuenta personas más influyentes. La clave estriba en identificar a las que pueden llegar a comprender y personificar el deseado cambio, y demostrar a los demás cómo funciona.

Harry Winston: conversión de un recalcitrante clave

A veces, un solo individuo puede jugar un papel importante a la hora de defender u obstruir el proceso de cambio. Cada defensor debería ser valorado, reconocido y apoyado. Ahora bien, en el caso de los obstruccionistas, hay que esforzarse mucho más para contenerlos o convertirlos. A menudo están dotados de una gran capacidad para influir... negativamente. Si los haces tuyos, se convierten en aliados extremadamente poderosos para la causa. Un cínico que termina por convertirse en alguien capaz de hacer proselitismo tiene un impacto tremendo sobre el resto de la organización. La gente percibe que este gran escéptico ha sido convertido, de modo que ¿quiénes son ellos para seguir discutiendo? Un rebelde convertido es, con frecuencia, el mejor aliado que podría encontrar un líder.

Uno de mis clientes, un fabricante de componentes para equipos, decidió reinventarse a sí mismo. La empresa siempre había competido en los costes; ahora, en cambio, quiso ocupar la posición más destacada en trabajo de valor añadido, diseñado a la medida del cliente. Para la iniciativa de reinvención, el personal tenía que volver a plantearse todos sus presupuestos y formas de operar. Este era un aspecto fundamental en la fabricación, donde querían obtener ideas tanto de los trabajadores de la cadena de montaje como de los ingenieros. Aquello sería todo un desafío para los supervisores de fábrica, convencidos de que sólo podrían alcanzar el éxito controlando duramente cada tarea. El ambiente en la fábrica siempre había estado dominado por: «No hables mientras no te pidan tu opinión», de modo que no sería nada fácil solicitar ideas para mejorar el producto y el proceso.

Harry Winston, vicepresidente de fabricación, era un paradigma del «viejo estilo» y era un recalcitrante clave, aunque inconsciente. Era delgado, alto, de cabellos grises, cejas negras muy pobladas y penetrantes ojos verdes. Siempre que se acercaba tenía la sensación de que me miraba como un buitre desde lo alto, esperando mi muerte. Su jefe había sugerido que nos reuniésemos para hablar de la cultura en las fábricas y de cómo diseñar los cambios necesarios. Al entrar en su despacho para nuestra primera entrevista, el señor Winston no se levantó. En realidad, ni siquiera se molestó en alzar la mirada. Se limitó a murmurar: «Siéntese» y continuó haciendo lo que tenía entre manos. Quince minutos más tarde, tiempo que supuse me había concedido para arrepentirme por haber cometido el pecado de entrometerme en su ajetreada jornada laboral, levantó la vista y me juzgó con la mirada. La inspección a la que me sometió pareció confirmar sus expectativas: aquello era una pérdida de tiempo.

—Tengo una hija de su edad. —Inmediatamente sentí lástima por ella—. La mayoría de ustedes no son más que charlatanes que no dejan de emplear jerga pseudopsicológica. Creo que en este tema de la cultura se dicen muchas tonterías.

Así se inició una relación que fue tensa y estuvo plagada de sorpresas.

Dos meses más tarde, entré en el despacho del señor Winston para informarle sobre un trabajo que estaba realizando con los supervisores de la fábrica sobre la iniciativa de reinvención. Después de pensar en cómo me habían ido las cosas con él hasta la fecha, la perspectiva de reunirme con aquel personaje no me entusiasmaba. Sin embargo, por alguna razón, ese día parecía estarse divirtiendo y estaba deseoso de compartir lo que le hacía tanta gracia. A mí también me venía bien cualquier posible distracción, así que le pregunté si le había sucedido algo gracioso.

—Sí, siempre disfruto viendo cómo reaccionan mis directores cuando me plantean un problema. —Tras observar un momento mi confusión, siguió diciendo—: Mire, las cosas se desarrollan así: cuando alguien me plantea un problema, se lo hago pasar mal, para ver qué hará. El supervisor jefe ha venido hace un momento para decirme que una de las cadenas de montaje tenía un problema recurrente de calidad y que tendrían que cerrarla si no lograban averiguar lo que sucedía antes del siguiente cambio de turno. Me he puesto hecho una furia, le he preguntado qué había hecho hasta el momento y luego le he dicho que dejara de malgastar mi tiempo cuando ya debería estar en la cadena de montaje tratando de solucionar el problema. Se ha puesto rojo, se ha callado y se ha marchado.

—¿Y qué es lo que le hace tanta gracia de esta situación? —le pregunté, sin poder ocultar mi sorpresa—. ¿Se merecía ese hombre que le gritara y le humillara, o es que eso forma parte de su rutina habitual?

—Siempre lo hago así. Esa es mi forma de establecer prioridades —me contestó.

En aquel momento me di cuenta de que no entendía nada de lo que me estaba diciendo.

—Lo siento, pero tendrá que explicármelo, porque no le sigo.

Me dirigió una mirada condescendiente, y se dispuso a explicarse.

—En realidad, es muy sencillo. Cuando alguien me plantea un problema, lo someto a un tercer grado. Si se marcha y no vuelvo a saber nada más del tema, un mono menos que tengo en la espalda. Pero si vuelve otra vez a pedirme ayuda, reconozco que va en serio y entonces le ayudo. Es una forma rápida de saber qué problemas son prioritarios.

—¿Y no le preocupa que haciendo esto la gente deje de acudir a usted y no se entere del problema hasta que sea demasiado grande como para ocultarlo?

—No, porque una de las reglas fundamentales que rigen aquí es: «Nada de sorpresas». Saben que si no me lo dicen será peor. Además, los que vuelven, saben que termino ayudándoles.

—De modo que sus directores reciben muchos o pocos gritos y sólo sobreviven los más valientes.

—Correcto —contestó con una sonrisa—. Sólo sobreviven los más valientes y hay que ser fuerte para dirigir una fábrica. Es un buen ejercicio de desarrollo para ellos y a mí me ayuda a calificar su rendimiento.

En ese momento comprendí por qué las fábricas tenían tantos problemas para adaptarse. El estilo personal de dirección de Harry Winston era lo opuesto de lo que deseábamos y, aun así, ¡aquel hombre era el encargado de poner el plan en práctica! Sus principales lugartenientes se quejaban a menudo de que «Harry no acaba de comprenderlo», pero él había estado de acuerdo con el análisis y el plan de acción de la iniciativa de reinvención, y se había comprometido plenamente con ella, sin darse cuenta de que él mismo tenía que cambiar. Hablaba de forma convincente sobre la necesidad del cambio, apoyaba el plan y participaba en todas las actividades necesarias. De hecho, su organización estaba poniendo en práctica los cambios requeridos. Al recorrer la fábrica, observó que sus directores habían empezado a actuar de un modo diferente. Parecían entusiasmados. Conversaban mucho más que antes entre ellos y con sus trabajadores. Los obreros de una cadena de montaje visitaban con frecuencia a los de otra. Observó incluso que algunos, de turnos diferentes, acudían a reuniones a las que no tenían obligación de asistir, o se quedaban hasta más tarde. Vio a ingenieros reunidos con los operarios alrededor de las máquinas. Observó todo eso, pero en ningún momento se dignó a participar ni a preguntar de qué hablaban.

Y mientras su organización se hallaba intensamente enfrascada en la fase de implantación, él se hallaba en un estado de estancamiento. Llevaba estancado desde hacía muchos años y no se había dado cuenta. No se veía a sí mismo tal como lo veían los demás, ni tenía conciencia del efecto que causaba sobre ellos. Necesitaba un toque de atención que lo despertara.

Cuando el proyecto ya llevaba tres meses en marcha, Harry me sorprendió al pedirme que acudiera a verle. Al entrar en el despacho, se levantó para saludarme, me agradeció que hubiera acudido y cerró la puerta. Yo me puse totalmente a la defensiva.

—Ha estado usted trabajando con algunos de mis muchachos en la fábrica —dijo—. No sé lo que ha hecho, pero me gustan los resultados. Y me imagino que si ha podido ayudarles a ellos, también podrá ayudarme a mí.

Suspiró pesadamente y me explicó que, durante la revisión anual de su tarea, su dirección había sido muy criticada. Su jefe le había dicho: «Lo que necesitamos en esta empresa es trabajo en equipo, confianza, creatividad y un alto grado de colaboración, y tu estilo de dirección no promueve esa clase de ambiente. La mayoría de tu gente está tan ocupada en protegerse que nunca presenta ideas o asume riesgos. Harry, haz lo que tengas que hacer para arreglar eso y revisaremos tus progresos dentro de tres meses».

Permanecimos sentados en silencio durante un momento. Yo tenía la impresión de que aún le quedaban cosas por decir. Entonces, en voz baja, siguió hablando:

—Y mi esposa me dijo la otra noche que o acudimos a un consejero matrimonial o me deja. —Me miró un instante, con una breve sonrisa de tristeza—. Naturalmente, le contesté que estaría encantado de ayudarla, y que la acompañaría a las sesiones de terapia —bromeó. Luego, bajó la mirada y añadió—: Aunque sé que se trata de mí. Nunca ha sido mi intención hacerle daño ni inspirar temor en mis empleados. Simplemente, no me daba cuenta…

Esa tarde, Harry y yo pasamos mucho tiempo juntos repasando su historia, sus percepciones y lo que deseaba hacer para salir adelante. Una de las cosas de las que hablamos fue del hecho de que la intención no equivale al efecto. Una persona puede tener una determinada intención y, sin embargo, provocar una respuesta totalmente diferente en otra. Había llegado a pensar que eso era lo que le sucedía a él. Ilustré mi propio punto de vista describiendo una interacción que había observado la semana anterior entre Harry y su supervisor general. Yo estaba sentada en su despacho mientras él terminaba una tarea. En ese momento entró el supervisor general para hablarle de un problema que tenían y lo que había hecho al respecto. Harry ni siquiera se dignó a levantar la vista. Gruñó unas pocas veces y el supervisor pasó a explicarle los detalles. Una vez que hubo terminado, él lo miró y dijo: «Por eso te pagamos el gran sueldo que cobras». Luego, volvió a enfrascarse en su tarea. El supervisor me miró, arqueó las cejas en señal de resignación y luego se marchó.

Yo también salí del despacho detrás de él, con la intención de preguntarle cómo se sentía después de aquel encuentro. Antes de que pudiera decirle nada, el hombre se quejó: «¿Lo ves, Jeanie? ¿Comprendes a qué me refiero? ¡Ni siquiera se ha dignado mirarme! No me ha dicho nada, no me ha brindado ninguna ayuda. Se limita a gruñir o a hacer algún comentario hiriente. Sabe muchísimo sobre el negocio y el funcionamiento de la fábrica, pero trabajar con él es un verdadero suplicio».

Regresé al despacho de Harry y le pregunté qué había sucedido, en su opinión, entre él y el supervisor. «Le he demostrado que confío en él», respondió.

Las intenciones de Harry eran positivas: deseaba mostrar confianza en los juicios del supervisor y aprobar sus acciones. Pero el efecto logrado con su actuación fue totalmente contrario. El supervisor no se sintió respaldado de ningún modo. Por el contrario, se sintió tratado con distancia, rebajado y menospreciado. Harry no tenía la menor conciencia de la enorme diferencia existente entre sus intenciones y las reacciones de los demás. En ningún momento se paraba a pensar en los demás, a fijarse en sus reacciones, a asegurarse de que sus afirmaciones estaban obteniendo el efecto deseado. Y, por supuesto, nunca preguntaba. Siempre había dado por sentado que sus propuestas lograban el resultado apetecido, como si se tratara de una versión sobrehumana de la ley de causa/efecto. Estaba convencido de que los principios de ingeniería, que tanto le apasionaban, se aplicaban también a las personas. Si las cosas no parecían funcionar bien, era porque alguien no actuaba de forma racional o porque era un estúpido.

—Utilicemos su analogía para pensar en esto —le dije a Harry—. ¿No le he oído hablar un montón de veces sobre diferentes máquinas de la fábrica, de lo caprichosas que se vuelven con el tiempo y de cómo se necesita un operario realmente bueno para conseguir que esas máquinas produzcan a niveles óptimos?

—Claro. La mayoría de las máquinas se desgastan de maneras distintas o desarrollan sus propias pautas, pero un buen operario sabe cómo compensar todo eso.

—¿Y cómo cree que un operario aprende a hacerlo? —le pregunté.

—Bueno —contestó, empezando a mostrar cierto entusiasmo por un tema de conversación, algo que sucedía por primera vez aquella tarde—. Esos chicos y chicas trabajan continuamente con esas máquinas. Algunos de ellos sólo hacen funcionar una máquina durante todo el día. Otros manejan varias, pero lo hacen día tras día. Aprenden a interpretar cada pequeño sonido. Las conocen bien, por dentro y por fuera.

—¿Diría que prestan mucha atención a sus reacciones frente a intervenciones diferentes? ¿Diría que escuchan las respuestas, además de vigilar la producción y los gráficos del control estadístico del proceso?

—Desde luego. Tienen que saber lo que funciona y lo que no. Esto no es una industria aeronáutica. Aquí no hacemos naves espaciales, Jeanie. Sólo se trata de prestar atención.

—De modo, Harry, que si prestara esa clase de atención a la gente que acude a informarle, ¿cree que aprendería a ayudarles a reaccionar de una forma óptima?

Pareció impresionado ante la idea.

Harry había experimentado el tipo de crisis personal que brinda la posibilidad de llevar a cabo una reevaluación y un gran cambio. Continuamos trabajando juntos durante los tres meses siguientes y, en ese tiempo, se convirtió en la prueba viviente de una de mis convicciones acerca del cambio: «Si en algún momento no te hace daño es porque, probablemente, no lo estás consiguiendo». No todo el mundo aprovecha esas oportunidades dolorosas, pero Harry sí que lo hizo. Empezó por concentrar su atención en la gente que lo rodeaba: en sus habilidades y necesidades concretas, en sus cualidades principales, en cómo podían contribuir de la mejor forma posible al esfuerzo conjunto. Trabajó para ayudarles a optimizar su rendimiento. Su estilo evolucionó desde el propio de un rígido controlador de tareas y figura de autoridad, al de un aprendiz, un entrenador y un maestro. El proceso no fue rápido ni fácil. Dedicamos mucho tiempo a analizar cómo habían ido las reuniones y a pensar en lo que se podría haber hecho mejor. Empezó a solicitar que sus compañeros y subordinados le contaran lo que pensaban de él y de la situación. Tenía que encontrar nuevas formas de canalizar su gran inteligencia y aprender a pensar antes de reaccionar.

Aprender una forma completamente nueva de trabajar llenó a Harry de energía y lo mismo le sucedió con la tarea de aprender a relacionarse de forma diferente con los demás. Y los resultados le complacieron mucho. El esfuerzo que hizo no sólo fue observado y ratificado por su jefe, sino que él y sus directores se convirtieron en un equipo cohesionado, que disfrutaba trabajando conjuntamente. Fueron muy innovadores e iniciaron un renacimiento en la fabricación. Pero lo mejor de todo fue que su esposa experimentó un verdadero renacer en su matrimonio.

Tres años más tarde, cuando lo ascendieron a un puesto de mayor responsabilidad en otra división, su equipo le hizo un regalo de despedida con una tarjeta que decía: «Con aprecio, a Harry Winston, diplomático, maestro y líder. Te echaremos de menos».

El cambio organizativo siempre supone un cambio personal.

10

Seguir hablando

Redes de comunicación formales e informales

La comunicación adquiere una nueva importancia durante la fase de implantación, convirtiéndose, a su modo, en un aspecto operativo, absolutamente necesario para mantener el esfuerzo de cambio y para asegurarse de que cada parte conozca lo que está haciendo el otro, de modo que se coordine el trabajo y las partes se refuercen mutuamente.

Una organización se comunica a través de muchos canales, algunos formales y muchos otros informales. La mayor parte del trabajo cotidiano de una organización se realiza principalmente a través de redes informales: de un laberinto de conversaciones entre individuos y grupos que hablan entre sí por teléfono, se comunican por correo electrónico, en reuniones convocadas específicamente y en charlas en los pasillos. Esas redes se van construyendo con el tiempo. Cada individuo crea relaciones con otros con los que trabaja, comparte información y, en el mejor de los casos tiene confianza.

Cuando las redes se deterioran o están desalineadas

Estas redes informales se deterioran e incluso quedan destruidos en muchas iniciativas de cambio, sobre todo en las fusiones y reorganizaciones. Susan, del departamento de marketing, ya no puede llamar a Astrid, del departamento legal, cuando se le plantea un problema de derechos de autor, porque a esta última la han despedido. Bill, de fabricación, ya no se puede reunir con Joerg, de ingeniería, porque el grupo de este último se ha fusionadocon otros tres grupos de ingeniería y los han trasladado a unas instalaciones situadas a tres mil kilómetros de distancia. Se han marchado muchas de las personas con las que se estaba acostumbrado a trabajar y buen número de los «lazos de unión» han quedado cortados. En una ocasión hablé con un jubilado de la General Motors que estaba convencido de que ése había sido uno de los principales problemas de la GM. «Después de repetidos despidos y programas de jubilación anticipada, todo el conocimiento casero desapareció. Se eliminaron los viejos canales y no quedó nadie capaz de decirle a los demás cómo había que hacer las cosas.»

Cuando se deterioran las redes informales, se necesita más tiempo para que la gente haga su trabajo, ya que tienen que dedicar más horas a descubrir con quién hablar sobre qué y a crearse sus propias redes informales. Cuando estas funcionan bien, las noticias viajan a la velocidad de la luz a través de toda la empresa y las personas saben en qué fuentes pueden confiar y qué otras conviene tomarse con reservas. Por otro lado, cuando las redes se deterioran, aparecen vacíos entre los grupos y los individuos. La gente recibe mensajes de personas a las que no conoce bien y entonces es posible que no esté segura de cómo interpretarlos. ¿Estaba bromeando cuando me dijo tal cosa? ¿Exageraba? En periodos de cambio, cuando la gente espera ávidamente noticias, los alarmistas tienen vía libre y proliferan los rumores y las informaciones erróneas. En esos momentos, los líderes que aprenden a utilizar las redes informales obtienen una enorme ventaja.

Tres tipos de canales informales: casandras, trabajadores de red y líderes de opinión

Durante el proceso de cambio, los líderes deberían escuchar y aprender a comunicarse a través de tres tipos fundamentales de redes. Cada grupo cumple un papel diferente y todos pueden resultar muy útiles. Yo les llamo «casandras», «trabajadores de red» y «personas influyentes».

Una «casandra», término que Andrew Grove, presidente ejecutivo de Intel, tomó prestado de la mitología clásica, es una persona a la que el propio Grove describe como «rápida en reconocer el cambio inminente y en lanzar una precoz llamada de advertencia». Las casandras suelen ser mandos intermedios y supervisores de cadenas de montaje, personas que se encuentran cada día en el meollo de la acción operativa y en estrecho contacto con la gente de toda la organización. Según dice Grove en su libro *Only the Paranoid Survive (Sólo sobreviven los paranoicos)*:

> Habitualmente, saben más acerca del cambio inminente que los altos directivos, ya que pasan mucho tiempo «fuera», allí donde perciben directamente los vientos del mundo real. Al encontrarse en la vanguardia de la empresa, las casandras también se sienten mucho más vulnerables ante los peligros que sus directores, aposentados en sus sedes corporativas, más o menos protegidos. Las malas noticias tienen para ellas un impacto personal mucho más inmediato. La pérdida de ventas afecta a las comisiones de un vendedor, la tecnología que no llega al mercado perturba la carrera de un ingeniero. En consecuencia, se toman mucho más en serio las señales de alarma.

Las casandras suelen ser personas que poseen un sentido intuitivo de lo que puede suceder en el futuro y son capaces de percibir lo que otros no ven. Debido a esto, a algunos líderes les resultan molestas, ya que siempre se están quejando y son muy propensas a ver una tempestad en un vaso de agua. Pero un casandra fiable es un conducto de comunicación muy útil, alguien capaz de dar la señal de alarma antes de que llegue el peligro y, posiblemente, de inducir a los líderes a replantearse sus acciones o planes antes de que los demás se den cuenta de la amenaza.

Además de las casandras, los líderes deberían servirse del tipo de personas a las que llamo «trabajadores de red». Gracias a su posición, personalidad o inclinación natural, estas personas están muy en sintonía con la organización, saben lo que sucede y lo que dice la gente, y son capaces y están dispuestas a articular las actitudes e interpretaciones que se dan en su seno. Son bien conocidas por los diferentes grupos de la organización y se mueven con facilidad para entrar y salir de ellos. Imagino a esas personas como «termómetros», porque registran con exactitud la temperatura emocional de la organización que les rodea. Algunas son directores de primera línea o mandos intermedios. A menudo, ocupan puestos que podrían describirse como «horizontales». Interactúan con regularidad con una amplia variedad de personas de diferentes disciplinas o departamentos de la empresa, con el ayudante administrativo de un grupo, con alguien del departamento de investigación de marketing, con un director de laboratorio o un ingeniero de mantenimiento. Raras veces trabajan solas o en un grupo de trabajo «vertical» relativamente autónomo. En la fase de implantación, los líderes tienen que identificar lo más pronto posible a los trabajadores de red, asegurándose su colaboración para obtener información; su actividad puede ser muy útil para identificar lo que funciona y lo que no, para localizar cada problema y para saber qué personas se muestran entusiasmadas o excesivamente inquietas. Gracias a un flujo continuo de información procedente de todos los niveles de la plantilla, es posible percibir la *gestalt* de la organización y saber qué aspectos se pueden consolidar y cuáles necesitan más atención.

El tercer grupo, «los líderes de opinión», son aquellas personas que tienen una habilidad que no poseen las casandras ni los trabajadores de red: la de adaptar y cambiar las actitudes y opiniones de la organización. Esos líderes de opinión son como termostatos, gracias a su capacidad para enfriar o calentar un lugar. Ejercen una fuerte influencia sobre los demás, en cada nivel de la jerarquía. Habitualmente, constituyen aproximadamente el diez por ciento de la organización. Los demás tratan de conocer sus opiniones y, a menudo, basan las propias actitudes y acciones en lo que dicen y hacen los líderes de opinión. Aunque hay gente experta en dirigir, a veces ejercen poca influencia sobre sus compañeros o subordinados, por lo que siempre es bueno contar con las personas influyentes, así consideradas por los trabajadores de red.

En cierta ocasión trabajé con una de estas personas influyentes que me volvía loca. Cada vez que revisaba nuestro plan de acción, aparecía una mueca en su cara y empezaba a negar con la cabeza, una señal clara de que tendría que dedicar quince o veinte minutos a explicar por qué hacíamos cada cosa y cómo ayudaría eso a largo plazo. Lamentaba el tiempo extra que tenía que emplear con ella y cada vez que negaba con la cabeza me sacaba de quicio. Poco a poco, observé que cuando se sentía satisfecha con las respuestas que le daba, se esforzaba por hacer lo que habíamos acordado, arrastrando consigo al resto del equipo y a su departamento. Así supe que era una persona muy influyente, que contaba con muchos seguidores (aunque nunca logré averiguar el porqué). Me di cuenta de que si le dedicaba tiempo, después no tendría que repetir lo mismo con otros grupos. Y aunque al principio me exigió mucho, lo cierto es que a la larga me ahorró bastantes horas y esfuerzos.

Los líderes necesitan identificar a estas personas influyentes, conocerlas bien, asegurarse su apoyo y ayuda en los esfuerzos de cambio y trabajar con ellas para influir sobre el resto de la organización. En el caso de Micro Switch, muchas de esas personas influyentes formaron parte del grupo de visionarios de Eagle. En CoVen, la doctora Margolis fue importante, no sólo para dirigir el esfuerzo en el desarrollo de medicamentos, sino también como una líder de opinión fundamental. Marco cometió el error de valorarla sólo por su papel operativo y no por su capacidad para influir sobre los pensamientos y las acciones de los demás.

Las paredes hablan: comunicar y celebrar los éxitos

Todos necesitamos éxitos. Queremos experimentarlos por nosotros mismos y deseamos estar asociados con ellos. La fase de consecución puede parecer muy lejana cuando se inicia la de implantación, y muchos se preguntarán: «¿Viviré lo suficiente para ver esto convertido en un éxito?». Es posible que se produzcan pequeños éxitos cotidianos, como una reunión productiva, el pedido de un nuevo cliente, unas palabras de ánimo, la consecución de alguna tarea concreta, pero quizá la gente los considere demasiado pequeños para tenerlos en cuenta. Al mismo tiempo, lo más probable es que todavía se tarden meses o incluso años en lograr grandes éxitos organizativos, como un aumento de las ventas, el lanzamiento de un nuevo producto o un alza en el precio de las acciones. El personal, al que le hace falta nutrirse con cualquier

clase de éxito, se queda estancado entre los éxitos «demasiado pequeños como para tenerlos en cuenta» y los «demasiado grandes como
para verlos».

Es extremadamente importante encontrar formas de celebrar las
victorias y los éxitos, por pequeños que sean, y hacerlo así lo antes posible durante la fase de implantación. La gente se anima mucho al
comprobar que es posible alcanzar el éxito con las nuevas normas y se
enorgullece y llena de energía con el éxito de los demás.

En una empresa de fabricación con sede en Carolina del Norte
observé uno de los métodos más insólitos y efectivos de celebrar los
éxitos. Trabajábamos con ellos para desarrollar una iniciativa de cambio que exigiría una serie de transformaciones operativas y de comportamiento durante un periodo de varios años. Los trabajadores de la fábrica entraron en la fase de implantación llenos de entusiasmo y
expectativas. Efectuaron una serie de cambios con mucha mayor velocidad de lo que esperaban los líderes. Pero, después de varios meses de
trabajo, pareció como si sus esfuerzos no hubiesen dado como resultado nada nuevo. No se detectaba prácticamente ninguna mejora sustancial en el rendimiento general de la fábrica, ni se producían muchas de
las sinergias esperadas en términos de tiempo y ahorro de costes. En
realidad, el personal había conseguido muchas cosas, pero nadie hablaba de las pequeñas victorias y éxitos alcanzados.

El entusiasmo inicial se desvanecía con rapidez y nos preocupaba
que los trabajadores llegaran demasiado pronto a la fase de determinación. Por eso, animamos a los líderes a que hablaran con ellos, a que
reconocieran el buen trabajo realizado hasta la fecha y a desafiar al grupo a exponer sus propias formas de mantener el entusiasmo. Posterior-
mente, se celebró una serie de reuniones de reconocimiento y generación de ideas en grupo. En una de ellas, una operaria de la cadena de
montaje aportó una observación sorprendente. «Las paredes no están
haciendo nada», fue lo que dijo. Tras soltar esta frase tan críptica se
produjo un gran silencio, y entonces ella explicó a qué se refería. «¿Qué
les parece si, cada vez que un equipo consigue algo bueno, colgara un
gran letrero en las paredes de la fábrica, de modo que todos los demás
nos enterásemos?» Tras un momento de silencio, intervino otro trabajador: «Es una gran idea. Y el tamaño de las letras podría equivaler al

tamaño del logro alcanzado, de modo que un éxito realmente grande se comunicara con letras muy grandes. Y si el éxito fuese pequeño, se haría con letras más pequeñas». La idea fue aceptada de inmediato. La gente se animó, empezó a hablar y añadió otros detalles que acabaron de pulir la propuesta original. «Podríamos incluir una fecha en cada uno de los logros. Eso sería como una historia del proceso de cambio —propuso un maquinista—. Así veríamos hasta dónde hemos llegado y lo mucho que nos queda por recorrer.» A esas alturas, todos estaban muy animados, incluidos los líderes. El grupo decidió seguir adelante, sin necesidad de someter la idea a votación o contar con la aprobación de ningún comité de seguimiento. Al cabo de pocos minutos ya se debatía la conveniencia de pintar primero las paredes de un color neutral y agradable, para que sirvieran de fondo a los titulares que habrían de colocarse en ellas. Decidieron que sí, y eligieron el color azul claro, el de la Universidad de Carolina del Norte.

La pared vacía, con su brillante color y silencioso desafío, animó mucho a la gente. Al cabo de una semana apareció el primer anuncio, escrito en letras blancas, de unos quince centímetros de altura: «Terminado el ajardinamiento y la limpieza de la zona de picnic». No era gran cosa y no suponía una gran contribución al objetivo último de reconversión de la fábrica, pero lo importante no era tanto el tamaño del logro como la demostración de que se había emprendido y completado una determinada tarea. La gente podía acudir a la zona de picnic, contemplar las plantas y alabar a sus compañeros por su trabajo (además de disfrutar de un lugar mucho mejor para almorzar). La energía positiva liberada por esa sencilla frase fluyó por toda la fábrica. Durante los meses siguientes, la pared se fue llenando poco a poco de logros pequeños y de tamaño medio. Cada vez que se citaba a un nuevo equipo en las frases pintadas sobre la pared, la gente acudía a leerlas y felicitaba a los miembros que lo componían. En ocasiones, el equipo en cuestión llegó incluso a organizar una pequeña fiesta de celebración. Los ejecutivos de la empresa y quienes visitaban la fábrica acudían con frecuencia a ver las paredes y a admirar la creatividad y los resultados, producto de los esfuerzos de los distintos equipos. No se necesitaba de ningún proceso de aprobación para anunciar un logro en la pared, y ningún comité oficial determinaba lo grandes o pequeñas que debían ser las letras. Eran los propios equipos los que calificaban el valor de sus logros y nadie se quejó nunca de sus autovaloraciones. El día más memorable fue aquel en el que un equipo pintó sobre la pared, con brillantes letras de color púrpura de medio metro de altura: «Fabricación reduce su ciclo en un cuarenta por ciento». Los vítores resonaron en toda la fábrica. Al cabo de cuatro meses, la pared estaba tan atestada de logros, que hubo que adecuar otra.

Entonces llegó la fase de determinación que, debido a un cambio de las normas reguladoras, detuvo la comercialización de un gran producto nuevo. Esto significaba que los fondos de reinversión que se esperaban se retrasarían por lo menos seis meses, e incluso más. Esos días, al recorrer la fábrica, pensé que observaría un descenso en el ánimo colectivo, pero no fue así, ya que aunque la gente no se sentía esencialmente contenta con el giro que habían tomado los acontecimientos, estaba más comprometida que nunca con el propósito de «llenar las paredes». Comprendían lo que les sucedía y admitían lo cansados que estaban y lo difícil que les resultaba transformar una organización sin el dinero que necesitaban para hacerlo. Aun así, cuando les pregunté a los trabajadores si querían tirar la toalla, reaccionaron con asombro e inmediatamente empezaron a recitar toda una serie de actividades con las que pronto se obtendrían grandes beneficios. Después de haber llegado tan lejos, no sentían el menor deseo de abandonar. La prueba de su éxito estaba escrita en las paredes.

Hay que reconocer y examinar los fracasos

Por gratificante que sea regodearse en los éxitos, también es importante reconocer y aprender de los fracasos que, sin duda, habrá: equipos que se desmoronan o que nunca llegan a cuajar, iniciativas que se marchitan, ideas que producen lo contrario de lo que se pretendía, estructuras que hay que reconfigurar, programas de formación que no logran sus objetivos, reuniones que terminan en un callejón sin salida, o decisiones que nunca se toman.

Muchos líderes sienten la necesidad natural de no hablar de los fracasos. Ahora bien, la mayoría de los trabajadores sabe muy bien cuándo algo no ha funcionado, por lo que no hablar de ello no supone una mayor credibilidad. Por otro lado, la forma de abordar los fracasos puede tener un gran impacto. El ejemplo más impresionante del que he sido testigo fue el de una reunión de toda la división, convocada por su líder, para revisar un reciente fracaso operativo. Habló brevemente del fracaso y luego dijo que había identificado a la persona que lo había provocado y que deseaba hacer público su nombre. La gente se quedó quieta y en silencio; se notaba una gran tensión e incomodidad en el ambiente. El líder siguió diciendo: «Y ahora mismo voy a revelar la identidad de la persona responsable del desaguisado». Y tras decir esto, señaló hacia la pantalla, donde apareció una imagen de él. Se escucharon exclamaciones de asombro. Entonces, el director, tras una pausa, pasó a explicar los errores que había cometido y que habían contribuido al desastre, y también expuso lo que haría de modo diferente en la próxima ocasión. No era la única persona que había participado en el fracaso, pero sí la única que se identificaría públicamente. Al final de la reunión, mientras la gente abandonaba la sala, se notaba que el líder había impresionado y desafiado a todo el mundo con su exposición. Aquella actitud estableció un nuevo grado de confianza y de asunción personal de la responsabilidad. Y eso no lo olvidó nadie.

Cuando los fracasos se examinan de una forma directa e inteligente, la gente comprende que se puede sobrevivir tanto al propio fracaso como al de la organización. Y una vez que se entiende eso, quienes experimenten dificultades estarán más dispuestos a pedir ayuda, y aquellos cuyas iniciativas hayan fracasado serán más proclives a compartir sus experiencias, para que otros puedan evitar los mismos problemas. Hay que concentrarse en descubrir lo que ha salido mal y en cómo solucionarlo, en lugar de prestar tiempo y atención a la asignación de culpas.

Mantener la perspectiva

El desafío de la implantación consiste en formar nuevos hábitos. En la actualidad, la idea de que admitir un problema supone casi haberlo solucionado, está bastante extendida. Evidentemente, si primero no se admite que se tiene un problema, no se podrá resolver; ese es precisamente el desafío del estancamiento. Pero cualquiera que haya intentado sustituir un mal hábito por otro bueno le dirá que se necesita trabajar mucho para resolver un problema, sobre todo si para ello hay que cambiar la manera de pensar y las actitudes. Aunque yo conozca cuáles son los buenos hábitos alimenticios, eso no quiere decir que piense en ellos antes de aceptar un trozo de tarta de cumpleaños. Puede que actúe con diligencia para intentar cambiarlos, pero necesitaré mucho tiempo y práctica para pensar automáticamente: «Picar entre horas es comerse una manzana», en lugar de galletas o palomitas de maíz, y dudo mucho que alguna vez llegue a pensar: «El tofu es delicioso». Cuando se trata de llevar a cabo todos los cambios necesarios, no debemos olvidar que se necesita mucha práctica y un esfuerzo explícito para crear nuevos hábitos.

Quinta parte

Determinación

Cuando el monstruo se enseñorea de los pasillos

11

En tierra de nadie

Formular las preguntas más difíciles sobre la organización y su futuro

Esta fase se llama determinación porque es en ella donde se determina verdaderamente el destino de la iniciativa de cambio y porque se necesita mucha firmeza para superarla y empezar a experimentar la consecución. Durante la fase de preparación, la gente se imagina su nuevo mundo empresarial como un objetivo, como un ideal. En la fase de implantación, se llega a trabajar febrilmente para crear la nueva entidad. Entonces, en algún momento, se empieza a cobrar conciencia de que hay que vivir y trabajar en ese nuevo mundo. Y en ese momento se inicia la fase de la determinación.

En ella, la gente se plantea preguntas muy duras acerca del lugar que ocupa en la actualidad y de su futuro dentro de la organización. ¿Puedo hacer este trabajo? ¿Quiero hacerlo? ¿Confío en nuestros líderes? ¿Me gusta hacia donde veo que se dirige esta empresa? ¿Qué tiene que ver mi nueva vida con la que llevaba antes? ¿Qué futuro me espera aquí? ¿Recibo la remuneración, incentivos y reconocimiento adecuados por el esfuerzo aparentemente interminable y el ajetreo por el que estamos pasando y aún tendremos que pasar? ¿Sería más fácil, rápido e inteligente empezar en alguna otra empresa? ¿Me sentiría mejor en una situación totalmente diferente? A medida que se toma conciencia de la realidad de los cambios, la gente va comprendiendo poco a poco (o, a veces, de repente) que sus vidas laborales se han visto profundamente alteradas y que las cosas ya no volverán a la «normalidad» ni serán como «antes».

Cuando la gente se contesta a sí misma, y de una manera positiva, estas preguntas tan duras, comprende el valor de la tenacidad, de redoblar sus esfuerzos y de soportar las pruebas y desafíos que forman parte del cambio. Pero si no conoce las respuestas o supone que son negativas, su esfuerzo ante el cambio pierde impulso y termina por considerar cada acción con escepticismo o desconfianza. A veces, la primera indicación es un problema operativo aislado: los niveles de servicio parecen empeorar, en lugar de mejorar; el nuevo sistema informático tarda demasiado en instalarse y cuesta mucho más de lo presupuestado; un ejecutivo clave se marcha de manera inesperada; o en la fábrica no se encuentra la solución a un misterioso problema de producción.

Esos problemas operativos son fáciles de ver y la gente les presta atención. Se pueden nombrar equipos para resolverlos y controlar regularmente su progreso en el futuro, pero también pueden ser los síntomas visibles de problemas emocionales subyacentes. Algunas personas son incapaces de estar de acuerdo con los nuevos objetivos y de apoyarlos. El comportamiento de otras no concuerda con el nuevo modelo empresarial. Gente que debería trabajar en equipo no lo hace. Se llega incluso a cuestionar la visión original. La credibilidad de los líderes se debilita y sus seguidores empiezan a preocuparse. Los éxitos iniciales parecen haberse evaporado. Conseguir que la gente piense y actúe de modo diferente es un proceso lento y doloroso. Como dijo un director: «Supone un verdadero esfuerzo conseguir que nuestra gente aplique apropiadamente el nuevo pensamiento, encuentre las respuestas y realice las acciones correctas. Y lograr que las haga una y otra vez, en una amplia variedad de situaciones, ahora mismo nos parece una especie de "sueño imposible"».

Todos estos escenarios son sintomáticos de lo que yo llamo «resistencia retroactiva». No es raro que la gente vacile ante la perspectiva de habitar el nuevo mundo, precisamente ahora que lo tiene delante. De repente, empiezan a salir a la superficie toda clase de preocupaciones, precisamente por parte de las personas que defendieron y patrocinaron el cambio. A los que formaron parte de la nueva iniciativa de comercio electrónico ahora les preocupa que el nuevo negocio online dañe el negocio tradicional de formas totalmente inaceptables. Empiezan a retroceder ante sus propias recomendaciones. Un cliente me dijo una vez: «En realidad, Jeanie, creo que esta situación es tan tóxica que deberías llamarla "resistencia radiactiva"».

Los temas emocionales y de comportamiento demuestran ser los más difíciles de resolver, debido a que, con frecuencia, los líderes se equivocan al diagnosticarlos o los consideran triviales o temporales. Pero ignorar las preocupaciones y sentimientos no hará que desaparezcan, y minimizar su importancia agravará las heridas en lugar de curarlas. La consecuencia de todo esto es que los problemas empeoran y se van difundiendo poco a poco por la organización. A menudo, los líderes no se dan cuenta de que la organización se halla bajo las garras del monstruo, hasta que este está a punto de declararse victorioso o ya lo ha hecho.

Entonces, lo más probable es caer en una prolongada y difícil fase de determinación que paraliza a la empresa en sus esfuerzos por alcanzar la consecución. El esfuerzo de cambio llega a descomponerse por completo, para instalarse en el cementerio de las iniciativas empresariales, como otra más de esas cosas que «nunca llegan a funcionar».

Como quiera que constituye la verdadera prueba del cambio, la fase de determinación puede ser una experiencia extremadamente dolorosa o el desafío más duro y gratificante de toda una vida. Muchos dirán: «Nunca he trabajado o aprendido tanto». Nadie que haya pasado por la fase de determinación la olvida.

CoVen: una reacción significativa ante un anuncio a destiempo

En CoVen, justo cuando la gente empezaba a lidiar con la nueva estructura laboral, el equipo de integración funcional de I+D (EIF) anunció que los laboratorios de «Venerable» en Amsterdam se cerrarían y que sus instalaciones serían demolidas. Todas las actividades de investigación se trasladarían al nuevo DevCenter, construido en New Jersey, con una inversión de doscientos millones de dólares. Para CoVen esta era la decisión empresarial más correcta, ya que los laboratorios de Amsterdam no eran eficientes y tanto su equipo como sus sistemas de comunicación estaban obsoletos.

Durante una reunión celebrada aproximadamente un mes antes, ya habíamos tanteado el efecto de esta decisión con líderes de opinión clave en I+D de «Venerable», y estos nos dijeron que «tendría efectos desastrosos sobre la moral. Los laboratorios son un símbolo muy querido de "Venerable" y, si los derriban, la gente se sentirá muy disgustada. Además, seguramente perderán ustedes a la mayoría del personal, aunque sólo sea porque tendrán que pedirles que se trasladen de una de las ciudades más agradables de Europa a las tierras baldías de New Jersey. ¿Y por qué no dejar una parte de los trabajadores en los laboratorios? O, al menos, esperar un poco antes de demolerlos. ¿A qué viene tanta prisa?».

Marco replicó que uno de los objetivos de la fusión era reducir costes.

—Deshaciéndonos de esos edificios —argumentó—, la empresa se ahorra al menos tres millones de dólares en gastos operativos. Y lo que es más importante, los laboratorios ocupan una propiedad que vale mucho dinero, y que se podría vender fácilmente por varios millones más. Esta acción tendría por sí sola un efecto positivo sobre la cuenta de resultados del primer año de unos diez millones de dólares o más. Y eso no lo puedo ignorar. —Y entonces, como quien no quiere la cosa, añadió—: Además, ese dinero lo invertiríamos en programas y equipo de desarrollo de nuevos medicamentos. Queremos invertir en todo aquello que nos permita alcanzar más éxito en el futuro, y no en artefactos del pasado.

En ese momento se produjo un prolongado silencio. Marco había pasado por alto un aspecto emocional, justificándolo con un argumento financiero.

Al final, fue la doctora Margolis la que habló.

—Bien, Marco, ha convertido usted una cuestión de historia de la compañía, adhesión, lealtad empresarial y valores en un tema de dinero. Nadie puede decir que los laboratorios sean productivos, sobre todo en comparación con el nuevo DevCenter. Pero, si los hace demoler ahora, estará echando por tierra una parte del alma de la empresa. Y ¿cómo le va a asignar un valor a eso?

Unos pocos de los presentes aplaudieron las palabras de Elena, y casi todos asintieron, mostrándose de acuerdo con ella.

Sin embargo, Marco se enfadó y replicó:

—Miren, acepto que la gente tenga un fuerte vínculo emocional con los laboratorios. Pero el traslado a DevCenter es inevitable. Comprendo que algunos no querrán ir por su vinculación personal con Amsterdam, pero también tienen la opción de ir a otros lugares repartidos por Europa y un puesto de trabajo en New Jersey no es para siempre. Creo que lo mejor es realizar el traslado inmediatamente y con la mayor rapidez posible, para dejar atrás este doloroso asunto, en lugar de arrastrarlo con nosotros. Pienso que eso nos acabará costando más, tanto emocional como financieramente.

Habló con rotundidad y dejó bien claro que no se discutiría más el asunto.

Justo después de la reunión, el equipo del EIF tenía prevista una sesión a puerta cerrada con Marco para analizar la manera de comunicar el cierre de los laboratorios o, al menos, para conseguir más convencimiento por adelantado. Una de las recomendaciones fue mantener una sesión estratégica con los principales líderes de opinión, para recabar su ayuda a la hora de preparar a la organización. Pero la perspectiva de Marco impidió toda discusión.

—Todo esto es una estupidez. En realidad, tanto hablar de respeto, lealtad y caída de la moral «no nos conducirá a ninguna parte». Toda esa palabrería se evaporará en cuanto la gente vea su nuevo espacio de trabajo en el DevCenter. Lo único que les importa a los investigadores es poder contar con unas buenas instalaciones y nuevos juguetes de investigación, y lo que les estamos ofreciendo es definitivamente lo más avanzado. En cuanto vean lo atractivos que son los nuevos edificios y todo lo que ofrecen, se olvidarán por completo de estos viejos laboratorios. Esperen y verán.

Marco decidió anunciar el cierre de los laboratorios con uno de sus memorándum, dirigido a toda la organización de I+D, un viernes por la tarde. La idea era que la gente pudiera digerir la noticia durante el fin de semana, de modo que no perturbara el ambiente de trabajo en el horario laboral. El lunes se incluiría en la página de intranet de Co-Ven un seguimiento de la noticia, y un artículo en el boletín semanal.

Sin embargo, el plan salió muy mal, ya que Marco, en un intento de mejorar su relación con la prensa, programó una entrevista que iba a grabar el jueves por la noche. Piet Jansen, el entrevistador, también tenía un programa de radio local sobre negocios, así como una columna fija en el periódico. Durante la entrevista, Jansen le preguntó qué tenía que decir acerca del rumor de que se abandonarían los laboratorios. Marco, convencido de que sus palabras no se emitirían hasta el lunes por la noche, lo confirmó y también añadió que los edificios se demolerían y el terreno se pondría a la venta. La emisora de radio, al darse cuenta de que tenía en sus manos una exclusiva, emitió fragmentos de la entrevista el viernes por la mañana, con lo que cientos de empleados de CoVen se enteraron de la noticia por la radio, mientras acudían a trabajar. Las líneas telefónicas se colapsaron por las llamadas y el envío de emails durante el resto del día y el fin de semana. Los empleados hablaban conmocionados e incrédulos de aquella acción y de la forma tan burda de haberla anunciado.

Marco y sus subordinados directos se quedaron sorprendidos por la emisión anticipada de la entrevista de radio el viernes por la mañana y por la reacción ante la noticia, y su conmoción aumentó aún más cuando vieron que el anuncio del cierre apareció en los titulares de los periódicos del lunes, y no sólo en los holandeses, sino también en los de la prensa internacional. Fue como si Lucent hubiera decidido cerrar los laboratorios Bell o Disney hubiera demolido Disney World de la noche a la mañana. El desprecio hacia los laboratorios no tardó en convertirse en un símbolo de la crudeza, insensibilidad y torpeza de la empresa. Si la dirección era capaz de cerrar los laboratorios de esa manera, ¿qué no haría con los trabajadores? Los empleados de «Venerable» que no pertenecían a I+D vieron el cierre de los laboratorios como una señal siniestra. Marco se enfureció con la emisora de radio y especialmente con Piet Jansen, por haber emitido la entrevista antes de lo acordado.

El incidente de los laboratorios dejó su huella en toda la organización, como se puso de manifiesto en el trabajo de los equipos y subequipos creados durante la fase de implantación por el EIF de I+D para rediseñar los procesos y desarrollar nuevos sistemas. Tras el anuncio, a los directores de dichos equipos de trabajo les resultó difícil programar reuniones a las que pudieran asistir todos. Cuando se celebraban, no todo el mundo acudía. Y al tratar de sacar el trabajo adelante, algunas personas volvían a plantear la discusión sobre sus objetivos. Unos cuantos miembros de los equipos se despidieron y, cuando hablábamos en privado con las personas para averiguar sus sentimientos y actitudes, lo que nos decían era que se sentían como si hubieran traicionado a «Venerable». Otras afirmaron lisa y llanamente que, en su opinión, la integración estaba destinada a fracasar y que no iban a matarse a trabajar para nada. Uno de los jefes de equipo me comentó:

—No entiendo lo que pasa. La gente debería estar dando saltos de alegría ante la oportunidad de convertirnos en líderes en un momento como este, pero en lugar de eso, lo único que veo son pocas ganas de colaborar. Tengo la sensación de que todo el mundo sabe algo importante que yo desconozco.

—¿Ha preguntado qué es lo que está sucediendo? —quise saber.

—No —me contestó.

Aun así, y a pesar de la gran agitación causada en I+D, CoVen continuó con éxito su marcha y siguió fabricando, vendiendo y distribuyendo medicamentos. El equipo de ventas alcanzó y luego superó las cuotas para los seis primeros meses después del cierre y se le recompensó por ello con primas en metálico. Tal como se había planeado, se lanzó al mercado un nuevo medicamento que, si bien era secundario, fue bien recibido. El precio de las acciones aumentó en un par de puntos, se inauguró el nuevo DevCenter, rodeado de las consabidas fanfarrias y publicidad, y la gente empezó a llegar de diversas partes del mundo.

Aunque durante todo aquel periodo los líderes del cambio quizá pensaran que la organización de I+D funcionaba adecuadamente, yo, por mi parte, sospechaba que la situación sólo parecía plácida en la superficie, y que por debajo se cocían temas no resueltos a la espera de surgir de nuevo. En momentos como estos resulta difícil saber cómo van a reaccionar los líderes y sus asesores. Por un lado, uno no quiere ser alarmista y ver problemas donde no los hay o allí donde parece que se están solucionando con éxito; pero por el otro, tampoco quieres meter la cabeza bajo el ala y fingir que todo anda sobre ruedas cuando no es así. Le sugerimos a Marco que él y su equipo hicieran preguntas dis-

cretas entre sus contactos de mayor confianza (sobre todo a los trabajadores de red y los líderes de opinión), para averiguar cuáles eran sus
impresiones de cómo iban las cosas. Sin embargo, esta propuesta tan
sencilla no sólo se consideró innecesaria, sino incluso peligrosa.

—Si no hay ningún problema, no queremos crearlo haciendo
preguntas inoportunas.

Seis meses después de anunciar la fusión, mantuvimos con Marco una reunión para revisar la situación. Parecía cansado pero complacido mientras repasábamos los logros alcanzados hasta la fecha.

—Yo diría que el proceso de cambio casi está completado —declaró—. Las principales tareas que nos propusimos, las hemos hecho
bastante bien. Casi todo el mundo se ha trasladado al nuevo DevCenter. La mayoría de los científicos más importantes han ido o tienen
previsto hacerlo, lo que evidencia que se quedan en la empresa. El proceso de nombramiento de nuevos cargos está casi concluido. El resto
no son más que detalles de ejecución. El único punto negativo es que
después de seis meses de trabajo ininterrumpido, mi equipo está ago-
tado. Todos tenemos montones de trabajo cotidiano acumulado y otros
compromisos que tenemos que cumplir. La principal responsabilidad
sobre el proceso de cambio ahora va a quedar en manos de los directores de línea, así que en mi opinión ha llegado el momento de desmantelar el EIF y la mayoría de los otros subequipos y de despedirnos de
los consultores.

Estuve de acuerdo con la valoración de Marco, pero no con su
plan. Ciertamente había llegado el momento de traspasar a la organización de línea, ahora que ya estaba creada, la responsabilidad principal sobre la implantación de la nueva estructura y los nuevos procesos.
Me daba cuenta de que los líderes necesitaban recuperarse y sentían la
necesidad de centrarse en la tarea de descubrir y desarrollar medicamentos. Comprendía que estuviesen convencidos de que la fase de implantación había quedado concluida y de que la de consecución estuviera a la vuelta de la esquina. Pero también sabía que, con tantos
problemas sin resolver, aún era demasiado pronto para que los líderes
dejaran de concentrarse en el proceso de cambio. Desmantelar el EIF
y la infraestructura que impulsaba la fase de implantación era, en mi
opinión, un gran error, por otro lado, bastante habitual. Los demás di-

rectores, al igual que Marco y sus subordinados más directos, también querían concentrarse en el trabajo cotidiano. Pero aún quedaban muchos detalles incompletos de los que nadie se ocuparía:

- ¿Quién se ocuparía de garantizar que los parámetros de medición que se estaban implantando en toda la organización de I+D se reforzaran mutuamente y fuesen coherentes con la compensación?

- ¿Quién supervisaría el diseño del nuevo esquema de compensación, para asegurarse de que reforzara los comportamientos deseados?

- ¿Quién determinaría los detalles de los nuevos procesos clave para comprobar que fuesen compatibles con la nueva estructura y modelo empresarial? ¿Dónde estaría la supervisión necesaria para comprobar que los nuevos procesos se utilizaran y que funcionaran tal y como se había previsto en su diseño?

- ¿Quién se aseguraría de que todos los nombramientos se hicieran a la velocidad requerida? A la mayoría de la gente se le había reasignado o confirmado en sus puestos, pero aún quedaba un número bastante elevado de personas que seguían esperando saber algo de sus solicitudes. Más del treinta por ciento de las personas con puestos asegurados no conocían la jerarquía de su trabajo ni su estructura salarial. ¿Habían ascendido, descendido o pasado a ocupar otro puesto de más jerarquía? ¿Quién completaría las descripciones de sus cometidos y responsabilidades?

- Todavía no se había preparado el plan estratégico para I+D y los ámbitos terapéuticos de actuación, ni la selección de proyectos dentro de esos ámbitos, de modo que los científicos no sabían cuáles eran sus cometidos específicos. ¿Quién desarrollaría el plan? ¿Cómo se tomarían las decisiones sobre el proyecto?

- Aún quedaban unos pocos puestos clave por cubrir, de modo que algunos grupos se veían obligados a informar a jefes provisionales o no contaban con un director. ¿Quién determinaría las exigencias que se plantearían a quienes ocuparan esos nuevos puestos? ¿Y quién dirigiría mientras tanto a los que no contaban con una dirección estable?

• Aunque se habían identificado aquellos ámbitos en los que se podían reducir los costes, los ahorros todavía no se reflejaban en la cuenta de resultados. ¿Quién sería el responsable de comprobar que aquello se lograse?

La información obtenida de la organización demostró la existencia de un creciente descontento entre el personal y una falta de confianza en la dirección. Si los líderes empezaban a alejarse del proceso de cambio, lo que más me preocupaba era la aparición de una interpretación cínica de la situación. Ya me imaginaba a la gente diciéndose: «Estupendo. Ahora que los altos directivos han cortado todas las cabezas que tenían que cortar y que se han asegurado sus propios puestos, se dedicarán a otras cosas. Y, mientras tanto, los demás intentaremos sobrevivir sin saber realmente lo que se supone que debemos hacer, sin saber a quién informar y qué efectos tendrá todo esto en nuestras carreras profesionales». Y, lo que era peor todavía, si los líderes dejaban de considerar la fase de implantación una de sus principales prioridades, los avances disminuirían y los obstruccionistas tendrían el campo libre.

En medio de aquel ambiente le dije a Marco que había llegado el momento de contratar a gente nueva y de hacer que algunos de los directores recién nombrados sustituyeran a los miembros del EIF y se ocuparan de supervisar la culminación de la implantación. Le aconsejé que nombrara a unas cuantas personas con talento para que empezaran a trabajar en la visión y la estrategia a largo plazo y le mantuvieran constantemente informado. Luego, una vez que el trabajo se hubiese desarrollado hasta un punto en el que necesitara de nuevas aportaciones, podría hacer intervenir a su equipo ejecutivo.

—De ese modo —argumenté—, usted y su equipo podrán descansar un poco y tendrán la ocasión de concentrarse en otros temas sin perder impulso y sin arriesgarse a quedar empantanados antes de que se haya completado la integración. Eso tendría el beneficio añadido de seleccionar a la gente que necesita para dirigir la implantación. Es muy importante cambiar la dinámica de «no te mezcles en esto» por la de «todos los pesos pesados están a bordo y dirigen el combate». Además, en la organización se experimenta un anhelo de dirección e inspiración y una sensación de futuro. Las personas desean encontrar realmente una razón para sentirse entusiasmadas y a gusto de estar aquí. Además, me preocupa que, sin eso, no se sientan comprometidas a largo plazo con CoVen y acabe produciéndose una segunda oleada de pérdida de talentos, mucho peor que la que sufrimos cuando se anunció la fusión.

Marco estaba convencido de que en la organización de I+D todo el mundo se sentía tan harto como él de la transición y que únicamente deseaba «volver al trabajo». Yo no dejaba de pensar en lo que un cliente bastante inteligente me dijo en cierta ocasión: «No hay atajos para alcanzar la grandeza. La grandeza la tienen que construir personas con talento, entregadas a alcanzar una visión compartida». Las personas con talento siempre tienen otras opciones. Durante una fusión se acelera la pérdida de talentos, ya que los competidores aprovechan la ocasión para atraer a los mejores y más brillantes. No obstante, Marco había descartado que la pérdida de talentos constituyera un riesgo. Estaba convencido de que ya había pasado lo peor.

—Es posible que ya se esté acercando al final de la implantación —le dije—. Pero aún tiene que pasar por otra fase antes de alcanzar la consecución. La de la determinación. Las próximas semanas y meses serán determinantes para el éxito que alcanzará este proceso de cambio. Necesita crear un ejército de defensores bien dispuestos y capaces de personificar la nueva organización de I+D, con el cual no cuenta de momento, ya que lo único que tiene son algunos oficiales diseminados.

Marco me contestó:

—Aprecio el trabajo que ha realizado hasta el momento. En realidad, lo han hecho lo bastante bien como para no tener que hacerlo más. Tengo la intención de transferir todas las responsabilidades a los directores de línea. Desmantelaremos el EIF y la mayoría de los subequipos que hemos creado y mi equipo directivo se dedicará de ahora en adelante a dirigir el negocio.

Y así terminó todo.

12

El comportamiento de los líderes

La importancia de mantener la energía

Toda iniciativa de cambio tendrá inevitablemente una fase de determinación, aunque en cada caso el desarrollo de dicha fase será diferente. Así, mientras algunas se inician pronto, otras llegan tan tarde que son muchos los que acaban convencidos de haber escapado a ella. Las hay relativamente indoloras y breves, normalmente cuando las organizaciones se han unido para «vivir el cambio», y también tortuosas y prolongadas, con la gente que va de un lado para otro, tratando de imaginarse cómo rendir y alcanzar el éxito en la nueva organización. En cada caso, las acciones y los comportamientos de los líderes del cambio tienen un tremendo impacto sobre la naturaleza y duración de la fase de determinación.

Tenga la seguridad de que el cambio consumirá enormes cantidades de energía

Todo lo que diga es poco para poder expresar con palabras la energía que se necesita a la hora de conducir a una organización a través de un gran cambio. A los líderes se les pide que desarrollen el plan del cambio, que modelen las convicciones y comportamientos deseados, que seleccionen a los defensores del proceso, superen resistencias e inercias y consigan que la gente se mueva de una manera totalmente nueva para ella, y todo eso al tiempo que mantienen a flote el resto de los asuntos del negocio.

Sir Graham Day, ex presidente ejecutivo de British Shipbuilders, British Aerospace Plc y Cadbury Schweppes, dice: «Una de las primeras cosas que te impresiona cuando se trata de reconvertir una empresa es la enorme cantidad de energía que se necesita para hacerlo. Al principio, toda la energía que pones es tuya. Tienes la sensación de estar arrastrando contigo a toda la organización, mientras intentas crear algo de movimiento, de impulso. Pero al final, cuando todos ya trabajan duro y se preguntan qué estás haciendo tú, lo que sabes es que has hecho tu trabajo».

Ray Álvarez comprendió muy bien la mucha energía que necesitaría para cambiar Micro Switch. Intentó no agotarse buscando constantemente la participación de otros en el proceso, controlando sus propias expectativas acerca de lo que se podía conseguir y en cuánto tiempo, y procurando mantenerse en buena forma física. En CoVen, Marco y su equipo aplicaron tremendas cantidades de energía en las fases iniciales de la integración, con la esperanza de poder moderar el ritmo en uno o dos meses tras la culminación del proceso y tomarse un descanso. Pero cuando la organización los necesitó más, durante la fase de determinación, se sintieron demasiado cansados como para estar a la altura de las circunstancias y se desvincularon demasiado del proceso. Los ejecutivos de I+D de CoVen habrían podido evitar una fase de determinación difícil, pero no vieron la amenaza. Pensaron que sólo tendrían que ocuparse de los problemas operativos, sin entender que crear una nueva organización es, en esencia, una propuesta emocional.

No defina la realidad únicamente por su propia experiencia

Los líderes del cambio, como casi todo el mundo, suelen proyectar sus propias expectativas sobre la situación a la que se enfrentan. No obstante, deben ser extremadamente cuidadosos a la hora de valorar lo que sucede, y escuchar la «realidad» experimentada por otros, sin despreciar las percepciones de los demás. Esta es una habilidad muy importante cuando se produce un gran cambio, ya que la realidad de la organización cambia constantemente. Los diferentes grupos que se encuentran en la nueva organización, sobre todo en el caso de las fusiones, aportan una gran variedad de presupuestos, historias y experiencias que quizá los líderes no comprendan, o no hayan visto nunca. Algunos directivos escuchan la realidad de los demás de forma cotidiana y tienen en cuenta la información que obtienen.

Ni que decir tiene que escuchar y comprender las perspectivas de los demás es una habilidad fundamental de todo líder efectivo, aunque se ignore con bastante frecuencia. Recuerdo el caso de un director que se reunía regularmente con su equipo para hablar de los problemas que tenían los trabajadores. Pues bien, durante un rato los escuchaba discutir animadamente y con acierto acerca de la mejor forma de responder a tal o cual problema y, cuando ya no podía más, interrumpía bruscamente el debate y les decía: «¡No! No fue eso lo que ocurrió. Las cosas no son así. Lo que ocurrió realmente fue lo siguiente y ahora les voy a decir lo que haremos al respecto». Para él, su propia experiencia era, incuestionablemente, «la verdad». A pesar de que sus compañeros de dirección le transmitían mucha información, él no era consciente de que las personas experimentan los mismos hechos de maneras diferentes, lo que conduce a múltiples interpretaciones y, en definitiva, a múltiples soluciones válidas. Y en lugar de aceptarlo así, sentía lástima de los que eran incapaces de ver las cosas como él, es decir: «correctamente». Estar convencido de que nuestra experiencia equivale a la realidad, supone, ni más ni menos, el triunfo del monstruo.

A los directivos de CoVen les costó mucho comprender hasta qué punto difería su experiencia (su realidad) de la que tenía la gran mayoría del personal de ambas empresas. Muchos de los directivos despreciaron las objeciones y dudas de otros como quejas que pronto se desvanecerían. «Sé que ahora la gente está descontenta, algo que por otro lado cabía esperar, pero una vez que se sientan seguros en sus nuevos puestos de trabajo, todo eso desaparecerá.» Y como al principio las preocupaciones de los ejecutivos se concentraron en cuál de ellos dirigiría la nueva empresa y cómo se estructurarían sus salarios, esperaban que a los demás también les preocuparan los mismos temas. En ningún momento se les ocurrió que sus valorados y cultos científicos pudieran estar interesados en otras cosas. No quisieron reconocer que la gente cuestionaría sinceramente la lógica de la fusión, que pondría en duda las motivaciones del consejo de administración y de los propios ejecutivos y que serían incapaces de ver (o quizá ni siquiera les importara) la mayor fortaleza y éxito que podría tener CoVen como entidad combinada. Tampoco se dieron cuenta de que esas preocupaciones a veces se mantienen vivas durante meses e incluso años. Quizá no afloren de inmediato, pero eso no significa que hayan desaparecido.

Ponga a prueba sus presuposiciones

Los líderes a menudo operan en función de presuposiciones que les resultan lógicas, aunque no lo sean para los demás. En repetidas ocasiones he visto que los individuos se construyen cadenas lógicas que encajan perfectamente con sus propias convicciones o agendas. Argumentar sobre la base de la lógica raramente convence a nadie de nada. Sin comprender la perspectiva de la otra persona, no se podrá presentar un argumento persuasivo o comprender la continua resistencia del otro.

Marco Trask dio por sentado que los científicos más expertos de «Venerable» aprovecharían la ocasión que se les brindaba para trabajar en el nuevo DevCenter de CoVen, y eso le indujo a cometer un grave error. Aunque su presuposición se tanteó entre los principales líderes de opinión de I+D de «Venerable», fue incapaz de asumir sus puntos de vista como válidos. El cierre de los laboratorios de «Venerable» se anunció prematuramente, sin preparar antes a la organización ni explicar lo suficientemente bien la lógica de tal decisión y reconocer la importancia histórica y el significado de los laboratorios. Él y su equipo no escucharon las objeciones de las personas influyentes de I+D, ni les pidieron ayuda para preparar a la organización.

Dar por sentado cosas como estas es algo natural; pero negarse a comprobar el efecto que tendrán supone cometer un grave error. Un líder del cambio que hace planes basándose en presuposiciones no contrastadas corre el riesgo de ver fracasados dichos planes y de que, a posteriori, tanto él como esas presuposiciones parezcan estúpidas o ingenuas.

Mantenga viva la comunicación

Hace unos años trabajé con un presidente ejecutivo que comprendió perfectamente la importancia de la comunicación. Dirigía su tercera reconversión con éxito y seguía tratando de conseguir que sus altos ejecutivos reconocieran la necesidad de comunicarse personal y continuamente con sus organizaciones respectivas, sobre todo durante los desafíos planteados en la fase de determinación. Ellos se resistían a hacerlo, por lo que al final les dijo a los directivos que el cincuenta por ciento de las primas que recibirían el año siguiente dependerían de su efectividad a la hora de comunicarse con los demás. Se quedaron estupefactos e inmediatamente empezaron a enumerar otros temas que en su opinión eran más importantes que aquel.

Pese a todo, el presidente ejecutivo se mantuvo firme. «Ya estoy más que harto de intentar que se tomen este tema en serio, así que si altero sus condiciones de remuneración seguro que se interesarán más por este asunto. Ninguno de nosotros tendrá éxito mientras ustedes no se den cuenta de que todos sus subordinados tienen que comprender y quedar convencidos de lo que intentamos hacer. Y sus subordinados no lo comprenderán, y mucho menos se entregarán por completo a reconvertir esta organización, si no están convencidos a su vez de que hablamos en serio y de que deseamos y necesitamos que participen. Ya podemos proyectar todos los vídeos que queramos y enviar mensajes por la intranet, que no servirá de nada. Tienen que verles a ustedes personalmente y experimentar su compromiso en directo, ya que de lo contrario no se creerán una sola palabra de lo que estamos diciendo.» Sus vicepresidentes gruñeron y a voz en grito pusieron en duda su sano juicio, pero hicieron lo que se les pedía. Un par de ellos se convirtieron con rapidez; a otros les costó más tiempo. El vicepresidente de tecnología dijo: «En un principio me uní a esta empresa porque deseaba contribuir a solucionar problemas intelectualmente interesantes. Ahora lo que quiero es causar un verdadero impacto. Me quedo despierto por la noche pensando qué puedo hacer para que nuestra tecnología influya en las vidas de la gente y en el mercado. Ya no hago diseños, por lo que ahora tengo que trabajar a través de otros. Y me he dado cuenta de que el presidente ejecutivo tiene razón: si la gente no me oye hablar, y no ven que me he comprometido, no creerán ni harán lo que tienen que hacer».

Saber lo que hay que decir y cuándo es un aspecto crítico durante la determinación, y también durante las fases precedentes. Lo que normalmente no perciben «los que están en el ajo» es lo mucho que saben y que desconocen los demás y lo muy legítimo que es compartir ese conocimiento. Durante la fase de implantación, la gente tiende a enfrascarse en sus propias vidas laborales, equipos y proyectos, y a perder de vista lo que sucede en el resto de la organización. Es importante ofrecerles información actualizada con regularidad, incluso cuando no haya noticias «duras» que comunicar, para ayudarles a establecer conexiones con otros que se hallen situados fuera de sus propias esferas de actuación.

Controle la dinámica, no las piezas

La necesidad de supervisar y revisar regularmente los progresos sigue existiendo. La mejor manera de hacelo puede venir, sin embargo, de un consejo o comité que informe a los ejecutivos. El propio equipo ejecutivo deberá concentrarse en la *gestalt* del cambio. Tendrá que ser consciente de la dinámica, de cómo los cambios llevados a cabo en una dimensión afectan a otra. ¿Está consiguiendo el esquema de compensaciones el comportamiento deseado en la organización de ventas y en el grupo de tecnología? Los debates sobre estrategia, ¿han tenido como resultado una mejor cooperación entre el departamento de compras y las iniciativas de comercio electrónico? ¿Los directores comprenden lo suficientemente bien la estrategia y la cultura deseadas como para impulsarlas dentro de sus propios grupos?

Durante la fase de determinación, si los líderes del cambio hablan menos entre ellos de lo que lo hacían en las fases anteriores, les costará mucho valorar si los cambios se están reforzando mutuamente. Ese es el resultado natural de cambiar el enfoque. Se han interrumpido las intensas reuniones semanales. Los directores se concentran en aquellas partes de la organización de las que son responsables, de modo que cada vez programan menos reuniones entre ellos. Sólo se ven durante las revisiones mensuales o trimestrales pero, incluso en tales ocasiones, el orden del día está tan repleto que no tienen tiempo suficiente para hablar de lo que sucede en sus organizaciones respectivas, de lo que funciona y de aquello que les preocupa. En esos momentos el esfuerzo de cambio puede empezar a fragmentarse. Los equipos y los grupos comienzan a trabajar con propósitos contradictorios. En la mayoría de las organizaciones, en el único nivel en el que coinciden los objetivos de todas las funciones es en el ejecutivo. Si los ejecutivos no vigilan la dinámica general, nadie lo hace.

Por otro lado, los líderes también empiezan a cansarse de la esencia de los mensajes relacionados con el cambio. Se necesita mucho tiempo y repetirlos constantemente para que sean escuchados y comprendidos, incluso en los periodos más estables. Hasta los directivos más abiertos a este tipo de comunicación, raras veces están preparados para la frecuencia con la que hay que repetirlos si se quiere que las ideas penetren realmente. Se hartan hasta tal punto de hablar de objetivos, de estrategia, de cómo funcionan los procesos principales, y de cuáles son los resultados deseados, que al final apenas pueden pronunciar o escribir esas palabras. Se acaban sintiendo molestos y empiezan a pensar que la gente es estúpida o que le prestan poca atención. En ocasiones cambian el mensaje, aunque sólo sea para que a ellos les suene innovador o, lo que es peor, dejan de pronunciarlo.

Ahora bien, si la organización recibe mensajes diferentes de los líderes, sus miembros creerán en aquel que más les guste, o «buscarán» las respuestas que mejor se adapten a lo que desean escuchar, al igual que el niño que, tras oír una negativa por parte de uno de sus progenitores, acude al otro con la misma pregunta, esperando obtener una respuesta que se adecue más a sus deseos. Pero la diferencia entre una gran organización y una familia es que mientras los padres de ese niño probablemente hablen entre ellos cada día e intercambien impresiones sobre lo que sucede, los líderes no mantienen un contacto tan estrecho entre ellos; algunos sólo se ven en las reuniones y raras veces intercambian impresiones sobre la dinámica de la organización. Y de esta manera, los mensajes contradictorios y los esfuerzos descoordinados no sólo no desaparecen sino que se hacen más extremos a medida que pasa el tiempo.

Conecte con la gente en todos los niveles de la organización

Normalmente, cuando los líderes muestran un sentido egocéntrico de la realidad o se plantean suposiciones que no son exactas, no lo hacen porque sean poco inteligentes, estén poco comprometidos o porque no se preocupen lo bastante. Lo que pasa es que no mantienen el suficiente contacto vertical con otros miembros de la organización, o no cuentan con el tiempo necesario para hacerlo y simplemente están desconectados. No utilizan activamente las redes informales que mantienen actualizada la información acerca de qué sucede y quién dice qué. No recorren los pasillos con la suficiente frecuencia, ni acuden a almorzar a la cafetería. Tampoco aparecen de improviso en los despachos de los demás y no invitan a la gente a visitar el suyo. Eso tampoco quiere decir que sean solitarios, misántropos o tímidos, sino, más bien, que están muy ocupados y preocupados tratando de equilibrar un exceso de peticiones y de encajarlas en un tiempo muy limitado. La mayoría reconoce el valor de estar conectados con la gente en todos los niveles y de obtener información no filtrada, pero pocos saben cómo conseguirlo sin dedicarle más tiempo del que creen tener disponible.

Pero establecer conexiones no exige necesariamente una elaborada estructura de comunicación, ni consume tanto tiempo como se cree. Ya hemos visto que los trabajadores de red pueden ser útiles para mejorar la «lectura» que haga un ejecutivo de la organización que dirige. También es posible «percibir» con relativa rapidez el estado de ánimo de una planta, con una simple visita en la que se ponga toda la atención. Pero no la haga con la intención de tacharla de su lista personal de «pendientes».

Nada más entrar en un edificio de oficinas o en una fábrica percibirá el espíritu que reina en el lugar. ¿Observa interacción, risas, un compromiso con el objetivo, un ajetreo de actividad? Hable con los empleados en el ascensor o mientras se dirige a una reunión. Al cabo de un rato percibirá la actitud que tienen con respecto a su trabajo y hacia usted. ¿Se muestran relajados cuando le hablan, o por el contrario, se ponen tensos y a la defensiva? ¿Los ve dispuestos a compartir sus puntos de vista acerca de la situación en la empresa, o se avergüenzan de que les pregunte cosas?

Conozco a un ejecutivo que cada vez que tenía ocasión les hacía a sus empleados la siguiente pregunta con verdadera expectación: «¿Qué me puede contar hoy?». Mientras lo observaba, me di cuenta de que algunas personas se sorprendían un poco, aunque inmediatamente empezaban a pensar en qué podían contarle. En cierta ocasión, una joven, nueva en la empresa, se lo quedó mirando fijamente y balbuceó: «Pues, no sé», ante lo que él contestó en un tono tranquilizador: «Está bien. Si se le ocurre algo que me pueda interesar, llámeme. Si no me encuentra, deje grabado un mensaje, lo recibiré. Gracias por pensar en ello». Y luego le entregó su tarjeta. Más tarde, le pregunté por qué lo hacía. Me explicó que llevaba haciéndolo desde hacía años. Había experimentado con diversas formas de plantear la pregunta. «Si pregunto: "¿Cómo van las cosas?" o algo similar, la respuesta natural de la gente es: "Muy bien", o alguna otra banalidad. No se percatan de que lo que busco es una respuesta de verdad. En cambio, al preguntar "¿Qué me puede contar hoy?", demuestro mi convicción de que la persona posee alguna información que yo debería y deseo conocer y que no ando, necesariamente, a la búsqueda de una respuesta "amable", todo lo cual es cierto. Necesito conocer las ideas y las opiniones generales de los empleados en todos los niveles de la organización. Si no pregunto, no recibo respuestas. En cambio, preguntando, a menudo obtengo percepciones o ideas que no se me habrían ocurrido ni en sueños.»

En el libro *En busca de la excelencia*,* Bob Waterman y Tom Peters definieron una práctica que llamaron «dirección ambulante». Deambular es útil, siempre y cuando se detenga uno a hablar y, lo que es más importante, a escuchar lo que la gente tenga que decir. Una vez tuve un cliente, vicepresidente de ingeniería, que era bastante tímido. Cuando su jefe le dijo que tenía que practicar el estilo de dirección ambulante, se impuso la tarea de recorrer sus departamentos una vez al mes. Sin embargo, lo que hacía era más bien una carrera campo a través, literalmente corría. Se sentía incómodo hablando con la gente, y no sabía cómo romper el hielo ni porqué estaba allí. Mientras tanto, sus subor-

* Ediciones Folio, Barcelona, 1986 *(N. del E.).*

dinados se preguntaban el motivo por el cual patrullaba constantemente por las zonas de trabajo. Crearon en sus ordenadores una hoja
de anotaciones que titularon «Detecta al jefe». Cualquiera que lo viese
obtenía cinco puntos y todo aquel que consiguiera hablar con él, diez.
Y si lograban que dijera alguna cosa que no tuviera nada que ver con
los deportes o el tiempo, ganaban cien puntos. Los líderes deben saber
que constantemente se habla de ellos y se evalúan sus acciones, tanto si
participan como si no.

13

La experiencia de los seguidores

Conseguir la involucración de las personas

Micro Switch: los consejos configuradores

Durante la fase de implantación, Ray Álvarez formó seis equipos a los que llamó «consejos configuradores». Cada uno se concentraba en un ámbito estratégico específico: satisfacción del cliente, calidad, objetivos y mediciones, concienciación, formación y reconocimiento. Una parte de la misión de estos consejos era conseguir que la gente participara en los problemas, así como desarrollar herramientas y enfoques de aprendizaje que todos pudieran compartir. Cada consejo configurador estaba patrocinado por uno de los subordinados directos de Ray, liderado por un director e incluía a personas con diferentes funciones y niveles. Tom Ingman, director de recursos humanos, aún se acordaba de aquello cuando nos dijo: «Elegimos a gente de talento que pudiera contribuir. Queríamos que se sintieran muy animados con la revitalización y que cada uno de ellos dirigiese a su manera y con creatividad».

A los líderes de los consejos se les dio suficiente libertad para desarrollar el trabajo de la forma que mejor les pareciese, a ellos y a sus equipos, así como para aportar sus pasiones individuales a la causa del cambio. El líder del consejo configurador de la satisfacción del cliente dijo que Ray había sido «muy claro acerca de sus expectativas», sin llegar, no obstante, a asumir una actitud dictatorial. «Depende de mucha gente para encontrar las soluciones correctas. No trata de controlarnos.

De hecho, tengo la sensación de arrastrar tantos atrasos que siempre me siento culpable de no haber hecho lo suficiente.» El líder del consejo configurador de formación se había dedicado durante mucho tiempo a estudiar métodos de dirección y cambio de negocio, y en ese momento tuvo la impresión, por primera vez, de enriquecer su trabajo aportando sus valiosos conocimientos y compartiéndolos con los demás.

Rick Rowe, el líder del consejo configurador de reconocimiento, abordó su tarea de modo diferente: entrevistó a más de trescientos empleados de Micro Switch para recopilar sus puntos de vista y sus ideas sobre reconocimiento, y a la vez que aprendía qué clase de reconocimiento deseaba recibir la gente (en la mayoría de los casos, un simple «Gracias»), descubrió aspectos que no quedaban directamente incluidos en lo que era su ámbito de responsabilidad. «Mucha gente decía: "Sólo tienen que decirnos lo que quieren que hagamos y lo haremos". A lo que respondíamos queremos que asumáis la responsabilidad de decidir lo que hay que hacer. Muchos se sintieron muy infelices y confusos cuando Ray, o el líder del grupo no les entregó su plan general. Aunque esto nos ralentice, creo que la única forma de conseguir una verdadera involucración es implicar a la gente en el desarrollo del plan que luego tendrá que llevar a la práctica.»

Con frecuencia sucede que un proyecto específico, dentro de una iniciativa de cambio más amplia, puede experimentar las fases de la curva del cambio a su propio modo, al margen del resto de la organización, configurándose así como un modelo para otros equipos y para el conjunto de la organización. Así sucedió con el consejo configurador de objetivos y mediciones. Durante la fase de implantación, se necesitaron tres meses para que el consejo definiera seis mediciones clave de rendimiento: 1) componentes por millón, 2) errores administrativos por millón, 3) entrega a tiempo, 4) tiempo de ventaja sobre el cliente, 5) crecimiento de las ventas y 6) beneficio bruto.

El consejo presentó su trabajo a los vicepresidentes y directivos y en esencia les dijo: «Estas son las mediciones. Ahora, acudan a sus ámbitos de actuación y empiecen a transmitir los resultados». Como suele suceder, los miembros del consejo asumieron que su trabajo había terminado una vez «entregadas» las normas que había que aplicar. Tenían la sensación de haber alcanzado la fase de consecución. Pero, a medida que transcurrió el tiempo, el consejo empezó a recibir información que indicaba que cada director interpretaba las mediciones a su propio modo; había poca coherencia entre los subgrupos y negocios. El consejo de objetivos y mediciones, que había estado a punto de ser desmantelado, se lanzó entonces a su propia fase de determinación. Tuvo que ponerse a trabajar de nuevo. Judy Fox, la líder del grupo, comentó: «Tardamos casi un año y fue un proceso intenso. Cada miembro del consejo se hizo cargo de una parte de la empresa y trabajó directamente con ella, hasta que la gente comprendió realmente cómo se vinculaba exactamente su trabajo con las mediciones. Cada miembro del equipo realizó visitas informales, dirigió sesiones de generación de ideas en grupo, participó en presentaciones e hizo todo lo que era necesario para que la gente lo entendiera».

Pero comprender las mediciones no fue suficiente, como quedó demostrado. Judy añadió: «Descubrimos que la gente utilizaba los parámetros, pero no apuntaba bien a sus objetivos y no hacía nada para emprender una acción correctiva. No entendían que el motivo de las mediciones no era, simplemente, obtener información interesante, sino más bien identificar ámbitos necesitados de mejora, para luego encontrar una forma de medir el progreso y solucionar los problemas».

¡Así son las pruebas y tribulaciones de la fase de determinación! ¿Qué líder podría haber predicho que la gente pasaría por alto el propósito aparentemente evidente de las mediciones? Esta toma de conciencia exigió que los miembros del consejo reiniciaran su tarea de hablar, enseñar y escuchar, hasta que todos comprendieron su propio cometido al reaccionar a las mediciones. Finalmente, un poco más de un año después de que el consejo creyera haber terminado su trabajo, empezaron a surgir pruebas del éxito. Judy dijo: «Se podía ir a cualquier parte de la empresa y ver las mediciones locales expuestas en las paredes. Podías hablar con la gente y enseguida te dabas cuenta de que eran conscientes de que sus acciones individuales afectaban a las mediciones y, en consecuencia, al rendimiento de la división de Micro Switch. Realmente llegaron a comprender que los objetivos y mediciones no son más que una forma de impulsar el rendimiento y que cada uno era responsable de una parte de los resultados». En realidad, el consejo alcanzó la fase de consecución mientras otros consejos aún se hallaban en diferentes fases del proceso: unos en la implantación, otros en la determinación e incluso en la de preparación, a la espera de empezar.

Al principio de la fase de implantación, los consejos configuradores se hicieron notar y su trabajo atrajo la atención de todos. En ocasiones, las personas que los componían se reunían en la cafetería para generar ideas en grupo y debatir los problemas. Así todo el mundo los observaba y escuchaba, veía cómo trabajaban juntos en equipo, y luego transmitían lo que habían aprendido a sus propios equipos y consejos. Un líder de equipo observó: «El trabajo en equipo fue nuestro mayor desafío. Había algunos que estaban convencidos de que alcanzarían el éxito si lo hacían todo a su modo. Pero, al cabo de unos pocos meses, empezamos a compartir realmente lo aprendido con los otros consejos». A medida que se formaban otros equipos, esto les ayudó permitiéndoles avanzar con mayor rapidez y cometer menos errores.

Los individuos también tienen experiencias muy diferentes de la fase de determinación. Rick Rowe dijo a este respecto: «Antes de iniciar este proceso, creo que a mí me veían como una especie de renegado. Siempre deseaba cuestionarlo todo y eso hacía fruncir muchos ceños. Yo no me divertía mucho. Ahora, en cambio, es como si hubiera llegado al paraíso. A todos les encanta que se cuestionen las cosas. No quisiera que esto se acabara nunca». Judy Fox también disfrutó con el nuevo ambiente. «Cuando entré a trabajar en Micro Switch quedé conmocionada al descubrir que era una empresa que en ese momento me pareció una perdedora. Ahora, en cambio, creo que es uno de los lugares más interesantes en los que he trabajado. Dispongo de mucha flexibilidad. Puedo ser creativa y esforzarme de verdad. Micro Switch no sólo está cambiando, sino que ha creado un ambiente en el que el cambio es un estilo de vida. Y el cambio nos permite a todos cambiar aún más.»

Sin embargo, muchas otras personas que trabajaban en Micro Switch se sintieron amenazadas por el ritmo del cambio y por la ambigüedad e incertidumbre que experimentaban, como nos comentó Judy Fox: «Parte de mi gente solicitó abandonar el consejo. Querían saber con exactitud qué íbamos a hacer y cómo. No querían formar parte del proceso de imaginarlo. No les obligué a quedarse y ni siquiera me esforcé mucho por convencerles. Otros miembros del equipo hicieron su trabajo, pero no se involucraron como yo. Para ellos, la experiencia no era rejuvenecedora, simplemente se trataba de otra tarea que había que realizar. Una siempre se encuentra con personas así y hay que conseguir que participen, pero no se puede esperar que todos se entusiasmen y den saltos de alegría. Hay que encontrar formas de reconocerlas y recompensarlas, de escucharlas y hablar con ellas, sin hacerles sentirse como de segunda fila sólo porque no demuestran el mismo entusiasmo que tú».

Un especialista en desarrollo organizativo de Micro Switch describió el ambiente de la siguiente manera: «Algunas personas creen que el ritmo del cambio es mareante. No logran mantenerlo y ni siquiera intentan prestar atención. Otras tienen la sensación de que todo el proceso es bastante caótico y que no ejercen el más mínimo control sobre él, y se imaginan que los líderes saben más o menos lo que tienen entre manos. Un tercer grupo de personas se concentra en aquellos detalles del proceso que pueden controlar y no piensan demasiado en el resto». Un ingeniero dijo, al hablar sobre el efecto del cambio en los colaboradores individuales que «cuando Ray decide efectuar un cambio en la organización o en la forma de hacer las cosas, le parece que sólo se trata de aplicar un ligero codazo desde arriba. Pero a medida que el codazo se extiende por la organización, se convierte en un empujón, luego en un impulso fuerte y, cuando llega a mí, en alguna parte situada en lo más bajo, tengo la impresión de estar siendo aplastado».

Para comprender bien cómo lo estaba pasando la gente durante el proceso de cambio, Ray envió una segunda encuesta del director general a una muestra de directivos, supervisores y a los que colaboraban individualmente en el proceso; en total fueron ochenta y cuatro personas pertenecientes a diferentes grupos y situadas en distintos niveles de toda la organización. La encuesta incluía preguntas sobre visión, valores, estrategia, proceso de revisión de la estrategia, asignación de recursos y estructura organizativa. La mayoría de los que respondieron estaban convencidos de que la dirección hacía las cosas correctamente: cambiar la cultura, mejorar el entorno físico de trabajo, y aligerar y mejorar los procesos clave. También surgieron dos cuestiones que preocupaban a todo el mundo sobremanera: la necesidad de ser más rápidos en la creación de nuevos productos y más agresivos en la globalización del negocio.

Ray forcejeaba con sus propios sentimientos acerca del proceso de cambio y le preocupaba que la organización pudiera sentirse abrumada por todo aquello si intentaba asumir los nuevos desafíos identificados en la encuesta más reciente. También le preocupaba el clima económico, ya que sus predicciones acerca de una recesión inminente empezaban a confirmarse. Además, tenía la típica sensación de los líderes que se encuentran en la fase de la determinación, de no contar aún con el suficiente apoyo e involucración por parte de su gente.

En una reunión ordinaria con sus subordinados más directos, les pidió a todos que, sobre un gran gráfico de la curva del cambio, indicaran dónde creían que se encontraba la organización. También les dijo que anotaran sus iniciales en la fase donde creyeran estar personalmente. La mayoría de los miembros del grupo pusieron sus iniciales al principio de la fase de implantación. Él, sin embargo, anotó las suyas en lo más avanzado de la fase de determinación. Los demás se quedaron sin habla.

En cuanto Ray empezó a expresar su frustración ante la situación de ese momento, el tono de la reunión cambió rápidamente. «¡Me he dejado la piel durante estos dos últimos años tratando de poner en forma esta empresa! Pero muchos de ustedes siguen actuando como si esto fuera un paseo, mientras sus subordinados directos aún están esperando que les digan lo que tienen que hacer. La gente se cree que nuestras evaluaciones estratégicas no son más que una forma de entretenernos. A algunos les he oído decir: "Observemos a Ray; es muy divertido oírle hablar y luego ver lo que hace". Pues bien, no he iniciado este proceso de cambio para dar un espectáculo. Lo he hecho para que ustedes y el resto de empleados aprendan a pensar y actuar con estrategia. ¡Yo ya sé cómo hacerlo! Aquí no se trata de mí, sino de nosotros y de cómo reconstruimos Micro Switch. Yo no puedo hacerlo todo solo. Quizá sea ese el problema, quizá muchos de ustedes crean que puedo hacerlo. Quizá haya sido demasiado fuerte, haya estado demasiado en la vanguardia, me haya mostrado demasiado enérgico. Quizá si me marcho, avancen ustedes un paso y consigan que las cosas se hagan. ¡Quizá lo mejor que pueda sucederle a Micro Switch es que abandone el barco!». Y, tras decir estas palabras, salió bruscamente de la sala.

La acción de Ray ejerció sobre los demás el efecto deseado. La gente se dio cuenta de que lo peor que le podía suceder a Micro Switch era que él se marchase; si lo hacía, todo el esfuerzo se esfumaría de repente. Siempre habían sabido de que a Ray no le costaría mucho encontrar otro trabajo, pero ahora cobraron conciencia súbita de que podría estar pensando en serio en tomar esa decisión. Al final lo comprendieron: tenían que aumentar seriamente su energía y su involucración. Ray necesitaba su ayuda de verdad y, si no la obtenía, el proceso de cambio en Micro Switch con toda probabilidad se quedaría en nada. La mayoría de ellos había terminado por creer que Micro Switch tenía que cambiar o morir y no sentían el menor deseo de regresar al viejo estilo. La actitud de Ray les hizo ver la responsabilidad que tenían en la nueva forma de hacer las cosas. Este cambio no era un simple ejercicio, sino algo realmente mortal y todos tenían que entregarse a él en cuerpo y alma. Mientras abandonaban la sala, pude observar en sus rostros una nueva seriedad y sentido del compromiso y, durante los meses siguientes, Micro Switch entró en la fase de la determinación.

—Fue una auténtica puesta en escena —diría Ray más tarde—. Aproximadamente hacia la mitad de la reunión me di cuenta de que tenía que hacer algo realmente espectacular para despertar a la gente y obtener más de ellos. Les hablé en serio de mis intenciones, pero también fue un movimiento calculado.

Afortunadamente, produjo sus frutos.

CoVen: la demolición provoca la determinación

Varias semanas después de la entrevista que Marco concedió a la radio se empezaron a demoler los edificios de los laboratorios de «Venerable». Para mí ese día marca el inicio de la fase de determinación en I+D de CoVen. La fecha del comienzo de la demolición no se había anunciado pero, esa mañana, cuando se dirigía a una reunión en las oficinas administrativas, uno de los científicos observó la presencia de una grúa y una excavadora en los terrenos que ocupaban. Inmediatamente, envió un email a todo el personal de la empresa, comunicando lo que sucedía. Un técnico acudió al lugar, preparó una videocámara, la conectó con su ordenador portátil, dotado de un potente módem inalámbrico y cada pocos segundos transmitió imágenes de la destrucción a la intranet de CoVen. La noticia se extendió por todo el mundo y la gente no tardó en enviar comentarios y recuerdos acerca de los laboratorios al boletín de noticias de la intranet. Al mediodía, cuando todos estaban trabajando, tanto en Europa como en América del Norte, el tráfico de la intranet se hizo tan denso que el sistema se colapsó, perturbando las actividades empresariales normales en toda la compañía. A la mañana siguiente, el técnico que estaba en el lugar informó que había rescatado el cartel de los laboratorios de «Venerable» y solicitaba sugerencias para decidir qué hacer con él. El tráfico de correos electrónicos y notas para el boletín, con todo tipo de ideas, fue tan enorme que el sistema se volvió a colapsar.

Cuando Marco y los miembros del equipo de integración funcional de I+D (EIF) se enteraron de lo que había provocado el fallo de la red, se quedaron boquiabiertos. Creían que el tema de los laboratorios de «Venerable» ya se había olvidado. Pero la influencia de estos edificios se extendía mucho más allá y afectaba incluso a quienes no habían estado físicamente en ellos. En sus sesenta y siete años de existencia, los laboratorios habían servido como lugar de formación y centro intelectual para miles de personas de mucho talento. Incluso aquellos que habían abandonado «Venerable» hacía ya mucho tiempo, se sentían fieles a ellos. Sabían que el mero hecho de haber sido reconocidos como antiguos empleados de la institución les había asegurado nuevos puestos de trabajo en otros lugares.

Marco envió una lacónica declaración a la intranet, en la que decía que aunque, en efecto, los laboratorios habían jugado un papel importante en la historia de la industria farmacéutica, habían dejado de ser útiles mucho antes de ser demolidos. El nuevo DevCenter mantendría viva aquella gran tradición y «bla-bla-blá». La prensa local y nacional se enteró de la demolición y de la intensa reacción interna que había despertado, y Marco se pasó el día atendiendo llamadas. Se comportó de la mejor manera y habló del significado de los laboratorios y del entusiasmo que sentía todo el mundo con el nuevo DevCenter.

Terminó el día concediendo una entrevista al periodista local Piet Jansen que, al parecer, trataba de sacar la peor interpretación posible de la situación. Evidentemente, Marco lo consideraba un enemigo que sólo buscaba titulares espectaculares. Para contrarrestarlo, trató de arrojar luz sobre toda la situación. «Mire, había unos hermosos paneles de madera en ese edificio, que confiamos en salvar, y quizá hasta los instale en el comedor de mi residencia de verano, para recordar el gran trabajo realizado en los laboratorios de "Venerable".» Naturalmente, esa era la clase de material que buscaba el periodista, y le sacó el máximo rendimiento en su artículo. El comentario fue recogido por empleados de la empresa y se convirtió en una buena fuente de bromas pesadas. La gente empezó a intercambiar emails, faxes y llamadas telefónicas y a hacer elaborados dibujos en color sobre los nuevos usos que se le podrían dar a los objetos y materiales rescatados de los laboratorios. Muchos de los mensajes se referían a la residencia de verano de Marco. Otros mostraban todo su enojo y todos ellos fueron groseros y cínicos. Quién sabe cuánto tiempo y recursos de la empresa se dedicaron a crear y mantener aquel aluvión de comunicaciones, todo ello provocado por un comentario mal calculado.

Ese fue un caso extremo, aunque no tan insólito. La gente necesita airear sus emociones durante una iniciativa de cambio y los equipos que la conducen con inteligencia proporcionan una manera o un foro donde poder hacerlo. También desarrollan planes extraordinarios para afrontar las malas noticias (antes de que sucedan), ya que siempre habrá algo que salga mal.

Aunque el equipo ejecutivo de Marco se vio sorprendido por la intensa reacción que levantó la demolición de los laboratorios y la posterior avalancha de comunicaciones electrónicas, no hicieron nada al respecto. Se mantuvieron concentrados en los temas operativos, creyendo que todo eso también pasaría. Sin embargo, aquella reacción debería haberles servido de advertencia. Deberían haber comprendido que los laboratorios eran una institución muy simbólica, y que la gente lamentaba su demolición, no tanto porque desaparecieran físicamente sino porque simbolizaban lo que sentían acerca de su propia importancia y de sus futuros inciertos. Los científicos y los médicos estaban distraídos, trastornados y nada comprometidos con la nueva organización. De hecho, el mensaje que se les estaba haciendo llegar a los líderes era el de: «No estamos con ustedes. ¿Es que no lo comprenden?». Marco y su equipo no lo comprendieron.

Poco a poco, la rabia provocada por la demolición de los laboratorios fue remitiendo. La gente intentó concentrarse en las nuevas tareas que se les habían asignado, pero con muy poco entusiasmo o interés por el trabajo. Los equipos que todavía quedaban se hicieron cada vez menos productivos. Las tareas que había que realizar parecían estar en suspenso, una especie de vacío; nadie se sentía ligado a un verdadero objetivo ni tenía una idea muy clara de lo que estaban creando.

Entonces, pocas semanas después de que los líderes hubiesen anunciado que el cambio se había «completado», y sólo unos pocos días tras la demolición de los laboratorios, estalló una verdadera bomba: la doctora Elena Margolis dimitió y aceptó un puesto de trabajo en la principal empresa rival de CoVen, un consorcio con sede en Suiza, llamado «Kloorg». Varios de sus colaboradores me llamaron para comunicarme la noticia. Al parecer, «Kloorg» había empezado a tantearla en cuanto se anunció la fusión y ella rechazó su primera oferta, aduciendo lealtad a su equipo y a sus proyectos. Pero «Kloorg» se mantuvo en contacto, procurando atraerla, hasta que finalmente le presentó una oferta tan tentadora que, junto con la falta de visión de Marco y su forma tan insensible de manejar el tema de la demolición de los laboratorios, la indujo a aceptar. Se llevó consigo a dos de sus colegas, se instaló en un laboratorio nuevo y le aseguraron que le financiarían todos sus proyectos.

En las entrevistas que le hicieron, Margolis dijo: «Me he marchado de CoVen porque la dirección no ha conseguido articular una visión para I+D ni un plan para alcanzarla. Están tan concentrados en los detalles operativos que se han olvidado de mirar hacia delante. En estos momentos estaba trabajando en un medicamento nuevo muy interesante, pero nadie me garantizaba que recibiría la financiación o la atención que necesitaba. Además, las relaciones entre I+D y marketing, por un lado, e I+D y fabricación, por el otro, no se han consolidado y yo no estaba segura de que, una vez terminado nuestro trabajo, el resto de

CoVen pusiera el producto en el mercado en un periodo de tiempo aceptable, que lo hiciera competitivo. Prefiero abandonar un proyecto antes que dedicar varios años de mi vida a algo de lo que no saldrá ningún fruto». Los observadores económicos sacudieron las cabezas con pesar ante un giro tan perturbador de los acontecimientos. El precio de la acción de CoVen cayó tres puntos.

Marco se enfadó e incluso se sintió ofendido por los comentarios y las acciones de Elena, convencido de que ella se había comportado de una manera poco profesional. Sin embargo, para muchos de los médicos y científicos de la empresa, aquellos comentarios legitimaban sus propios sentimientos sobre la falta de liderazgo. Por primera vez empezaron a darse cuenta de que sus equipos de trabajo no hacían sino ir de un lado a otro porque no tenían objetivos claros. Se sentían a la deriva, y con razón. Echaron otro vistazo a la información que les habíamos facilitado sobre la curva del cambio y reconocieron que se hallaban inmersos en la fase de la determinación.

Tres semanas después de la marcha de Elena, otros dos científicos clave y un investigador de primera fila siguieron su ejemplo y anuncia-

Figura 13.1. Principales hitos en la fase de determinación de CoVen (tiempo transcurrido: 12 meses).

ron sus dimisiones. Marco Trask hizo todo lo que pudo para convencerlos de que se quedaran, pero ya era demasiado tarde. Los científicos crearon una nueva empresa, con sustancial apoyo financiero. El investigador pasó a trabajar para una empresa competidora. Los líderes del cambio, aunque perturbados por la marcha de la doctora Margolis y de los demás, los consideraron una pérdida inevitable. Una vez más, fueron incapaces de reconocer una señal evidente de uno de los problemas más graves que se dan en la fase de determinación: la pérdida de talentos. Eso no sólo supone un problema a corto plazo («¿Qué puestos de trabajo han quedado vacantes? ¿Cómo hacemos nuestro trabajo?»), sino que también tiene graves implicaciones a largo plazo. Si se produce un éxodo masivo de personas clave, seleccionar a otras será muy, muy difícil, ya que nadie que se considere una estrella querrá integrarse en una empresa perdedora. Si no se gestiona bien, la pérdida de talentos puede suponer un riesgo para la creación de nuevos productos y la lista de productos puede quedar desastrosamente vacía durante unos pocos años o bien, como indicó Margolis, que los productos se comercialicen tan tarde que, cuando se haga, hayan dejado de ser competitivos.

14

La importancia del compromiso y los valores

Desarrollar nuevas formas de pensar y de actuar

Los líderes de I+D de CoVen hicieron lo que hacen muchos líderes que se encuentran en la fase de determinación: creer que ya se habían ganado los corazones y las mentes de cada persona que contribuía al esfuerzo del cambio y, en consecuencia, esforzarse muy poco por conseguir su apoyo o por asegurarse su comprensión y convencimiento. Anunciaron las nuevas estructuras, métodos y procesos y dieron por sentado que despertarían en la gente aceptación y comprensión.

Recordemos el mito de la comunicación: «Quizá nosotros hemos tardado meses en entender todo esto, pero usted puede hacerlo en una hora». La gente necesita poder probar nuevas formas de pensar. Si una parte no encaja en el esquema, se cuestiona su totalidad. Aunque algunos directores son capaces de explicar magníficamente a sus organizaciones el contexto, la lógica y el significado de las nuevas estructuras y procesos, otros, en número sorprendentemente elevado, no. Quizá estén tratando a los demás como les han tratado a ellos. Después de todo, si nadie se ha tomado el tiempo necesario para comprobar que lo hayan comprendido, probablemente no lo habrán hecho, y lo último que desean hacer es tratar de explicárselo así a sus superiores inmediatos.

Si no consigue el compromiso, empezará a retroceder

Cuando las cosas se ponen feas, los talentos se marchan, las acciones simbólicas son negativas y el liderazgo vacila, entonces la gente empieza a pensar en la retirada. Después de todo, quizá resulta que todo este asunto no es tan buena idea como pensábamos. Quizá no se ha pensado tan meticulosamente como hubiera sido necesario. Es posible que las cosas sean siempre tan dolorosas o que, simplemente, no funcionen y este sea un buen momento para dejarlo. ¿Y si resulta que los líderes se han equivocado con el nuevo plan? ¿Qué sucederá si se marchan todos los grandes cerebros? ¿Y si empezamos a incumplir plazos esenciales? ¿Hasta qué punto estamos seguros?

El retroceso tiene un efecto desastroso sobre el esfuerzo de cambio. Permitir que la gente vuelva gradualmente a hacer las cosas tal como solía hacerlas, o medir su rendimiento de acuerdo con los viejos estándares, no hace sino socavar el esfuerzo general y la credibilidad de los líderes. Una vez trabajé con un equipo piloto que tuvo muchísimo éxito en la implantación del nuevo proceso, mientras el resto de la organización rechazaba lo que habían aprendido. Pues bien, cuando llegó el momento de aplicar «en vivo» las nuevas prácticas, cuya eficacia había sido demostrada, el resto de la organización siguió haciendo las cosas a su modo y a su propio ritmo. Cuando esto se consiente, es normal que la gente se atenga a la forma en que se hacían las cosas en el pasado e introduzca únicamente pequeños retoques. Al final, los resultados obtenidos por el resto de la organización no sólo se quedaron a gran distancia de los alcanzados por el equipo piloto sino que, como los empleados de cada sector hacían las cosas a su manera, no hubo forma de comparar enfoques o resultados en todo el sistema. Pero lo peor de todo fue que eso no pareció importarle a nadie.

Cuando la gente trabaja duro durante la fase de implantación y observa cómo se diluye su avance, el ánimo colectivo cae como una piedra. Invirtieron tiempo, sudor y noches de insomnio en el esfuerzo, estuvieron a punto de alcanzar sus objetivos y luego tuvieron que ver cómo todo se desvanecía en el aire. Cuando esto pasa, la gente tiene la sensación de que todos sus sacrificios y logros han sido marginados. Pierden la fe en la iniciativa general del cambio y, lo que es peor, la confianza y el respeto por los líderes. Se vuelven cautelosos antes de comprometerse de nuevo, y adoptan actitudes de cinismo y hastío. A menudo, los implicados empiezan a mostrar una «justificada pasividad», se sienten víctimas del tratamiento al que se les ha sometido y no están dispuestos a trabajar activamente para cambiarlo. Se mueven lo imprescindible, mecánicamente y sin intención ninguna, sin resistirse abiertamente al cambio, pero sin participar verdaderamente en él. Visitar una organización así es como pasar un rato rodeado de muertos vivientes: uno sabe que en esos cuerpos hay cerebros y almas, pero no obtiene ninguna respuesta.

Mantener la involucración personal

La lección más dramática que aprendimos (una vez más) de la fase de determinación en CoVen fue que, para los líderes, es de vital importancia mantenerse involucrados hasta mucho después de que, en su opinión, hayan preparado todo bien para la fase de la consecución. No sirve delegar, interesarse de vez en cuando o recibir algún que otro informe. De hecho, la ausencia de controles rigurosos y de apoyo por parte de los líderes es una de las causas más habituales de que se produzca una fase de determinación incierta e incluso fatal.

Algo similar ocurrió con una empresa bien establecida, la «TechnoProducts Inc.», que deseaba disminuir el tiempo y el coste a la hora de lanzar complejos productos de nueva tecnología. Aunque había desarrollado numerosos productos de éxito durante la década anterior, otra empresa nueva se les había adelantado recientemente comercializando tecnologías más innovadoras. El competidor había tomado como objetivo el segmento más suculento del mercado, desarrollado un producto nuevo, que había comercializado en un periodo de catorce meses, y conseguido una buena porción de cuota de mercado en el ámbito de ese nuevo producto. Esto dañó las perspectivas del nuevo producto de «Techno», cuya fase de desarrollo había durado más de tres años y que se comercializó cinco meses después del lanzamiento de la nueva empresa competidora .

Trabajamos con «Techno» durante varios meses para rediseñar su proceso de desarrollo de nuevos productos y conseguimos disminuir el tiempo de lanzamiento a doce meses. Sabíamos que, en último término, tendríamos que hacerlo mucho mejor para estar a la altura del nuevo competidor, pero nos dimos cuenta de que incluso esa reducción de tiempo había supuesto un gran esfuerzo. Se necesitaría una continua coordinación entre diversas funciones y áreas geográficas, un comportamiento al que la organización no estaba acostumbrada.

Nuestro cliente directo, Robert Ambrose, el principal director operativo, se mostró extremadamente entusiasmado con el plan y se nombró a sí mismo líder del cambio. Después de que el presidente y el comité ejecutivo aprobaran las recomendaciones planteadas, Robert se movió con rapidez y decisión para ponerlas en práctica. Su energía fue impresionante y su compromiso absoluto; de hecho, su devoción unilateral al esfuerzo del cambio rayó en lo maníaco y fue claramente obsesiva. Trabajaba setenta horas a la semana, viajaba constantemente y, durante sus escasos fines de semana y noches en casa, no se apartaba del teléfono o del ordenador.

Ahora bien, al cabo de seis semanas, anunció que los cambios ya se habían puesto en práctica y que la transición había terminado. Al preguntarle qué significaba para él «terminado», me expuso una impresionante lista de acciones realizadas: nueva estructura organizativa, nuevas líneas de reporte, nuevas descripciones de puestos de trabajo y criterios de evaluación, y una reconfiguración del lugar donde se hallaba situada físicamente la gente. Se había creado una intranet para el nuevo proceso, con pautas, preguntas más frecuentes y esquemas de comprensión fácil. Era tan completa que todo el mundo de la organización podía localizar su función y exigencias específicas. Lo felicitamos por todo lo que él y su equipo habían conseguido, y entonces le dije: «Pues ahora viene lo más difícil, ya que tiene que gestionar la dinámica y alinear las convicciones y comportamientos para que todo funcione y consiga los resultados que busca. Deberá mantenerse a la altura de los cambios y asegurarse de que todos sepan que presta atención y que se preocupa por los resultados. Tiene que observar los comportamientos para comprobar que todo lo que ha diseñado funciona bien en la práctica».

Cuando le dije esto último estaba pensando sobre todo en los directores de programa, ya que en la valoración que habíamos hecho de los subgrupos que se verían afectados por el nuevo diseño, observamos que estos habían sido tradicionalmente «los reyes de sus propios feudos». Con el nuevo proceso, perderían poder y autoridad, tanto formal como informal, así que tendrían que cambiar mucho más que cualquier otro subgrupo. Y aunque seguían siendo críticos con su éxito, consideraban que eran los que más tenían que perder. Conocíamos la necesidad imperativa de que el equipo de cambio pasara mucho tiempo con los directores de programa, ayudándoles a comprender los beneficios que tendría el nuevo proceso para ellos mismos y a darse cuenta de cómo alcanzarían el éxito con su apoyo.

Sin embargo Robert no estuvo de acuerdo, ya que según él no quedaba ningún trabajo por hacer. Al igual que Marco, estaba firmemente convencido de que los cambios operativos impulsarían automáticamente cualquier transformación que se necesitara en las convicciones y los comportamientos. Hasta se quedó asombrado, e incluso un poco molesto, al ver que dudábamos de la solidez de sus esfuerzos. Después de muchas discusiones, acordamos que regresaríamos al cabo de seis meses para realizar una auditoría de los resultados del nuevo proceso y para valorar el estado de ánimo colectivo y la confianza de la organización.

Seis meses más tarde, cuando regresamos, descubrimos que la abrumadora mayoría de los empleados creía firmemente que en «TechnoProducts» no había cambiado nada. Robert se había apartado por completo del esfuerzo, concentrándose en sus responsabilidades como director operativo, y uno de los directores de programa de la vieja guardia lo había sustituido, informalmente, como principal comunicador y líder nominal del cambio, aunque en realidad actuaba como un líder anticambio. El verdadero compromiso de ese director de programa era resistirse al cambio y preservar o reinstaurar el equilibrio previo de poder. Como resultado de ello, los otros directores de programa hacían lo que siempre habían hecho. Todo seguía dirigido por la vieja e informal estructura de poder y eso no parecía causarles ningún problema a los que no se adaptaban a las nuevas exigencias.

Cuando le presentamos a Robert nuestro informe, se mostró sorprendido, molesto y nada receptivo. Dado que funcionaba de una manera lógica y directa, tuvo dificultades para comprender por qué eran inadecuados los cambios que había puesto en práctica.

—Esto no es racional —soltó a bocajarro—. La nueva estructura y procesos son sanos, funcionarán y son buenos para la empresa. No entiendo esta resistencia.

—El problema es que lo que «es bueno para la empresa» no lo es necesariamente para los individuos —le expliqué—. Si se pone en su lugar se dará cuenta de que los directores de programa actúan racionalmente. Según las nuevas reglas, pierden su poder e influencia. Los criterios para la financiación de los proyectos, por ejemplo, ahora son mucho más rigurosos que en el pasado. En la actualidad, los proyectos individuales tienen que competir con otros proyectos de otras divisiones. Todos comparten una única fuente de recursos y tienen que ajustarse a un conjunto común de exigencias para satisfacer los objetivos estratégicos generales y la rentabilidad. Antes, ellos tenían sus propios presupuestos, tomaban por sí solos todas las decisiones sobre financiación y estaban en lo más alto. Ahora, pueden acabar recibiendo presupuestos muy limitados simplemente porque se le ha concedido mayor prioridad a los proyectos de otros. De los directores de programa también se espera que jueguen un papel de apoyo a los equipos de diseño de productos, en lugar de limitarse a tener autoridad sobre ellos. Por lo tanto, no es extraño que se resistan a hacerlo, ya que en eso sólo ven inconvenientes.

Nadie había trabajado con los directores de programa para ayudarles a comprender cómo podían tener éxito y satisfacción desempeñando sus nuevos cometidos. Y nadie les había dejado claro, tampoco, que no se les permitiría retroceder. Ahora bien, después de todo, ninguno de ellos había sufrido las consecuencias de no hacer nada para que el nuevo proceso funcionara.

Para verificar nuestras conclusiones, Robert llevó a cabo su propia investigación, tanteando la red en la que tanto confiaba, a lo largo y ancho de la organización. Escuchó de ellos los mismos mensajes: que los directores de programa intimidaban a los equipos de diseño de nuevos productos, reteniendo recursos y negándose, en general, a reconocer que nada hubiese cambiado. Robert también empezó a asistir a las revisiones de financiación de programas y mantuvo intensas entrevistas con una serie de directores de programa. Gracias a esto obtuvo una sólida comprensión de la medida en que las convicciones y comportamientos individuales estaban provocando un impacto directo sobre el rendimiento, y esto le indujo a evaluar su propio papel en el proceso de cambio y a trabajar con los directores de programa para facilitar su transición y tomar medidas que nadie pudiera ignorar.

Estableció sesiones semanales a puerta cerrada con los directores de programa. Ellos dieron por sentado que no estaba prestando verdadera atención y que, aun en el caso de que fuese consciente de lo que sucedía, no haría nada al respecto. Robert pretendía que ellos le hablaran con toda franqueza de cualquier problema que tuvieran y de lo que podía hacer para ayudarles. También les dejó muy claro que no existía la posibilidad de regresar a los viejos tiempos, pero que deseaba elaborar con ellos descripciones de los cometidos de los puestos para que se pudieran sentir orgullosos de los mismos.

Además, recuperó el papel de principal líder y comunicador del cambio y pareció estar en todas partes al mismo tiempo, tanto para alabar como para criticar con dureza. Hizo depender la financiación de los proyectos del cumplimiento del proceso y se aseguró de que se le presentaran informes mensuales para cada programa. Con el propósito de que los informes fueran «públicos» y estuviesen disponibles para que todos pudieran establecer comparaciones, los publicó en la intranet de la empresa. Promovió a las personas que le parecieron modelos para los demás y se aseguró la colaboración de otros defensores del proceso en toda la organización. Algunos de los directores de programa se sometieron rápidamente ante lo inevitable y empezaron a poner en práctica las nuevas exigencias. A uno que intentó ocultar sigilosamente su resistencia, pero no con el suficiente disimulo, tres meses más tarde se le ofreció la jubilación anticipada.

Tanta actividad y, en especial, el tema de la financiación hizo despertar de golpe a toda la organización. Aumentaron mucho las visitas a la intranet, así como las solicitudes de formación. En el plazo de cuatro meses ya se percibió una diferencia: la organización estaba estimulada, convencida y demostraba el avance. Los murmullos disminuyeron a medida que los primeros resultados confirmaron que los nuevos procesos funcionaban y obtenían los resultados deseados. Nueve meses más tarde volvimos a comprobar la situación. Descubrimos que la nueva organización y las nuevas normas habían quedado bien establecidas y que, incluso, se estaban mejorando. La gente se sentía bien con la nueva manera de trabajar y con los resultados. El primer producto creado con el nuevo proceso se lanzó en trece meses. Para el segundo se tardaron sólo once. El siguiente objetivo consistió en hacerlo en ocho meses y, mientras tanto, en «Techno» fue aumentando la confianza en poder aplastar al competidor recién llegado en el término de dos años.

Mantenerse en buena forma física y emocional

Mantenerse involucrado durante tanto tiempo como sea necesario para empujar a una organización a través de una gran transición exige de los líderes del cambio un tremendo esfuerzo físico y emocional. Esa fue una de las razones por las que los líderes de CoVen quisieron dejar de participar de una vez por todas en las actividades del cambio: se sentían mental, física y emocionalmente agotados. Ahora bien, mientras que un atleta sabe que debe gozar de salud mental, equilibrio emocional y una extraordinaria buena forma física para rendir al máximo en una competición, los ejecutivos se ven capaces de participar en el equivalente empresarial del triatlón Ironman sin prestar gran atención a su estado mental, emocional o físico. Como he dicho en repetidas ocasiones, la brillantez es una magnífica característica del ejecutivo que se dispone a dirigir una organización a lo largo de una gran transición, aunque las auténticas características son la perverancia y la resistencia.

Hay muchos ejecutivos que se reservan tiempo para hacer ejercicio, correr, jugar al baloncesto o practicar algún que otro deporte. Pero en la mayoría de ambientes empresariales es tabú hablar de las necesidades emocionales y, a menudo, una voluntad fuerte se toma erróneamente como solidez mental. Los ejecutivos tienen que darse cuenta de que una gran iniciativa de cambio perturbará gravemente su rutina laboral cotidiana, cuestionará las percepciones que tienen de sí mismos y les obligará a reflexionar sobre sus planes futuros. También puede provocar un fuerte impacto en su vida personal y familiar, un desafío que aún será más duro durante la fase de la determinación. Sin embargo, son pocos los ejecutivos o directores que reconocen que cuidarse, mental y emocionalmente, también forma parte del proceso de alcanzar el éxito. Karl Menninger, fundador de la Fundación Menninger, famoso por su trabajo de asesoramiento a ejecutivos, animó a sus clientes a preguntarse a sí mismos: ¿Con quién comparto mis preocupaciones? ¿Con quién celebro los éxitos? Cuando estoy harto de todo, ¿a quién puedo acudir para liberar mis sentimientos? Los estudios realizados con personas que han pasado por periodos de mucha tensión han demostrado que quienes cuentan con un fuerte sistema de apoyo se comportan mucho mejor que los que intentan conseguirlo apoyándose únicamente en su fuerza de voluntad.

Cuidar física, emocional y mentalmente de uno mismo es una tarea seria y legítima de los líderes del cambio. Dirigir a otros es una experiencia agotadora en la que al parecer se gasta toda la energía disponible y se recibe muy poca a cambio. Como dijo Richard E. Olsen, presidente ejecutivo de Champion International, Inc.: «Nadie te llama por la noche para darte buenas noticias». De los líderes del cambio se espera que recorran toda la distancia, que dispongan de todas las respuestas, que reconforten y dirijan, que cambien ellos mismos mientras todos los demás observan y juzgan. Nadie se ocupa de ellos, por lo que son ellos los que tienen que cuidar de sí mismos. Por lo tanto, una de las habilidades fundamentales con las que debe contar cualquier líder es saber cómo dar, recibir y solicitar apoyo emocional. Cuando comprendemos el gasto emocional que supone el liderazgo, nos damos cuenta de que las relaciones de confianza son muy importantes. Así pues, en lugar de ver el tiempo que los líderes dedican a sí mismos o a la familia como algo que deben sacrificar durante la transición, hay que verlo como la fuerza estabilizadora que los mantendrá animados y con los pies sobre la tierra.

Comunicar y aprender a través de los mandos intermedios

Cuando la fase de la determinación se pone fea y los líderes anhelan retroceder, necesitarán de una red de mandos intermedios y supervisores de primera línea que les ayuden a seguir adelante. Como ya hemos dicho, los líderes del cambio tienen que crear defensores y líderes en cada uno de los niveles de la organización. No es necesario recabar el apoyo de todos, pero sí conseguir masa crítica. Si otras personas no se comprometen a lo largo del camino, lo más probable es que los líderes abandonen antes de que el impulso sea lo bastante fuerte para conducir a la organización más allá de los momentos más difíciles. Un experto del cambio me dijo: «Estoy diseminando creyentes por toda la organización. Cada persona indiferente a la que convierto en un entusiasta vale su peso en oro». (Sólo tenemos que recordar a Harry Winston, el recalcitrante director de fabricación que se convirtió en líder del cambio.)

Es durante la fase de determinación cuando los líderes necesitan más que nunca información y diálogo para comprender cómo se escuchan los mensajes en la organización, si la gente se siente o no estimulada y qué está cambiando como resultado de todo ello, si es que cambia algo. Normalmente, los empleados están más que dispuestos a compartir sus preocupaciones y reacciones con casi todo aquel que se moleste en preguntarles. Además, hablan entre ellos, refunfuñan especulan sobre lo que está sucediendo realmente y utilizan el email para airear sus emociones negativas, como sucedió en CoVen tras el derribo de los laboratorios de Amsterdam.

Los líderes del cambio deberían mostrar una especial sensibilidad por el estado anímico de los mandos intermedios y de los supervisores de primera línea, que son como los canarios utilizados en las minas de carbón: no sólo son buenos sensores, sino que su propio estado de ánimo afecta directamente al de los demás, al de la gente que dirigen y con la que interactúan. En las organizaciones grandes, los ejecutivos que ocupan los cargos más altos suelen ser figuras remotas, a las que raras veces se ve y con las que uno se siente poco conectado. Los mandos intermedios y los supervisores directos interpretan el significado de los mensajes de los ejecutivos, traducen las directrices en instrucciones laborales específicas y, lo más importante, realizan evaluaciones del personal. Un mando intermedio o un supervisor desanimado, enfadado o desvinculado, puede producir un profundo efecto sobre el rendimiento de la gente que lo rodea.

Estos supervisores de primera línea ocupan una posición singular y fundamental. Actúan en la intersección entre los altos ejecutivos y cada uno de los empleados, como válvulas que funcionan en los dos sentidos y que facilitan el flujo de información hacia arriba y hacia abajo. A través de ellos, la mayoría de los empleados sabe lo que hace y piensa la dirección y, a cambio, esta conoce los pensamientos, acciones y reacciones de ellos. Manteniendo un contacto regular con los supervisores y los mandos intermedios, los líderes del cambio pueden difundir con rapidez sus mensajes y obtener una rápida lectura del estado anímico de la organización.

Dos pruebas de valores; dos resultados diferentes

La determinación tiene una curiosa forma de descubrir lo que la gente cree realmente, en contraposición con lo que dice creer. Durante la preparación o la implantación, los líderes se tienen que haber puesto de acuerdo sobre la declaración de valores. El proceso de desarrollar una declaración puede haber sido amplio o superficial. En cualquier caso, cuando llegan los momentos más duros, durante la fase de determinación, los valores establecidos pueden entrar en conflicto con instintos empresariales muy poderosos. Las acciones que se contraponen a los valores declarados pueden conducir a la desilusión y a la erosión de la confianza y del impulso. Si las acciones emprendidas, sobre todo las difíciles, están alineadas con los valores, ayudarán a mejorar el ánimo y a aumentar la confianza.

El proceso de cambio en la «FastMovingGoods, Inc.», un fabricante de bienes de consumo, se vio gravemente dañado por un choque de valores. La empresa, con la esperanza de aumentar las ventas y mejorar los beneficios, emprendió una gran transformación para incrementar la eficiencia de sus operaciones y la calidad del servicio al cliente. A lo largo de los años, «FastMoving» había terminado por depender de una práctica conocida como «sobreventas». Cuando detectaban que no alcanzarían los objetivos trimestrales de ventas, la empresa «cuadraba los números» anunciando hacia el final del trimestre descuentos y ofertas especiales a sus clientes al por menor. Entonces, estos compraban más productos de los que necesitaban, para aprovechar una buena oferta, y guardaban el inventario sobrante en sus propios almacenes o incluso lo vendían a «intermediarios», que funcionan como distribuidores independientes que compran toda clase de productos con descuento, para después elevar ligeramente su precio y revenderlos a un precio todavía algo menor al pedido por el fabricante.

Este tipo de prácticas puede funcionar durante un tiempo, pero al final resulta contraproducente. Los clientes se niegan a seguir aceptándola, bien porque tienen los almacenes llenos o porque el mercado se inunda de productos y los analistas no tardan en darse cuenta de que el aumento de ventas indicado por la empresa no es real. Aunque los vendedores de la empresa dependen de las «sobreventas», también las detestan, pues saben que se trata de un engaño que puede dañar su margen de beneficios.

«FastMoving» decidió que, para mejorar su servicio al cliente y su cuenta de resultados, tendría que dejar de utilizar estas prácticas. Eso significaba asumir un gran retroceso en un solo trimestre. Durante ese tiempo, los clientes utilizarían el inventario acumulado y, después, las ventas podrían reflejar la realidad con mayor exactitud. El presidente ejecutivo les dijo con toda franqueza a los analistas y al equipo de dirección que iban a dejar de utilizar la práctica de la sobreventa, ya que no era coherente con los valores declarados de integridad y transparencia. Todos aplaudieron la decisión, y aunque la empresa experimentó, en efecto, un descenso de las ventas en el cuarto trimestre de su año fiscal, consiguió reducir sustancialmente el inventario de sus clientes. Aun así, el precio de las acciones no aumentó. Al trimestre siguiente, las ventas volvieron a estar por debajo del objetivo fijado. Entonces, discretamente, el presidente ejecutivo exigió mayores ventas y beneficios a sus vendedores, y les dio a entender que deberían utilizar cualquier método que considerasen necesario para conseguirlas. Los vendedores sabían muy bien lo que eso significaba: sobreventas.

De este modo, «FastMoving» volvió a las viejas prácticas de «jugar con el cliente». Alcanzaron sus objetivos de ventas para el trimestre, pero a un precio terrible: la credibilidad del presidente ejecutivo cayó en picado, así como el respeto que la gente sentía por él. La fama de la que disfrutaba en la empresa se deterioró tanto que se convirtió en una práctica habitual ridiculizarlo en las reuniones y conversaciones. A raíz de aquello, la fase de determinación se mantuvo en suspenso y la gente empezó a apostar sobre cuánto tiempo más duraría el presidente ejecutivo.

Micro Switch también tuvo que enfrentarse a una prueba de valores, aunque con un resultado muy diferente. La recesión predicha por Ray empezó a afectar negativamente a las ventas de la empresa. En el pasado, esta se había enfrentado a los declives económicos despidiendo a trabajadores, pero ahora, al principio del proceso de cambio el equipo directivo había articulado una serie de valores, uno de los cuales rezaba: «Nuestro personal es nuestra mayor ventaja competitiva», que chocaba con fuerza con la práctica de despedir a los obreros como primera medida ante un debilitamiento de las ventas.

«Cuando empezó el declive del negocio y nos encontramos ante la perspectiva de los despidos, tuvimos que luchar mucho contra ella —dijo Ray—. En una de nuestras reuniones de personal, Tom Ingman sacó a relucir la declaración de valores y dijo: "Si creemos en estos valores, tenemos que hacer algo para evitar los despidos". Aquello fue una verdadera prueba, porque la gente quería comprobar en qué creíamos realmente. Aunque no habíamos publicado los valores, sí que los mencionábamos cada vez que hablábamos del cambio, de cómo íbamos a mejorar y a convertirnos en una empresa de primera clase. Así que todos querían ver lo que íbamos a hacer.»

Surgieron desacuerdos en el equipo directivo. Algunos creían que los despidos eran la única forma de afrontar la situación y no veían razón para vacilar. Sin embargo, otros pensaban que, a ser posible, debían evitarse. La tensión aumentó aún más cuando Ray declaró, lisa y llanamente, que si había despidos serían proporcionales, es decir, afectarían tanto al personal directivo como a los obreros de las fábricas. En conversaciones posteriores, sus subordinados más directos acudieron a verle para argumentar sus puntos de vista. Al final, estuvieron de acuerdo con él y con Tom Ingman en que realizar cualquier acción que contradijera los valores acabaría por socavar lo que habían hecho hasta ese momento: todo aquel trabajo duro y angustioso de preparación y creación. También confiaban en que, si eran capaces de responder a este desafío con acciones que demostraran de manera espectacular que se atenían a los valores declarados, el personal se daría cuenta, apreciaría el cambio y respondería en consecuencia. «Esta es nuestra mayor prueba, la más grande a la que nos hemos tenido que enfrentar», dijo Ray.

Todo eso estaba muy bien en teoría, pero había que hacer algo para reducir costes y los de personal eran, naturalmente, los más voluminosos. En cuanto Tom Ingman planteó el tema en el seno del consejo de configuración, formado por los líderes de los seis equipos de configuración, surgieron varias formas de abordar la reducción de los costes de personal. Una de ellas fue la llamada «Permiso Sin Sueldo» (PSS). En lugar de despedir a obreros de las cadenas de montaje, se pediría a los directores que dejaran de trabajar un cierto número de días al año, días que, por supuesto, no cobrarían. Uno de los miembros del consejo configurador nos lo explicó mucho después: «Hicimos un análisis de cuánto era el ahorro que andábamos buscando y luego dividimos la cifra por el número de personas de los puestos directivos que creíamos se podían incluir en el programa. Sólo entonces determinamos el número de días, en total diez al año, que se le pediría a cada persona que no trabajara ni cobrara».

Cada persona decidió cuándo se tomaría sus días de PSS. «Nos dieron la opción de escoger cualquier momento a lo largo del año para así minimizar el impacto, y que no lo notáramos tanto», dijo Deb Massof, director de marketing de una de las divisiones. Cuando se presentó la idea ante el consejo de directores, estos la consideraron como una solución razonable. «Para entonces ya nos habíamos hecho a la idea, de modo que no hubo resistencia. Nos pareció lo más correcto para no causar daño a nuestros empleados de las cadenas de montaje.» Muchas de las personas que participaron en el programa ni siquiera se tomaron los días libres, sino que se limitaron a trabajar sin cobrar. «Recuerdo que andaba tan sobrecargado de trabajo que ni siquiera me tomé las vacaciones. ¿Cómo iba, entonces, a tomarme unos días de PSS?», dijo Deb.

Micro Switch también creó un programa llamado «Tiempo Libre Voluntario» (TLV) para el personal no directivo, que permitía a los trabajadores de fábrica tomarse dos o tres días libres sin sueldo. Los obreros ya se habían podido acoger antes al TLV, pero los días libres que se tomaban se consideraban ausencias y, tras un número determinado de ausencias se podía producir el despido. «Así que dijimos, muy bien, dejaremos de considerarlas ausencias», decidió Ray. De este modo, hubo más gente que aprovechó el programa, aunque sólo unos cuantos días desperdigados. A medida que la recesión se hizo más profunda, Ray y su equipo vieron en el TLV una buena forma de seguir reduciendo costes sin necesidad de eliminar puestos de trabajo, así que animaron a la gente a tomarse más TLV, durante periodos más prolongados de tiempo. La respuesta fue escasa, hasta que Ray descubrió el porqué. «La gente decía: "No nos tomamos más TLV porque también perdemos los beneficios". A lo que respondimos: "Bueno, eso lo podemos solucionar. ¿Qué les parece si cuentan con la posibilidad de tomarse TLV hasta un máximo de seis meses sin perder por ello los beneficios? Una vez transcurridos los seis meses, o el periodo de tiempo que elijan, regresan y reanudan su trabajo". Eso ya empezó a resultar más interesante para la gente y a nosotros nos ayudó a reducir costes y a gestionar mejor al personal.»

Otra opción, la tercera, que encontró Micro Switch para afrontar el problema de los obreros ociosos en las cadenas de montaje, fue la denominada «Reserva de Personal Disponible Provisionalmente» (RPDP). En los casos en los que el TLV no era apropiado, al obrero en cuestión se le asignaba a la reserva PDP. «Destinamos a dichas personas a realizar todas esas pequeñas tareas que se encuentran en la lista de asuntos pendientes y para las que nunca hay recursos disponibles —dijo Ray—. Gracias a eso, algunas desarrollaron una nueva profesión. En concreto, una persona de esta reserva solicitó trabajar para nuestro fotógrafo, con la intención de sustituirlo cuando este estuviera de vacaciones. Pues bien, se metió tan de lleno en el tema que acabó montando su propia tienda de fotografía, un negocio pequeño, en Freeport.»

A diferencia de lo que ocurrió en «FastMovingGoods», que quedó muy afectada por el choque de valores (y en CoVen, que perdió a la doctora Margolis y a otros), Micro Switch se benefició de su respuesta:

- Demostró que los líderes tenían el valor de mantener sus convicciones, y que no estaban dispuestos a sacrificarlas a largo plazo, ni siquiera aunque se encontraran bajo presiones empresariales a corto plazo.

- «Invierta su dinero en lo que dice.» Sus acciones demostraron que los líderes y, de hecho, todo el grupo de dirección estaban dispuestos a sacrificarse para proteger y apoyar a sus trabajadores de la fábrica, hasta el punto de renunciar a una parte de su propio sueldo. Esta fue una demostración muy espectacular de lo mucho que el equipo de dirección valoraba a su personal. En lugar de aplicar una retórica vacía de contenido («La gente es nuestro mayor valor»), la vivieron con mucha mayor efectividad que cualquiera de sus programas de reconocimiento y recompensa.
- Los directores se sintieron a gusto consigo mismos: se les había dado una oportunidad de «hacer lo correcto» y lo habían hecho, sin quejarse y sin indebidas privaciones. Esto contribuyó a mejorar su ánimo.
- Su actitud demostró que la dirección y los trabajadores de la fábrica podían trabajar juntos para afrontar un desafío muy difícil y serio, haciéndolo, además, con creatividad y buena voluntad.
- Aquello constituyó un cambio palpable y radical con respecto al pasado. En los viejos tiempos, los puestos de trabajo en la fábrica corrían el peligro de desaparecer con cada giro del mercado. En el nuevo mundo de Micro Switch, todos los puestos de trabajo estaban tan seguros como podían estarlo. Todos eran valorados y todo el mundo trabajaba por el bien común.

Los programas funcionaron. Micro Switch pudo evitar los despidos, redujo los costes significativamente y alcanzó sus objetivos de beneficios. Rick Rowe comentó el éxito de haber sobrevivido a la fase de la determinación con las siguientes palabras: «Ray nunca cedió ni renunció».

CoVen: una visión y una revelación

Poco después de que la doctora Margolis abandonara CoVen, Marco reunió a los doscientos directivos más importantes en el DevCenter con la intención de describirles su visión de la organización de I+D. Expresó casi una disculpa por la torpeza en el manejo del tema de la demolición de los laboratorios y prometió que no habría más sorpresas de ese tipo. Habló apasionadamente sobre el papel que tenía que jugar I+D, no sólo para CoVen, sino para toda la humanidad. También habló con elocuencia de los valores compartidos por toda la gente de la industria farmacéutica, es decir, ofrecer medicamentos que alivien el sufrimiento y que mejoren la calidad de vida de las personas.

Sus comentarios fueron tan bien recibidos y tan estimulantes que el estado de ánimo mejoró de forma espectacular. La gente se quedó con la impresión de que los líderes de I+D habían aprendido de sus errores y que la «deserción» de la doctora Margolis les había impulsado a actuar. Durante los días siguientes, los líderes observaron entre los directivos y trabajadores un entusiasmo y optimismo que no habían detectado desde los primeros tiempos de la fusión. Todo el mundo se sentía contento ante la perspectiva de una renovada claridad de propósito para sus carreras y para I+D. Daba la impresión de que Marco estaba dispuesto a conducirlos fuera del abatimiento de la fase de la determinación, para dirigirlos hacia las altas cumbres de la consecución.

Pero no iba a ser así. Aunque la gente esperaba que se les informara pronto de la estrategia y el plan general para realizar la nueva visión de I+D, en lugar de eso, las interacciones cotidianas siguieron siendo las mismas que antes de la reunión convocada por Marco. Él y los miembros de su equipo no tenían nada más que decir. No habían planificado nuevos nombramientos y no se asignó a nadie para detallar la visión o preparar la estrategia que debía acompañarla. La organización creyó que los líderes presentarían una explicación más sólida de la visión y la estrategia o, al menos, el bosquejo de un plan acerca de cómo se realizaría esa visión. Pero tal suposición resultó ser falsa.

Mientras tanto, Marco dio por sentado que la organización se dedicaría a traducir la visión en planes de acción a nivel local y a este respecto dijo: «La gente de I+D es inteligente y no necesita que nosotros la apoyemos». Después de esto, los mandos intermedios y los supervisores de primera línea se sintieron confusos e inseguros acerca de lo que debían hacer. No hay nada más descorazonador que pensar que las cosas van a ir sustancialmente mejor después de meses de pasarlo mal, para luego comprobar que no hacen sino empeorar. Es lo mismo que sucede en la típica escena de las películas de aventuras, cuando los náufragos, exploradores o escaladores ven acercarse el avión de rescate, después de semanas de esperanza y vigilancia, y aunque le gritan y le hacen señales frenéticas, sus tripulantes no los ven y se alejan. No hay rescate. En ese momento, los que hasta entonces sólo se hallaban perdidos, caen en la desesperación. Se vuelven hoscos. Se revuelven unos contra otros y hasta llegan a devorarse. Lo mismo sucedió en CoVen (aunque, por lo que yo sé, no se devoró a nadie): el optimismo se derrumbó y toda la organización de I+D cayó en el abatimiento.

En su momento más bajo, regresamos a CoVen para valorar el avance y la moral, y una vez acabado nuestro trabajo, le presentamos nuestro informe a Marco y a su equipo. Los ánimos habían alcanzado el punto más bajo desde que se anunciara la fusión. Entre los trabajadores más cualificados, la confianza en el futuro de la organización había descendido del noventa y tres al cuarenta y tres por ciento. Los miembros de la organización de I+D tenían muy poca confianza en sus líderes. Una cifra cercana al treinta y cinco por ciento de los empleados estaba pensando en dejar la empresa en los dos años siguientes. Entrevistamos a varios científicos que ya lo habían hecho. Citaron la falta de liderazgo como factor principal de su marcha. Los problemas de CoVen no eran únicamente resultado del agotamiento o de que los líderes se hubieran «quemado». Personas pertenecientes a todas las disciplinas e instalaciones de la organización de I+D nos dijeron que no sentían *esprit de corps*, que trabajaban sin un propósito o una dirección claros. Se sentían perdidos, sin liderazgo y sin timón. Diariamente circulaban rumores de nuevos abandonos.

Entonces se produjo un avance decisivo procedente de una fuente inesperada: la prensa. Piet Jansen, el periodista que tantos problemas le había causado a Marco (desde el punto de vista de este, claro está), publicó un artículo sobre los problemas que agobiaban a CoVen. Argumentó que la empresa se hallaba en una posición muy poco sólida y que su mayor problema era la organización de I+D. El artículo estaba tan bien documentado y tan repleto de detalles que resultaba difícil rebatirlo, ya que Jansen había obtenido información que ni siquiera Marco conocía sobre su propia organización y había recopilado multitud de análisis de reputados expertos y observadores.

Pero aún hubo más, ya que empezaron a intervenir cuestiones

personales. Entre los entrevistados estaba un ejecutivo que había sido jefe de Marco en la nueva empresa de biotecnología donde este trabajó con anterioridad, y que era lo más cercano a lo que se podría considerar su mentor. Este dijo: «Marco Trask posee tremendas habilidades operativas y una energía admirable, pero quizá no sea el mejor hombre para ocuparse de la labor de integración en CoVen. En ese puesto hay que inspirar a la gente, establecer una visión. El estado de ánimo y el espíritu cuentan mucho cuando las organizaciones se fusionan. A Marco le gustan las cosas concretas. La organización de I+D de CoVen necesita un líder y él es un ejecutivo». El artículo citaba a algunos de los científicos que se habían marchado y que también se mostraron críticos con su estilo de dirección.

Al leer el artículo, pensé: «Vaya, se va a poner furioso y querrá crucificar al señor Jansen». Tenía razón y me equivocaba al mismo tiempo. Marco me pidió que fuera a verle. Al entrar en su despacho, su actitud fue insólitamente sumisa.

—Jeanie, ¿cómo ha reaccionado usted al leer este artículo? —me preguntó.

Una pregunta difícil de responder, pero una de las cosas que siempre debe hacer un consultor es decir la verdad lo mejor que pueda y hacerlo de modo que se escuche y se reaccione ante ella.

—Bueno, Marco, creo que describe con bastante exactitud la percepción que tiene mucha gente de cómo han ido las cosas, al menos hasta la fecha. Aun así, no tiene por qué ser una predicción de cómo se van a desarrollar a partir de ahora. Cada proceso de cambio por el que he pasado ha sido confuso y doloroso, al menos en algún momento. No obstante, sé que incluso en lo más profundo de la fase de la determinación puede existir un punto de inflexión, y uno de los más espectaculares se produce cuando el líder experimenta, él mismo, un cambio profundo. Y quizá sea eso lo que este artículo le induzca a hacer.

Hablamos durante un buen rato y tuve muy claro que Marco se había sentido profundamente afectado por lo que había leído.

La tarde siguiente, convocó de nuevo al EIF de I+D. Estuvieron reunidos toda la tarde, hicieron una pausa para cenar y siguieron hablando hasta bien entrada la noche. Cancelaron todas sus citas para el día siguiente y, al finalizar la reunión, habían bosquejado un plan de acción y el inicio de una estrategia a largo plazo. Al día siguiente, enviaron un mensaje por la intranet y correos electrónicos personales a todos y cada uno de los miembros de la organización de I+D. Prometieron la entrega, en el plazo de tres meses, de una estrategia detallada a largo plazo, una visión, una declaración de valores y una descripción del estado al que querían conducir a la organización. Después se pusieron a trabajar de inmediato y no se olvidaron de solicitar la opinión de los líderes de todos los departamentos, obtener información para el desarrollo de los valores y del plan estratégico y comunicarse regularmente con su gente.

Al final, la tan largamente esperada estrategia y visión se anunciaron el 1 de octubre, once meses después del anuncio de la fusión. Era amplia e inteligente y hasta quienes tenían algo que perder a raíz de ello reconocieron su valor y meticulosidad. La organización experimentó alivio al encontrar por fin la claridad que buscaba sobre hacia dónde se dirigía y cómo iba a llegar hasta allí, y todos se sintieron positivamente llenos de energía. Ahora, la gente tenía un propósito común en el que creer. Empezaron a trabajar juntos para convertir la visión en realidad. Desaparecieron las preferencias y alianzas personales hacia una empresa o la otra, y el aumento de la cooperación y de la energía se hicieron palpables.

Las lecciones de Ray y Marco

Como ya he dicho antes, y quiero repetir aquí, porque pienso que vale la pena hacerlo, en la fase de la determinación, ninguna organización puede cambiar a menos que cambien los individuos que la componen. Tienen que pensar y actuar de modo diferente, o nada cambiará. Una de mis frases favoritas es: «Una buena forma de volverse loco es esperar resultados diferentes a partir del mismo comportamiento». Piense en ello.

Un directivo frustrado me dijo una vez: «Soy como el fanático que redobla sus esfuerzos al darse cuenta de que no funcionan. Necesito desesperadamente encontrar una nueva forma de pensar y responder a los desafíos a los que me enfrento». Todos tenemos que ver nuestras situaciones y respuestas a ellas bajo una nueva luz. Y debemos estar dispuestos a cambiar. Cuando el líder demuestre que ha cambiado, otros se tomarán en serio el desafío del cambio e iniciarán su propio proceso en este sentido. Ahora bien, si el líder únicamente se limita a exhortar a otros a que cambien, el mensaje caerá en saco roto, ya que, comprensiblemente, lo que entienden es lo siguiente: «Haz lo que te digo, no lo que hago». Y entonces se dicen, pues muy bien, yo tampoco voy a cambiar.

El artículo periodístico produjo en Marco una verdadera conmoción que le llevó a una toma de conciencia. Su organización estaba empantanada y no podía avanzar, y él era el principal responsable. Tuvo que sentir la amenaza que se cernía sobre su reputación y experimentar el dolor en sus propias carnes, antes de percibir el de quienes le rodeaban. Fue un aviso insólitamente claro e identificable, una toma de conciencia de lo que «Pogo», el personaje de cómic, dijo: «Hemos descubierto al enemigo y resulta que el enemigo somos nosotros mismos». Afortunadamente, al igual que en el momento en que Ebenezer Scrooge, protagonista del *Cuento de Navidad* de Dickens, abre la ventana y se da cuenta de que puede vivir una nueva vida, Marco tomó conciencia de que podía reconvertir la situación. Ahora bien, en la mayoría de los casos el cambio personal es mucho más gradual. De forma rápida o lenta, espectacular o gradual, todos tenemos que cambiar.

Como quiera que hay tantas cosas en juego para la empresa y para todos los individuos que la componen, la fase de la determinación es un periodo intensamente emocional, un momento de esperanza y frustración, de energía y agotamiento, de animación y terror para todos los implicados, incluidos los líderes. Para conseguir que la gente pase con éxito por esta fase, los líderes tienen que desarrollar una conciencia más viva de sus propias emociones, pensamientos y prejuicios, ya que reconociendo y gestionando sus propios valores y tendencias emocionales podrán comprender, conducir e influir mejor sobre las de sus seguidores. Es importante que los líderes se pregunten constantemente y con franqueza: «¿Qué me está ocurriendo ahora mismo? ¿Cómo ayudan u obstaculizan nuestro progreso mis sentimientos y mis acciones? ¿Está mi experiencia en concordancia con la de mi equipo directivo y con la del resto de la organización?». Ed Koch, ex alcalde de Nueva

York, solía hacerse constantemente la siguiente pregunta: «¿Cómo lo estoy haciendo?». Pero como cada persona sólo tiene una perspectiva limitada de sí mismo, lo más útil es pedir información a los observadores en quienes se confía.

Cuando los líderes conectan realmente con sus seguidores, esa conexión se forja a partir de la autenticidad, como de un ser humano a otro. Y asumiendo la responsabilidad sobre su propio comportamiento, incluidos los errores, los líderes se pueden comprometer a un nivel más profundo y exigir de los demás una respuesta incondicional y un compromiso genuino, y no una simple aceptación de las órdenes y las reglas. Pero eso supone comunicarse regularmente con la gente de toda la organización, y reconocer, al menos para uno mismo, que se tienen dudas personales, preocupaciones, temores e incertidumbres acerca de cómo van las cosas y de cómo actuar. Significa compartir información, hablar de lo que se sabe y admitir lo que no se sabe, ser accesible y estar dispuesto a hablar. Y también significa preocuparse de la gente, así como del resultado, comprometerse con el cambio y estar dispuesto a mostrar un compromiso concreto en las acciones y los hechos.

Pero para que el cambio sea real y duradero, ha de producirse en profundidad y de un modo completo, a nivel emocional, intelectual y operativo. Si los líderes del cambio no logran abordar estas tres dimensiones (y el aspecto emocional es a menudo el más intenso durante la fase de la determinación), ni ellos mismos ni las iniciativas que emprendan alcanzarán todo su potencial. Ahora bien, si por el contrario consiguen cambiar en las tres dimensiones, los líderes resurgirán, en la fase de la consecución, como mejores individuos, mejores líderes y como miembros de una organización mucho mejor.

Sexta parte

Consecución

El monstruo está dominado, al menos por ahora

Sexta parte

Conclusión

El monstruo está dormido, al menos por ahora

15

La dulce y peligrosa consecución

Reforzar las cosas buenas

La consecución llega como un rayo de luz. Trae consigo la toma de conciencia de que los esfuerzos por cambiar están produciendo, al fin, resultados verdaderos, tangibles, beneficiosos y positivos. En estos momentos se alcanza uno o más de los objetivos planteados durante la fase de preparación. El precio de las acciones sube, la página web tiene éxito, se consiguen nuevos clientes, aumentan las ventas, mejoran los beneficios, descienden los costes, aumenta la productividad, la gente ya no se marcha de la empresa, se empieza a contratar a personas de talento, se gana un premio, se lanza un nuevo producto o servicio magnífico. Sucede algo bueno, y aumenta la esperanza de que le sigan muchas cosas positivas y cuantificables.

Al mismo tiempo, está claro que los aspectos intangibles han mejorado, que el ambiente es más optimista y animado. Las personas ajenas a la organización, los clientes, analistas, la prensa y la sociedad, en general empiezan a decir cosas agradables acerca de ella. Acudir cada día al trabajo ya no parece un desafío ni una carrera de obstáculos que ha de correrse a toda velocidad; afrontar los problemas ya no parece tan difícil como beber de una manguera contraincendios. Todo parece funcionar mejor y más suavemente. La gente se siente más segura de sí misma, asume la responsabilidad con mayor rapidez y las acciones que debe realizar parecen más claras. Es posible que todos sigan estando muy ocupados, pero ha desaparecido la sensación de hallarse bajo el agua y la prueba de sus logros los anima.

La consecución es la fase más dulce y gratificante, un breve periodo dorado, lleno de entusiasmo, reflexión, reconocimiento y felicitaciones. Es importante saborearlo, compartir generosamente las recompensas y el reconocimiento, y disfrutar de los logros tan duramente obtenidos por la organización.

A medida que se disfruta con la consecución, hay posibilidades de aprovecharse de dos grandes oportunidades. La primera es cimentar la confianza y la unidad que se han alcanzado en toda la organización. La segunda, consolidar las capacidades y actitudes que han llevado el éxito. Este es el mejor momento para ocuparse de esas tareas ya que serán básicas para producir el cambio con mayor rapidez y facilidad en el futuro. Son tareas que merecen una atención explícita por parte de la dirección. Ya hemos visto cómo se encuentra en juego la credibilidad de la dirección cada vez que se emprende una gran iniciativa de cambio. La gente se hace continuamente preguntas muy duras: ¿Saben los líderes lo que están haciendo? ¿Podrán lograrlo? ¿Podemos confiar en ellos? ¿Se preocupan por nosotros? ¿Tomarán decisiones por duras que sean? ¿Seguirán el plan cuando las cosas se pongan difíciles?

Cuando la empresa llegue a la consecución, la mayoría de esas preguntas se habrán contestado afirmativamente. Ahora ha llegado el momento de destacar que la dirección no sólo ha diseñado un plan que ha funcionado sino que, además, ha tenido el valor de reconocer los aspectos que no funcionaron, los recursos para imaginar nuevos enfoques y la tenacidad para perseverar hasta alcanzar el éxito. En el mejor de los escenarios posibles, todo eso se ha hecho de acuerdo con el personal y no «pasando por encima de sus cadáveres». Después de todo lo sucedido, la dirección ha demostrado ser capaz y digna de confianza. La organización ha aprendido, de primera mano, el valor de trabajar conjuntamente para alcanzar objetivos comunes y se ha demostrado a sí misma que puede lograr hazañas extraordinarias. Ha llegado el momento de cimentar todo esto con formas concretas y simbólicas. Es el momento de conceder premios, dar primas por rendimiento, establecer un plan de incentivos, de reforzar los beneficios por los objetivos alcanzados y de motivar a toda la plantilla para alcanzar más éxitos.

Planificar celebraciones y recompensas es una actividad complicada y a menudo delicada. Trabajé para un banco que, para el Día de Acción de Gracias y para Navidad regalaba pavos a sus empleados. La gente se quejó porque prefería jamones, así que la dirección empezó a regalar jamones. Entonces, los empleados judíos pusieron el grito en el cielo. Cuando se trata de recompensas y celebraciones, no se sorprenda si la gente «mira los dientes del caballo regalado». Haga lo que haga, no conseguirá la aprobación unánime.

A veces, la mejor recompensa es un acto social que exprese un espíritu de felicitación y de fiesta en un tono que sea apropiado para la empresa. Microsoft organiza una fiesta en la que actúan famosas estrellas del rock. La mejor fiesta de los socios de BCG a la que he asistido fue una en la que actuaron los Beach Boys. Todos bailamos y nos divertimos juntos. (Debo añadir que en los años de beneficios extraordinarios, BCG entrega un bono por rendimiento excepcional en metálico a todo su personal.)

Las celebraciones tampoco tienen por qué ser tan espectaculares. La directora de la oficina de una empresa de Chicago dedicó numerosas horas extras para asegurarse de que todo funcionara a la perfección durante los catorce meses que se tardó en renovar las oficinas de la empresa. En todo ese tiempo, el rendimiento de la oficina no sólo se mantuvo alto, sino que sus excelentes habilidades de dirección y su dedicación le ahorraron a la empresa decenas de miles de dólares y redujeron en tres meses el tiempo previsto. Como reconocimiento, la compañía le regaló (a ella y a su esposo) un vale para cenar en el restaurante que eligiesen en cualquier parte del mundo, con todos los gastos pagados. Sus dos ayudantes recibieron vales similares para cualquier restaurante de Estados Unidos, y a los miembros del personal que trabajó en el proyecto se les entregaron vales para el restaurante que escogieran en Chicago.

Al margen de cuál sea la recompensa, algunas personas se quejarán argumentando que es excesivo o escaso. Conozco a un director al que se le regaló un vale para ir a cenar, sin límite de gasto alguno. Pues bien, el director estaba enfadado con la empresa porque no le habían hecho socio. Llevó a su esposa a cenar al Ritz Carlton de Boston, donde pidió varias botellas carísimas de vino de la extraordinaria bodega del Ritz. La cena para dos costó más de dos mil dólares. Entonces, en la siguiente ocasión en que la empresa le entregó un vale similar, iba acompañado de un tope de gasto. Las fiestas y recompensas tienen que gestionarse tan cuidadosa y reflexivamente como cualquier otro aspecto del cambio.

El objetivo de recopilar lo aprendido es ayudar al personal a interiorizar sus experiencias, para que no se pierda lo que se ha aprendido y conseguido durante la iniciativa de transformación. Ese conocimiento se debe asimilar, perfeccionar y emplear como la base del siguiente cambio. Por aprendizaje me refiero a las habilidades, enfoques y actitudes que se han utilizado y que deberían quedar incorporadas al repertorio organizativo. Pueden incluir una amplia variedad de habilidades, desde planificación y dirección de proyectos a gran escala hasta mediciones del estado de ánimo interno o tácticas para influir en la consecución de apoyo para nuevas iniciativas.

Cuanto más difícil haya sido el proceso de cambio, tanto más importante será recoger y revisar explícitamente lo aprendido. En la fase de consecución, la gente suele decir: «¡No quiero volver a pasar por nada como esto nunca más!». Por eso es importante ayudarles a comprender que lo mucho que han aprendido y las nuevas y numerosas habilidades que han adquirido evitarán que tengan que pasar otra vez por la misma experiencia. No se les puede prometer que no tendrán que pasar por ninguna otra gran transición, pero sí se les puede y se les debe tranquilizar, asegurándoles que la siguiente experiencia será mejor. Ahora ya han aprendido a manejar las ambigüedades y tensiones que trae consigo todo gran cambio. Saben qué estrategias funcionan y cuáles no. Están más preparados para la siguiente gran carrera de obstáculos. La próxima vez sabrán a qué atenerse.

Esta habilidad para conseguir el cambio es especialmente importante para aquellas empresas que hayan pasado por más de una fusión. Necesitan aliviar el trauma y la tensión de fusionarse y aumentar su confianza y experiencia. Un ejecutivo que dirigió dos diferentes esfuerzos de integración después de una fusión, observó una clara diferencia entre los dos procesos: «Este [el segundo] es mucho más suave y fácil porque ahora sabemos qué debemos esperar y cómo actuar. Con el otro [el primero], como no lo habíamos hecho nunca, tuvimos un alto nivel de ansiedad y no llegamos a saber si nuestras experiencias eran normales o una señal segura de que algo andaba mal». Del mismo modo, una nueva empresa electrónica pondrá dolorosamente de manifiesto la inexperiencia de la compañía, su ignorancia, debilidades tecnológicas y presuposiciones erróneas. Un ejecutivo encargado de iniciar una *joint venture* en comercio electrónico, dijo: «Fuimos muy ingenuos. Cometimos prácticamente todos los errores que podíamos cometer y eso nos costó mucho, en tiempo, dinero y noches sin dormir. ¡Sólo espero que hayamos aprendido de todos aquellos errores!».

Captar las enseñanzas del cambio también es extremadamente importante para las empresas electrónicas de nueva creación. Cabe esperar que en estas se den múltiples curvas de cambio, una mientras se reúne el capital, otra durante la preparación y lanzamiento de la página web, y otra tercera para asegurarse los primeros clientes. En su esfuerzo por superar cada gran obstáculo, los implicados en el proceso pasarán por un ciclo completo de cambio, y tras haber conquistado cada uno de sus grandes objetivos, se sentirán animados a seguir presionando, sabiendo muy bien que la consecución en uno de los ciclos no garantizará la consecución en el negocio global, como bien indica el cementerio de esta clase de empresas, en continuo crecimiento.

Durante la fase de consecución, en cada tipo de organización hay un peligro al acecho: la celebración puede convertirse en autocomplacencia, en la convicción de que se ha derrotado para siempre al monstruo del cambio, que nunca más regresará. Pero lo cierto es que el monstruo siempre está presto a atacar, buscando formas de introducirse subrepticiamente para arrojar de nuevo a la empresa a la fase de estancamiento. Por lo tanto, como en las empresas «paranoicas», las organizaciones que alcanzan la fase de consecución no deben dormirse en los laureles durante mucho tiempo. Tienen que seguir examinándose a sí mismas sin descanso y buscar nuevas formas de cambiar y crecer.

El éxito de Micro Switch y de Freeport

Los objetivos concretos alcanzados por Micro Switch en la fase de consecución fueron impresionantes. En cuatro años, y en una época en la que los mercados en los que vendía el cincuenta por ciento de sus productos no crecían y la economía lo hacía únicamente en una banda del dos al tres por ciento, Micro Switch alcanzó un índice medio de crecimiento del siete puntos y medio. Los beneficios operativos medios mejoraron anualmente más del dieciséis por ciento. Una parte importante de dichos beneficios se reinvirtieron en la propia empresa, aunque la división se las arregló para seguir enviando cada año beneficios «aguas arriba», a la sede central de Honeywell. Los gastos operativos también se recortaron. La cuota de mercado aumentó y Micro Switch atrajo a nuevos clientes. Durante ese mismo periodo, los puestos directivos se redujeron en un tercio, pero sin despedir a nadie, y las habilidades de los obreros de la fábrica mejoraron sustancialmente en diversos ámbitos, lo que hizo posible la automatización y otros procesos de mejora. Tres años después de la llegada de Ray Álvarez, Micro Switch consiguió un objetivo clave al calificarse para la evaluación de las instalaciones para el Premio Nacional de Calidad Malcolm Baldrige. La empresa también obtuvo de los propios clientes ciento veintisiete premios a la calidad de los suministros. En el cuarto año, Micro Switch alcanzó el nivel más elevado de calidad en la fabricación en toda su historia, según seis parámetros establecidos por y para la propia empresa. Y, en lugar de venderla, como había sugerido el presidente ejecutivo de Honeywell apenas unos pocos años antes, la división recibió múltiples premios de Honeywell a la labor de su presidente. Naturalmente, Micro Switch no tenía sus propias acciones, pero Honeywell podría haber creado «acciones ficticias» de esta división, cuyo precio, sin duda alguna, habría aumentado, especialmente en comparación con el rendimiento de las acciones de Honeywell.

Pero aunque la consecución era tan evidente, Ray quiso que la organización se mantuviese motivada y preparada para más, como lo expresó en el siguiente comentario: «No podemos dormirnos en los laureles. Hemos recorrido un gran trecho, pero tengan en cuenta que esto no es más que un paso en el largo camino del progreso». Ahora, viendo por todo lo que había pasado la organización y la cantidad de energía dedicada a los clientes y a satisfacer sus necesidades, el personal comprendía a la perfección que Micro Switch tenía que seguir trabajando para mantenerse en vanguardia. «En estos momentos, cuando le decimos a la organización que las expectativas de los clientes están cambiando y les explicamos el porqué, todos lo entienden. No tenemos que hacer grandes esfuerzos para crear una saludable insatisfacción.»

Uno de los resultados más notables y a menudo inesperados de la consecución es que puede crear un éxito que tenga un impacto más allá de la propia empresa. La ciudad de Freeport, Illinois, se benefició de muchas maneras de los cambios producidos en Micro Switch, que era la empresa que más trabajadores del lugar empleaba, ya que al romper con el recurso tradicional de utilizar los despidos para contrarrestar las fases de declive económico, una práctica que quedó descartada durante la presidencia de Ray, hubo menos rotación y más prosperidad, tanto en los puestos de trabajo como en los mercados locales. La gente se sentía más segura e invertía más en sus casas y en sus vidas. Las viviendas aumentaron de valor, y Freeport no tardó en empezar a ser considerada un mercado más atractivo por parte de detallistas y otros negocios. Uno de los líderes locales comentó: «El cambio en esta comunidad está siendo impulsado por el sector privado, y no por el público».

Por otro lado, Ray y su equipo ejecutivo empezaron a tomar parte en asuntos que afectaban a la comunidad, colaborando estrechamente con los líderes de una serie de grupos cívicos, y compartiendo con ellos sus percepciones y métodos sobre la gestión del cambio. Utilizaron su proceso de planificación estratégica para ayudarles a desarrollar cinco prioridades en la zona de Freeport: 1) educación, 2) infraestructuras, 3) seguridad pública, 4) integración racial y 5) servicios sociales y atención sanitaria. Desafiaron a esos grupos a pensar y actuar a lo grande y los líderes de la comunidad respondieron al desafío, mejorando el rendimiento de sus respectivas organizaciones y emprendiendo con éxito una serie de proyectos de desarrollo a tamaños y escalas que nunca hubieran creído posibles. Al unir a varios grupos diferentes, pudieron construir el Centro Municipal Martin Luther King, Jr., en el que se instaló una serie de organismos responsables de una gran variedad de servicios, desde atención a la infancia y tutoría después de la escuela, hasta formación profesional para adultos, etcétera, para la gente de Freeport.

Los líderes municipales reconocieron el mérito de Ray Álvarez por haberles ayudado a revitalizar la ciudad. «Tiene una personalidad muy fuerte. Utilizó su influencia y también sus amenazas, pero consiguió que se empezara a hacer cosas —nos explicó uno de los líderes—.

Hay personas que tienen poder y otras que tienen influencia, y algunas que tienen poder e influencia sólo por la posición que ocupan. Sin embargo, cuando se jubilan, dejan de tener ambas cosas. Pero si Ray se jubilara mañana, yo seguiría contestando a sus llamadas telefónicas. Su influencia trasciende a la posición política que ocupa. Siempre dispondré de tiempo para él.»

Ray Álvarez se jubiló de Micro Switch en 1998, aunque luego ocupó por poco tiempo el puesto de presidente interino de la división de productos de consumo de Honeywell. Él y Mary viven ahora en Shepherdstown, Virginia Occidental. Al rememorar su experiencia, uno de los aspectos que más le impresionan es la naturaleza holística del cambio. «Un gran esfuerzo de cambio siempre es holista; eso fue lo que más me asombró. Al principio, cuando aún trataba de decidir qué íbamos a hacer, no lo vi como un proceso holístico. Esa es, probablemente, la lección más grande de todas: que uno no se puede concentrar en las ventas sin solucionar a la vez los problemas de la fábrica y los que afectan al estado de ánimo colectivo y al respeto del personal para consigo mismo. Todos esos aspectos se hallan interrelacionados y se influyen unos a otros. Hay que asegurarse de que la parte humana se aborde junto con las partes operativas y eso, aunque cuesta mucho, cuando se consigue, ¡es estupendo!»

Quienes trabajaron en estrecha relación con Ray, sobre todo los visionarios de Eagle, cuyas carreras profesionales han alcanzado un gran éxito, atribuyen la mayor parte de su evolución profesional a su experiencia en la transformación de Micro Switch. Rick Rowe, que ahora es el presidente ejecutivo de MCMS, dice al respecto: «Tomé la curva del cambio y se la mostré a mis subordinados directos desde el principio. Esto es lo que estamos haciendo y este es el punto en el que nos encontramos. Va a haber todos estos desfases. Personalmente, estarán aquí arriba, en el gráfico, mientras que su gente se quedará aquí abajo, en el infierno. A veces uno tiene que ralentizar el ritmo. Les he hecho pasar por el ciclo completo y lo comprenden intelectualmente, pero lo difícil de verdad es que lo comprendan emocionalmente. Eso es algo que no se puede entender del todo hasta que no se vive».

Otro antiguo empleado de Micro Switch dijo: «La curva del cambio no es más que la aplicación del sentido común. La veo por todas partes y la utilizo constantemente, tanto en mi vida personal como profesional. Tras haber vivido la experiencia de Micro Switch, ahora poseo una concepción de las cosas completamente nueva y un conjunto diferente de habilidades de las que tenía antes. Y voy a necesitarlas si quiero cumplir con mi tarea».

Marco dirige con éxito una segunda fusión

Cuatro meses después de anunciar su estrategia a largo plazo, la organización de I+D de CoVen se había estabilizado. La energía del personal se concentraba ahora en los ámbitos de desarrollo que se habían identificado previamente en la estrategia. No se habían producido nuevas dimisiones relacionadas con la fusión, y para contrarrestar las que había habido, la empresa contrató algunos científicos nuevos. Entonces, cuando CoVen sacó al mercado un nuevo tratamiento para la diabetes, adelantándose ligeramente al tiempo previsto y dentro del presupuesto asignado, Marco Trask pudo afirmar por fin: «No sólo hemos "puesto en orden" la organización de I+D, sino que ahora es mucho más efectiva y eficiente de lo que fueron cualquiera de las dos organizaciones originales antes de la fusión. Ahora estamos produciendo en todos los frentes».

Una vez terminado su trabajo, el EIF de I+D se disolvió por segunda vez. Marco me dijo: «Sabía que esta fusión podía dar como resultado la mejor organización de I+D farmacéutica del mundo, pero, francamente, no tenía ni la menor idea de lo que haría falta para conseguirlo. Es difícil comprender que la experiencia de los ejecutivos es radicalmente diferente a todo aquello por lo que está pasando el resto de la organización. Aprendí, de la forma más dura posible, que otras personas tienen experiencias diferentes y que necesitaba comprenderlas. Ahora me doy cuenta de que nuestra decisión de desmantelarlo todo, que tan evidente y sencilla nos pareció en su momento, fue lo peor que pudimos hacer por la organización, ya que con ello emitimos las señales equivocadas y provocamos unos trastornos que jamás habíamos pensado que se podían producir. Al examinar retrospectivamente otros proyectos, me doy cuenta de que ya había cometido antes los mismos errores. Sentimos siempre tanto anhelo por pasar a lo siguiente que retiramos recursos con excesiva rapidez y luego apartamos la mirada, para luego preguntarnos qué ha salido mal.

»La otra lección importante que he aprendido es lo necesario que es estar constantemente en contacto con la gente. Yo no lo hice con Elena Margolis, y tampoco con Piet Jansen. No comprendí los puntos de vista de Elena y el énfasis que puso en los valores y, la verdad, no esperaba que reaccionase con tanta dureza como lo hizo. Sigo pensando que se equivocó, pero lo cierto es que yo no supe comprender lo que se avecinaba. En el caso de Piet, tiene un trabajo que hacer y, por mi parte, habría hecho bien en ayudarle a hacerlo. Me concentré tanto en articular la nueva empresa que no me tomé el tiempo necesario para mirar a la gente que la formaba.»

Uno de los líderes del EIF de I+D reflexionó acerca de la experiencia: «Ahora estamos donde podríamos y deberíamos haber estado hace meses. Hemos aprendido una lección que nos ha salido muy cara y que ha sido difícil, pero tenemos suerte de haber podido salvar la situación».

El rendimiento de Micro Switch ha seguido superando las expectativas, pero CoVen sólo pudo disfrutar de su éxito durante un corto periodo de tiempo. En el término de tres años, las presiones del mercado produjeron una nueva oleada de fusiones y *joint ventures* en la industria farmacéutica. «Kloorg», el consorcio empresarial con sede en Suiza, compró CoVen con la intención de fortalecer su presencia en Estados Unidos con su moderno DevCenter y sus fuertes ventas y operaciones de marketing en América del Norte, y Marco Trask tuvo que afrontar otro proceso de integración. No obstante, gracias a su éxito final con la integración de CoVen, fue nombrado vicepresidente ejecutivo para I+D de la nueva entidad, la KCV, y se aseguró de iniciar muy pronto el proceso de comunicaciones. Una vez que se anunció la fusión, las primeras personas a las que llamó fueron los médicos y científicos clave. No tenía el menor deseo de pasar por otra pérdida de talentos como la experimentada cuando la doctora Margolis abandonó CoVen. Otra de las entrevistas que mantuvo fue con Piet Jansen, que aparte de escribir para todas las revistas del mundo, era el encargado de publicar un muy respetado informe semanal sobre la industria farmacéutica para la CNN International. Marco le concedió a Jansen una entrevista en exclusiva en la que se abordaron todos los temas en profundidad y en la que en ningún momento se puso a la defensiva (y mucho menos se le ocurrió mencionar su residencia de verano).

Evitar hundirse en el estancamiento

Durante los primeros días de la fase de consecución, la vida parece tan fructífera y positiva que a la gente de la organización le resulta fácil sentir el deseo de prolongar esas buenas sensaciones. A menudo, la mejor forma de conseguirlo parece ser la de continuar haciendo las cosas del mismo modo. Ese impulso, sin embargo, puede conducir muy rápidamente a la rigidez y a la obsolescencia. Tras un periodo de celebración de los éxitos y de compartir las recompensas, los líderes tienen que asegurarse de «institucionalizar» la tendencia al cambio, aunque eso parezca contradictorio. A continuación se indican seis formas de hacerlo:

1. *No convierta las innovaciones de hoy en las vacas sagradas de mañana.* El simple hecho de que una «nueva forma» fuese correcta para el momento en que se aplicó, no significa que continúe siendo la más adecuada en el futuro. Ningún proceso o estructura debería quedar al margen de la crítica. Como dijo un líder del cambio: «Hay que cuestionarlo todo, sobre todo aquellas cosas situadas fuera de los límites».

2. *Manténgase informado acerca del entorno en el exterior.* Cuando una empresa disfruta de un éxito importante y, sobre todo, cuando alcanza un cierto tamaño, a menudo pierde de vista su entorno competitivo. Entonces, puede dejar de reconocer los cambios que se están produciendo, la llegada de nuevos competidores al mercado y la introducción de nuevas tecnologías y enfoques. Recuerdo un chiste en el que una secretaria le dice a su jefe nada más entrar en su despacho: «Aquí tiene los modelos que han cambiado mientras estaba usted almorzando». Para estar al día de lo que sucede, los líderes y su gente tienen que seguir hablando y escu-

chando a sus clientes. Y también tienen que vigilar continuamente a sus competidores, tanto actuales como potenciales.

3. *Siga escuchando a la organización y comunicándose con ella.* Hay que mantener el proceso de escuchar y hablar a nivel interno, no sólo en los felices acontecimientos de reconocimiento, sino también en desayunos informales, en las conversaciones mantenidas en los pasillos y en lugares alejados de los despachos de los líderes. Un presidente ejecutivo al que conozco se empeña en reunirse con gente a la que no conoce en cada uno de los lugares que visita. Así se entera de todo tipo de cosas interesantes acerca de su organización. Al mismo tiempo, los miembros de la organización lo ven como un líder involucrado en la empresa, preocupado y visionario. Los ejecutivos efectivos han de tener constantemente el dedo puesto en el pulso de su organización.

4. *Seleccione a nuevos profesionales.* A menudo, las personas que han dirigido equipos durante grandes transiciones, necesitan un respiro. Terminan por cansarse del cambio. Además, si han trabajado duro y durante largo tiempo para que se produjesen los cambios más recientes, es muy posible que no estén preparados para desmantelarlos a la mañana siguiente. Incorporar «aire fresco» procedente de otras partes de la empresa o del exterior, ayuda a la organización a cuestionarse las presuposiciones y prácticas, en lugar de ponerse a gritar: «¡No comprende usted lo lejos que hemos llegado!».

5. *Aproveche a sus campeones.* Siempre hay unas cuantas personas que se llenan tanto de energía gracias al proceso de cambio que se convierten en verdaderos campeones y defensores de este. Cuando la iniciativa alcance la fase de consecución, redistribúyalos. Permítales dirigir otros cambios en otras partes de la organización o actuar como asesores y mentores de otros líderes internos. En ocasiones, llegan a desarrollar incluso una «especialidad» (un programa de formación o una presentación) que pueden enseñar a otros grupos. Estas personas también pueden convertirse en buenos representantes de la empresa en actos externos, como seminarios y conferencias.

6. *Procure crear habilidades de autoobservación y corrección; enseñe la curva del cambio.* La comprensión de la curva del cambio y de los aspectos fundamentales de su gestión deberían pasar a formar parte del patrimonio común de la empresa. Como sucede con todo nuevo aprendizaje, cuanto más se practica y se desarrolla, tanto más valor adquiere. En sus revisiones trimestrales de dirección, un ejecutivo incluye un periodo de reflexión acerca de qué experimenta la organización. Lo que se inició como una exigencia, se ha convertido ahora en un hábito muy valorado. «Al tener que detenerme cada trimestre a reflexionar, me veo obligado a pensar no sólo en las cifras, sino también en el estado de ánimo colectivo, el ritmo y el espíritu de la organización. Esto me ayuda a saber si estoy exigiendo demasiado o muy poco.»

16

Cuando lo viejo se convierte otra vez en nuevo

Cambios permanentes

Uno de los problemas de escribir sobre el cambio es que parece como si todo ya se hubiese dicho, y probablemente así sea. Recuerdo haber escuchado a Bart Starr en nuestro instituto. Se encontraba por entonces en lo más alto de su popularidad como delantero de los poderosos Green Bay Packers. Para todos nosotros, tener como antiguo alumno a un héroe del fútbol americano era muy emocionante y estábamos pendientes de cada una de sus palabras. Esa tarde, regresé presurosa a casa para comunicar a mis padres lo que había aprendido: «¡Hay que entregarse al cien por ciento!», exclamé. Mi padre levantó la mirada hacia el techo; mi madre se mostró de acuerdo con la reveladora declaración de Starr. Al preguntarle a mi padre por qué no se mostraba más impresionado, retrocedió, asintió, y luego añadió: «Cada generación y cada individuo tiene que descubrir la verdad por sí mismo». Tenía razón. Las lecciones que aprendemos al experimentar grandes cambios son las que tenemos que aprender por nosotros mismos. Son las lecciones fundamentales y a menudo inesperadas de la vida las que solemos aprender de la forma más dura. Pero, una vez aprendidas, se quedan con nosotros para siempre.

Las fases que experimenta un individuo ante un gran acontecimiento de la vida (independizarse, encontrar un trabajo, casarse, divorciarse, ser padre o madre, mudarse) son, esencialmente, las mismas fases por las que pasa una organización durante cualquier iniciativa fundamental de cambio. En ocasiones, como quiera que no logramos establecer una conexión entre nuestra experiencia personal de cambio y el cambio empresarial, no permitimos que esa experiencia personal influya sobre nuestra experiencia empresarial. Muchos de nosotros nos alejamos con vergüenza de la introspección o estamos demasiado ocupados en examinar en profundidad nuestras propias vidas. Además, nos hallamos tan cerca del cambio que nos resulta difícil, si no imposible, verlo con objetividad y claridad. Al pensar en un cambio que ahora ya queda muy atrás, los detalles específicos suelen presentársenos bastante confusos, aunque recordamos con tremenda claridad ciertos momentos y las emociones asociadas con ellos.

Recuerdo, por ejemplo, el momento en que decidí acabar con el estancamiento de mi primer matrimonio y empezar a prepararme para ser madre separada. Fue una calurosa y húmeda tarde de agosto en Saint Louis, y mi esposo, mi hija Jennifer y yo misma regresábamos a casa en nuestro destartalado y viejo coche, sin aire acondicionado. Llevábamos más de cuarenta y cinco minutos avanzando lentamente en medio de un tráfico de hora punta y ninguno de nosotros estaba de buen humor. Mi esposo había aprovechado la oportunidad para someterme a un interrogatorio malintencionado sobre mis logros del día o su ausencia. Sabía que, en cinco minutos, empezaría a darme instrucciones sobre las cosas que debería hacer al día siguiente. Por suerte, me libré de aquel inminente placer porque llegamos antes a casa. Mi esposo levantó a Jennifer del asiento trasero y la llevó dentro de casa. Recuerdo que me quedé sentada en el coche durante un largo rato, pensando: «La vida ahí fuera tiene que ser mucho mejor que esto». Tomé conciencia de que mi situación tenía que cambiar por completo, a lo grande. Me había permitido a mí misma quedarme estancada en un matrimonio que no funcionaba, y ya no podía más. Me merecía algo mejor. Y, lo que es más importante, mi hija se merecía algo mejor.

Intelectualmente, había comprendido desde hacía tiempo que nuestro matrimonio no funcionaba. Mi esposo y yo habíamos discutido en muchas ocasiones sobre la posibilidad de divorciarnos y, desde hacía meses, acudíamos a un asesor matrimonial. Estaba claro que el divorcio era una de mis opciones, pero también un cambio al que me resistía. No estaba segura de que fuese la solución correcta para Jennifer y para mí.

Abrigaba incertidumbres acerca de cómo sería la vida «ahí fuera». Tenía algunas convicciones muy profundas sobre la importancia y el valor del matrimonio, y el divorcio no cuadraba realmente con mis valores y la imagen que tenía sobre mí misma. Aunque yo había ganado el sueldo más cuantioso mientras mi esposo estudiaba en la facultad de Medicina, la perspectiva de mantenerme yo sola y de criar sin ayuda a mi hija me asustaba e intimidaba. En mi familia más cercana nadie se había divorciado y, en 1971, la sociedad aún estigmatizaba a las mujeres divorciadas. Comprendía intelectualmente que podía divorciarme y que, probablemente, era lo mejor que podía hacer por Jennifer y por mí, pero hasta aquella tarde de iluminación, en el coche, delante de la casa, me había resistido a iniciar el proceso. Después de firmados todos los documentos del divorcio, Jennifer y yo abandonamos Saint Louis una mañana de diciembre y nos dirigimos a casa de mis padres, en Alabama. Todas nuestras pertenencias estaban empaquetadas en un coche prestado y me sentí un poco como los Beverly Hillbillies de la serie de televisión, aunque con menos cosas que transportar. Mientras conducía, mis sentimientos fueron variando: alivio, esperanza, temor, tristeza, cólera, animación y preocupación. De repente me sentía cansada y al momento siguiente llena de energía. Lloraba y reía; reía y lloraba. ¡Era agotador! Pero sabía que me quedaban dos cosas extremadamente importantes: mi hija (que entonces tenía dos años) y la nueva oportunidad que ambas teníamos para llevar una vida feliz y saludable. En justicia, debo decir que a mi esposo el divorcio también le dio una nueva oportunidad. No le echo a él toda la culpa de la ruptura.

Mis padres nos recibieron con los brazos abiertos y camas limpias y pensé que era estupendo estar de nuevo en casa. Mi padre era el clásico hombre gruñón pero con un corazón de oro. Aunque poseía un agudo ingenio y le encantaba adoptar una perspectiva cínica ante las cosas, poseía un profundo sentido de la responsabilidada y una compasión inquebrantable. Había iniciado la práctica de la medicina pediátrica en la Universidad de Alabama, en Birmingham y se ofreció voluntario como jefe de pediatría del proyecto Esperanza. Mi madre, a la que ya he mencionado muchas veces, era y sigue siendo una fuerza positiva, sabia y poderosa. Siempre se ha enorgullecido de mirar cara a cara la realidad, y de hacerlo con esperanza y elegancia.

Más o menos por la misma época en que regresé a casa, mi hermana y su compañera de habitación en la universidad se instalaron también en ella. Después, la esposa de mi hermano y su bebé también se añadieron al grupo durante unos pocos meses, mientras él se encontraba en Australia realizando una investigación. A mí la situación me pareció estupenda, ya que Jennifer y yo estábamos rodeadas de personas a las que amábamos y que nos amaban, y después del aislamiento y la penuria emocional de mi matrimonio, aquello fue como un bálsamo nutritivo; tal vez por eso me permití disfrutar de él durante más tiempo del que hubiera debido.

La época que pasé en casa de mis padres fue como una especie de fase de preparación para mí. Revisé mi currículum, pensando en qué deseaba trabajar, adaptándome (y adaptando a Jennifer) a la idea de vivir en una familia monoparental, preparándome operativa y emocionalmente para la siguiente fase de mi vida. Si hubiera tenido que lanzarme directamente desde el estancamiento de mi matrimonio a un nuevo trabajo y un nuevo apartamento (el equivalente a la fase de implantación), creo que lo habría pasado mucho peor. Ese periodo de ajuste al final del matrimonio y al inicio de una nueva fase, seguido de la planificación, la nueva visión y el establecimiento de nuevos objetivos, fue crucial para mi vida, aunque estoy segura de que en aquellos momentos no lo definí de ese modo. Sin ese periodo, el inicio de la implantación habría supuesto para mí una tremenda conmoción y no estoy segura de cómo habría podido afrontar a la situación.

Entonces, un buen día, la fase de implantación se inició de sopetón. Había estado haciendo recados y llamé a casa para saber si alguien necesitaba algo de la ciudad. Mi madre me informó de que había recibido una llamada del First National Bank de Birmingham y que esperaban que me presentase en el término de treinta minutos a una entrevista para un nuevo puesto de responsable de formación. No tenía tiempo para regresar a casa, cambiarme y volver al banco, así que lo único que podía hacer era acudir a la cita tal como estaba: con un vestido de estar por casa, el cabello sucio y sin maquillaje. ¡Dios mío! ¡No estaba preparada! ¿No podría reprogramar la cita? ¿Por qué siempre me tenían que ocurrir esas cosas a mí? Sin embargo, tras un momento de pánico, recuperé la compostura. Mis semanas de preparación me habían dado la suficiente seguridad en mí misma como para acudir a la entrevista, hacerlo lo mejor que pudiera y aceptar el resultado.

La reunión era con un vicepresidente, y lo primero que me preguntó fue: «¿Viste siempre de este modo?». «No», le contesté con calma y le expliqué las circunstancias en que me había visto atrapada aquella mañana. (No le dije que, habitualmente, mi aspecto era peor porque en aquellos momentos me dedicaba a esculpir y me pasaba el día enfundada en unos tejanos, cubierta de manchas de escayola.) Pasamos a revisar mis cualificaciones y le entregué mi carta de recomendación del Instituto Pratt, que mi madre me había sugerido llevar siempre conmigo. Estaba tan llena de elogios que prácticamente relucía en la oscuridad.

La entrevista se desarrolló bien. Al cabo de un rato, el vicepresidente abandonó el despacho durante unos minutos, y cuando volvió me dijo: «Vuelva usted dentro de una hora para reunirse con el presidente del consejo». Asentí, aunque por entonces no sabía qué era un presidente del consejo. El único del que había oído hablar era de Frank Sinatra y sabía que él no era.

Regresé al cabo de una hora, todavía con el vestido de estar por casa y el cabello sucio, y el vicepresidente me condujo al piso superior, donde se hallaba el despacho del presidente. Todo estaba muy tranquilo y lleno de grandes mesas. Esperamos en la puerta del despacho, desde donde pude ver que estaba lleno de alfombras orientales y lámparas caras. Observé cómo el anciano caballero del despacho abría un cajón y apretaba un botón que había en su interior. Las cortinas se abrieron y me dije a mí misma: «Ahora lo entiendo. Todo aquel que tiene cortinas que se abren y cierran automáticamente tiene poder. Este es el que manda».

Mantuve una magnífica conversación con el señor Woodrow, el presidente, quien bromeó sobre mi recomendación de Pratt. Al cabo de una hora se levantó y dijo: «Le ofreceré un puesto de trabajo durante tres meses. Si al final de ese periodo ha conseguido demostrar que nos es útil, le entregaré una descripción del puesto de trabajo y le aumentaré el sueldo».

Pensé para mis adentros: «¿Y por qué no entregarme la descripción del puesto para que pueda demostrar que les soy útil?». A pesar de todo, me sentí encantada de contar con aquella oportunidad, me levanté para estrecharle la mano y me caí redonda al suelo. Pobre señor Woodrow. Miró por encima de la mesa preguntándose cómo había desaparecido tan de repente, sin saber si debía acudir a levantarme del suelo, actuar como si todo fuese normal o qué.

Yo, mientras tanto, me removía allí tirada preguntándome qué demonios me había ocurrido. Finalmente, comprendí que, durante la entrevista, se me había dormido una pierna sin que me diera cuenta. Estaba totalmente entumecida de modo que, al levantarme, cedió bajo mi peso.

Conseguí levantarme apoyándome en la silla y luego en la mesa del señor Woodrow. Entonces, sin perder el sentido del humor, le dije: «Señor, fui herida en Vietnam, de modo que, al contratarme, está contratando a dos minorías por el precio de una: una mujer y una veterana herida. ¡Creo que debería darme ese aumento ahora!». Y luego abandoné el despacho cojeando, antes de que él pudiera retirar su oferta. Así fue como obtuve mi primer trabajo en el mundo empresarial estadounidense.

Trabajar en el banco me obligó a enfrentarme a muchos desafíos pero, ante mi sorpresa, descubrí que eso me encantaba. Lo pasé muy bien: todo parecía nuevo e interesante. Aprendí mucho, hice nuevos amigos y descubrí mucho sobre mí misma. Creé un programa de formación que se concentró en el servicio al cliente y en la resolución de problemas. Las primeras clases las impartí a las cajeras; sentía mucho respeto por aquellas mujeres y disfruté mucho con nuestras sesiones. El First National (ahora Am-South) era el mayor banco del estado, de modo que tardé los tres meses que se me habían concedido para completar la formación de todas aquellas mujeres. Las evaluaciones de mi trabajo fueron muy positivas y el señor Woodrow mantuvo su palabra; se me entregó una descripción del trabajo que debía realizar, me aumentaron el sueldo y hasta me dieron un título: directora de formación. Acababa de entrar en la vía rápida para el desarrollo de una carrera profesional. Al cabo de un año me nombraron miembro de la junta directiva del banco. Fue un bonito salto desde la fase de implantación a la de consecución. No tuve que pasar por ninguna fase seria de determinación en el banco, ya que me sentía muy feliz (y aliviada) de participar en un trabajo importante y de poder mantener económicamente a mi hija.

Nunca habría seguido una carrera profesional en el mundo de la empresa si no me hubiese visto obligada a ello por el divorcio. Jamás se me había ocurrido pensar que los desafíos empresariales pudieran ser tan emocionantes, o que pudiera encontrar tantas gratificaciones trabajando fuera del hogar. Quizá había tenido muy poca conciencia de mí misma. Ninguno de nosotros sabemos con exactitud cómo responderemos ante un gran cambio en nuestras vidas hasta que lo afrontamos.

Hablo con mucha gente que desea ver realizado el cambio en sus situaciones laborales o eso es, al menos, lo que dicen. A menudo, mantienen una relación de amor-odio con respecto a su trabajo. Por un lado, les encanta, están firmemente convencidos de su misión y genuinamente preocupados por los resultados. Pero por el otro, conseguir cualquier cosa les exige superar innumerables obstáculos y competir con colegas que deberían servir de ayuda. Y cuando consiguen «salvar la situación», sus jefes consideran normal un rendimiento que ha sido extraordinario. Los milagros se convierten en algo normal. Y estos salvamentos de urgencia se convierten en procedimientos operativos estándar. Hasta los empleados más capaces y preocupados terminan por sentirse maltratados por la empresa y por su ambiente laboral. Experimentan un deseo desesperado de que las cosas cambien.

Sin embargo, cuando la empresa decide emprender un gran cambio, esos mismos empleados que se sienten maltratados vacilan y empiezan a tener dudas. ¿Quiénes serán las víctimas? ¿Lo haré bien en la nueva organización? ¿Cómo cambiará mi rutina cotidiana? ¿Estaré preparado para efectuar todos esos cambios? ¿Funcionará el plan? Las mismas personas que tanto anhelaban el cambio son a menudo las que experimentan lo que yo llamo «resistencia retroactiva». Ahora que se encuentran ante la realidad del cambio, resulta que las viejas formas de hacer las cosas no parecen tan malas. Quizá, después de todo, haya algún modo de conseguir que el viejo estilo funcione. Ese fenómeno siempre me recuerda a los hebreos cuando vagaban por el desierto y añoraban las cebollas y la buena comida de la que disfrutaron mientras mantuvieron su vínculo con los egipcios.

El individuo que se enfrenta a un cambio organizativo se encuentra sometido, en efecto, a alguna clase de cambio personal forzado, no muy diferente al divorcio por el que pasé yo. Y aunque reconocí, tanto intelectual como operativamente, que el divorcio tenía sentido, tardé mucho más tiempo en prepararme emocionalmente para el cambio. Lo mismo cabe decir de muchas personas a las que se pide que participen en un cambio organizativo. Están de acuerdo con la misión y sus objetivos, con las estrategias y las tácticas, pero en cuanto llega el momento de la verdad, el de avanzar realmente hacia el cambio, vacilan y retroceden. Por lo general, eso no quiere decir que mantengan una actitud de duplicidad. Lo que sucede es que no conocían lo fuerte que sería su propia resistencia emocional hasta que esta no ha sido puesta a prueba.

Un día, en un avión, estaba sentada junto a un abogado especializado en propiedad inmobiliaria. Empezamos a hablar sobre el cambio y me contó una historia sobre dos clientes suyos, Alice y Ken Morison, que eran hermanos. Habían heredado una gran propiedad en una zona de veraneo, que pertenecía a los Morison desde hacía tres generaciones y que había sido el escenario de numerosos acontecimientos y fiestas familiares. No obstante, durante los últimos veinte años, la zona se había vuelto muy popular, y el precio de los terrenos se había disparado. Ellos dos, que vivían bien, pero no eran ricos, decidieron que la propiedad era demasiado valiosa y que sería inteligente venderla. El abogado trabajó con sus clientes durante más de un año, desarrollando ideas, revisando, discutiendo y negociando cada posible opción. Al final, decidieron vender la mayor parte de la propiedad a un promotor inmobiliario, a un precio muy atractivo. Sin embargo, en el momento de ir a firmar el acuerdo, los Morison llegaron una hora tarde, y cuando finalmente llegaron, los dos parecían dolidos. Ken iba de un lado a otro, y Alice no hacía más que suspirar. Entonces de repente, dijeron: «No podemos hacerlo. No podemos vender. Lo sentimos». Y, tras decir esto, se marcharon. La anécdota de los Morison me recordó un poco a la señora Gordon, que rechazó todas las ofertas de ayuda que se le hicieron cuando estaba claro que las necesitaba. A menudo hay una gran diferencia entre comprender intelectualmente la propia situación y la preparación emocional para hacer algo que la cambie. El día en que nos conocimos en el avión, el abogado se dirigía precisamente a cerrar un nuevo trato para los Morison. Habían transcurrido dos años desde que rechazaron la primera oferta y ahora juraban que estaban emocionalmente preparados para vender.

Incluso las personas que asumen la idea del cambio pueden experimentar incertidumbre cuando este empieza a suceder de verdad. Quizá estén de acuerdo con los planes pero desconfíen de los líderes, o viceversa. Otros que buscan el cambio quizá se sientan agotados por las viejas formas de hacer las cosas y no sean capaces de contribuir realmente al nuevo esfuerzo. Lo único que anhelan es un descanso.

La tensión es un estímulo y puede jugar papeles diferentes en nuestras vidas. La tensión eufórica es un «buen estrés», del tipo que se puede sentir cuando sucede algo maravilloso y vigorizador, como ganar la lotería. La angustia es lo que se siente cuando sucede algo negativo y prolongado. La angustia puede producir un nocivo desgaste sobre la mente y el cuerpo, e interferir gravemente en la vida cotidiana. En el trabajo, la gente suele sentirse angustiada por tres factores, sobre todo cuando se experimentan combinados:

1. Se les plantean demasiadas exigencias y tienen poco control sobre ellas.
2. Elevada exposición. Las acciones que emprenden son cuidadosamente observadas y tendrán un impacto real sobre el éxito de la empresa y de sus propias carreras profesionales.
3. Preocupación por la competencia. A la gente le preocupa no tener las habilidades y capacidades para cumplir con lo que tiene que hacer.

En un gran cambio empresarial, intervienen a menudo estos tres factores. Si el esfuerzo de rediseño se concentra, por ejemplo, en sus procesos de trabajo, la exposición será elevada. Lo que se planifica puede suponer una forma completamente nueva de trabajar, que usted no controlará, y eso, como es lógico, hará que se sienta inseguro de su propio rendimiento. No es extraño, pues, que la gente se angustie, ya que no sólo les queda mucho por aprender sobre la forma de hacer las cosas y los cambios operativos que hay que introducir, sino que también deben hacer grandes adaptaciones emocionales, y todo ello a la vista de los demás.

No obstante, cuando la iniciativa de cambio funciona, se descubre que la nueva forma de trabajar proporciona amplias oportunidades para brillar, exhibir cualidades que ni siquiera se sabía que se poseían o que no se habían llevado hasta ahora a este nivel, como capacidad para adaptarse, liderazgo o rapidez en el estudio. El orgullo que se siente ante estos logros es poderoso y debería disfrutarse. Cuando una empresa logra pasar con éxito una transición, toda la organización se beneficia con renovado orgullo, confianza y sensación de control. La gente se siente mejor consigo misma y con la empresa. Esta clase de experiencia permite encontrar el valor necesario para estar a la altura de un desafío futuro y asumir que se puede alcanzar el éxito y, posiblemente, convertirse en un modelo para otros. Nadie se cansa de ganar. Es algo especialmente gozoso si la dificultad experimentada disminuye a medida que aumenta lo que está en juego.

También se puede decir lo contrario: a nadie le gusta pensar en sí mismo como perdedor y tampoco quiere formar parte de un equipo perdedor. Cuando los directores permiten que fracase una iniciativa o fingen que nadie se dará cuenta si se ignora y se deja de hablar de ella, no se están haciendo ningún favor ni a sí mismos ni a la empresa. Es en esos momentos cuando la gente empieza a pensar que la empresa sólo es capaz de poner en práctica medidas descafeinadas, que los resultados espectaculares se encuentran más allá del ámbito de lo posible y que lo único que cabe esperar es la mediocridad. Asistir a un proceso de cambio completo, desde el estancamiento hasta la consecución, no sólo cambia la operativa o la estructura, sino también las convicciones que tiene la organización sobre sí misma, para bien o para mal.

Por eso considero que mi divorcio no fue un fracaso, sino una gran experiencia de cambio que tuvo éxito. Experimenté el estancamiento y pude obligarme a mí misma a afrontarlo, intelectual y emocionalmente, y a provocar el cambio. Me reservé tiempo para un periodo de preparación y me las arreglé para situarme en una fase de implantación que fue profesionalmente muy gratificante. Tuve mucha suerte de que mis experiencias laborales se desarrollaran tan bien, ya que mi vida privada fue mucho más dura. Empezar en una ciudad nueva, con un trabajo nuevo y recién divorciada me pareció una interminable fase de determinación. Lo que más recuerdo de ese periodo fue una soledad atroz. No me cabe la menor duda de que la responsabilidad que tenía para con Jennifer me obligó a establecer un nuevo hogar, a realizar todas las tareas cotidianas y a espabilarme cuando me sentía tentada a abandonar. Su existencia me obligó a hacer lo que tenía que hacer. Su presencia me aportó alegría y consuelo. Vi todo el arco completo del cambio y comprendí, aunque sólo fuese intuitivamente en aquellos momentos, que el proceso de cambio podía conducir al crecimiento y que eso era mucho más gratificante y positivo que doloroso o difícil. Creo que las lecciones que aprendí de aquella experiencia me aportaron, de muchas maneras, el valor para tratar de alcanzar otros objetivos. He tenido éxito en cosas que apenas me hubiera atrevido a esperar, como un segundo y sólido matrimonio que ha durado veinte años, y de las que todavía sigo disfrutando. También tengo una hija feliz, bien adaptada y una carrera profesional como consultora que siempre ha sido para mí fascinante y estimulante. Y espero que esas experiencias alimenten en mis años de jubilación el deseo de alcanzar un sueño aparcado desde hace mucho tiempo: el de volver a esculpir.

Sabemos que las organizaciones tienen que cambiar continuamente para sobrevivir y prosperar, pero deben hacerlo de manera que aporten fortaleza y entusiasmo, y no debilitamiento y angustia. Y es precisamente ahí donde la comprensión del funcionamiento de la curva del cambio puede ejercer un impacto positivo. El monstruo del cambio está siempre al acecho y preparado para atacar, pero, tened confianza, podemos vencerle.

Agradecimientos

Me gusta ser explícita en todo lo que tenga que ver con los sentimientos, así que debo decir que para mí, una de las mejores cosas a la hora de ponerme a escribir un libro es redactar los agradecimientos. Eso me da la oportunidad de dar públicamente las gracias a las personas que me han inspirado e infundido valor, y a las que han sido amables conmigo y me han ayudado. Y sobre todo, a las que se han mostrado firmes en su apoyo. La peor parte es la certeza de que las palabras no bastan y de que omitiré a alguien a quien también debería darlas gracias, por lo que ya me disculpo por adelantado. Tengo muchas cosas que agradecer: a lo largo de los años he contado con magníficos clientes y colegas, personas con las que me he entusiasmado y de las que he aprendido mucho. Ellas han enriquecido mi vida de una forma muy significativa.

Honeywell siempre ocupará un lugar especial en mi corazón. Fue mi primer gran cliente y me acogió con los brazos abiertos. Las mujeres y los hombres de la división Micro Switch de Honeywell cuentan con mi más profunda admiración por todo lo que consiguieron, y también con mi aprecio por haberme permitido participar con ellos en el proceso y escribir su historia.

La extensa familia, pasada y presente, de The Boston Consulting Group, también ha contribuido a mi labor con su estímulo intelectual, su energía, su provocación y sus cuidados. Formar parte de BCG es realmente un honor y un privilegio, que no me tomo a la ligera. Sin la red mundial de BCG estas ideas nunca se habrían puesto a prueba ni se habrían perfeccionado. Las herramientas citadas aquí constituyen el trabajo de la firma en su conjunto.

Son muchos a quienes debo dar las gracias de una manera especial. Carl Stern y John Clarkeson asumieron el «desafío creativo» de invitarme a formar parte de The Boston Consulting Group en unos tiempos en los que contratar a una persona con una formación, historia profesional y perspectivas tan diferentes como las mías resultaba una idea nueva. Siempre he apreciado lo que son, líderes inteligentes, reflexivos y visionarios, y su interés por mi carrera profesional. Anthony Miles no sólo me sugirió la idea de escribir el libro, sino que también patrocinó el proyecto en sus primeras fases y lo ha visto llegar a la consecución, lo leyó entero e hizo sugerencias útiles. Durante toda mi carrera en BCG, Anthony ha sido para mí un mentor, un inductor y una fuente de sabiduría. David Fox, uno de nuestros asesores, también fue uno de los primeros en apoyarme y en leer el texto. La investigación inicial y el ilimitado entusiasmo de Mark Byford, Aaron Kushner y Kerty Nilsson me empujaron realmente a la acción. No podía decir que no, cuando su «sí» era tan fuerte.

El almacén de ideas, experiencias y conocimientos de BCG es un verdadero receptáculo intelectual de oro, lo que tiene un enorme valor para alguien que escribe un libro. A lo largo de los años, me he beneficiado mucho de las ideas y metodologías desarrolladas por mis colegas y, en particular, por Felix Barber, Mary Barlow, Barbara Berke, David Brownell, Stephen Bungay, Phil Catchings, Phil Deane, Christina Fernández-Carol, Grant Freeland, Francine Gordon, Thomas Herp, Kristen Langer, Susan Littlefield, Jan McDougal, Yves Morieux, Dennis Rheault, Joshua Rymer, Tammy Shulstad, Marty Silverstein, Theanne Thompson, Nick Viner y Krishan von Moeller. Trabajar con ellos durante estos años ha sido una verdadera alegría.

El apoyo técnico y emocional lo aportaron Jim Andrew, Marge Branecki, Paul Basile, Ted Buswick, Christina Coffey, Derren Connell, Daryl Dean, Pat Degbor, Alastair Flanagan, Peter Goldsbrough, David Hall, Bill Hagedorn, Jennifer Healy, Tom Hout, Bob Howard, Jon Issacs, Bill Latshaw, Joerg Matthissen, Sara June McDavid, Ron Nicol, Pamela Parker, Lon Povich, Heiner Rutt, Gail Stahl, George Stalk, Peter Struven, Terri Siggins, Tony Tiernan, Virginia Trigg, Nancy Vassey, Bolko von Oetinger, Bob Wolf y Dave Young. Los socios de nuestra oficina de Atlanta han sido muy hospitalarios conmigo (y me han liberado de muchos deberes para con la empresa, para que pudiera dedicarme a escribir). Cada uno de ellos ha contribuido a la consecución de este libro, por lo que les estoy muy agradecida.

Tuve la suerte de encontrar a un excelente equipo de profesionales para trabajar con el libro. Mi agente, Kristen Wainwright, me ofreció excelentes consejos y mantuvo la fe en mí durante la prolongada fase de redacción de propuestas. Su experiencia, entusiasmo y perspectiva profesional fueron muy valiosas. John Butman fue un sueño hecho realidad como editor y colaborador. Es un profesional meticuloso, que aporta inteligencia, comprensión, franqueza y habilidad al proyecto y que (me) empuja a hacerlo lo mejor posible. También me siento particularmente agradecida con John Mahaney, de Random House, que se mostró muy interesado con la idea y el enfoque del libro y mantuvo firmemente su compromiso desde el primer día. Les doy las gracias a todos por haber contribuido con sus excepcionales talentos y su compromiso.

Una nota muy especial de agradecimiento para mi familia. Mis padres, Jean y Bill Daniel me han animado y dado seguridad, alternativamente, y los he necesitado a ambos. Mi padre, a pesar de su mala vista y salud, me aportó su capacidad experta de lectura y corrección de los primeros borradores. Me entristece que no viviera para ver finalizado el trabajo. Fue para mí un regalo inconmensurable. Durante toda mi vida, me he beneficiado del amor y la sabiduría de mi madre y me alegra tener la oportunidad de compartir, a través de este libro, un poco de ella con otros. Mi marido, Charlie Carroll, me ha proporcionado amor y apoyo incondicionales que en otros tiempos habría creído imposible, lo que ha hecho posible todo lo demás. Nuestros hijos y sus cónyuges, Sarah Carroll, Tim Carroll y Laurie Gold, Jennifer Duck y Chris McKee, aportan una constante satisfacción a nuestras vidas, me mantienen al corriente de otras perspectivas y desafían mi pensamiento. Mis hermanos, Andy, Kim, Ginger y Twinkle, me provocan de todas las formas que se les ocurre y aportan mucho humor.

A todos ellos les expreso mi más profundo agradecimiento.

Jeanie Daniel Duck
Coral Gables, Florida